2400.

CW00879716

Cocina Asturiana

Elviro Martínez
José A. Fidalgo

Prólogo del Dr. D. FRANCISCO GRANDE COVIÁN

Cocina
Asturiana

EDITORIAL EVEREST, S. A.

MADRID • LEON • BARCELONA • SEVILLA • GRANADA • VALENCIA
ZARAGOZA • LAS PALMAS DE GRAN CANARIA • LA CORUÑA
PALMA DE MALLORCA • ALICANTE – MEXICO • BUENOS AIRES

Las fotografías de este libro han sido realizadas en los siguientes restaurantes:

—Restaurante **La Gruta,** Oviedo (D. Abel González Terente)
—Hotel Restaurante **Mariño**, Cudillero (D. Santiago Mariño)

A ambos agradecemos la colaboración prestada.

Coordinación Editorial: Ricardo García Herrero
Diagramación: Jorge Garrán Marey
Diseño de cubiertas: Alfredo Anievas
Fotografías: Juanjo Arrojo
           Agustín Berrueta (pág. 103)

SEGUNDA EDICIÓN

© Elviro Martínez y José Antonio Fidalgo y
EDITORIAL EVEREST, S. A.
Carretera León-La Coruña km 5 - LEÓN
ISBN: 84-241-2340-9
Depósito Legal: LE: 1174-1997
Printed in Spain - Impreso en España

EDITORIAL EVERGRÁFICAS, S. L.
Carretera León-La Coruña km 5
LEÓN (ESPAÑA)

ÍNDICE

	Pág
PRÓLOGO	7
JUSTIFICACIÓN	11
ENTREMESES Y SOPAS	15
MARISCOS	41
PESCADOS	57
HUEVOS Y TORTILLAS	103
POTES	123
CARNES	149
AVES Y CAZA	169
DESPOJOS	191
PASTAS	211
SALSAS	223
LA SIDRA ASTURIANA	235
LOS QUESOS	249
POSTRES	267
TISANAS	293
BIBLIOGRAFÍA	309

Prólogo

Prólogo
por Francisco Grande Covián

Como asturiano, me siento muy halagado por la invitación que me hacen los autores de esta obra, sobre la cocina de nuestra tierra, para escribir unas líneas que sirvan de prólogo a la misma. Como hombre de buen apetito, siento despertarse el mío al leer las recetas de los deliciosos platos que la obra contiene. Creo firmemente que esta reacción será compartida por los lectores, lo que supongo el mejor elogio que puede hacerse de un libro de cocina.

Se trata, a mi entender, de un libro singular y no sólo por el hecho de referirse a la cocina asturiana. Los datos históricos incluidos en los distintos capítulos, y el ensayo de bibliografía culinaria con que la obra termina, son de indudable interés y estoy seguro de que despertarán la curiosidad de los lectores que se sientan atraídos por conocer la evolución de las costumbres gastronómicas .

Encuentro igualmente útiles e interesantes las consideraciones que se hacen al comienzo de los capítulos respecto a las propiedades de los distintos grupos de productos alimenticios, los datos acerca de su composición en principios inmediatos, y las recomendaciones generales acerca de su preparación culinaria. Muchas de estas recomendaciones no sólo deben contribuir a que las comidas resulten más atractivas, sino que pueden contribuir también a una mejor conservación de las propiedades nutritivas de los alimentos que las componen.

Existe, por desgracia, un evidente divorcio entre los puntos de vista de los cocineros y los nutrólogos en cuanto a la preparación de los alimentos se refiere. Los cocineros, preocupados principalmente por la preparación de platos más sabrosos y más atractivos, olvidan con frecuencia que las maniobras culinarias que emplean no son siempre las más adecuadas para conservar las propiedades nutritivas de los alimentos. Los nutrólogos, por su parte, preocupados principalmente por el valor nutritivo de los alimentos, se olvidan a veces de que la comida más sabiamente planeada, está condenada al fracaso si no es agradable al paladar de la persona que va a comerla.

Dos capítulos de esta obra han atraído particularmente mi atención: el referente a los «Pescados» y el titulado «Potes». El primero, por la descripción de una variada y extensa serie de pescados que contienen, por las observaciones generales acerca de su preparación y por el número de recetas que incluye, me parece excepcional. El interés del segundo no se debe sólo a que contiene las recetas de la fabada y el pote, dos de los platos más afamados de la cocina asturiana. Muchos de los platos cuyas recetas se dan en este capítulo, al igual que otros platos típicos de distintas cocinas populares, representan una sabia combinación de alimentos de origen vegetal y de origen animal, cuyo valor nutritivo supera al de sus ingredientes consumidos separadamente.

Las proteínas de los alimentos de origen vegetal son, en general, de valor nutritivo inferior al de las proteínas de origen animal, debida a la ausencia, o escaso contenido, de algunos de los llamados aminoácidos indispensables o esenciales. Muchos platos populares resuelven, en efecto este problema mezclando distintos alimentos y dando lugar al fenómeno que llamamos «suplementación». Las proteínas de los cereales, por ejemplo, son deficientes en el aminoácido lisina, mientras que las de las leguminosas, y las proteínas de los alimentos de origen animal, poseen una buena proporción de dicho aminoácido. La combinación de cereales y leguminosas en un mismo plato es, por tanto, un buen ejemplo de suplementación, como lo es la adición de cantidades limitadas de productos animales a los alimentos de origen vegetal.

La cocción prolongada de las leguminosas es necesaria para hacerlas digestibles y para destruir ciertas sustancias contenidas en algunas de las especies habitualmente consumidas, que pueden tener efectos perjudiciales. Pero la cocción prolongada de las leguminosas tiende a rebajar el valor nutritivo de sus proteínas, debido al desarrollo de la llamada «*Reacción de Maillard*», como resultado de la cual se dificulta la utilización de la lisina por el aparato digestivo. Estudios muy recientes han demostrado que la cocción conjunta de leguminosas y proteínas de origen animal tienden a aumentar la digestibilidad de aquéllas, a la vez que aumenta el contenido de aminoácidos indispensables.

La fabada es considerada como un plato «fuerte» de difícil digestión; pero no hay razón para proscribirla de la dieta de una persona sana de buen apetito. Quizás pueda criticarse el excesivo contenido de grasa de origen animal que con frecuencia posee. Un cálculo aproximado de la receta presentada en este libro indica que el valor energético de la ración individual debe ser del orden de unas 650 kilocalorías, un 60 por 100 de las cuales proceden de la grasa. Una prudente limitación del tocino y los embutidos puede resolver satisfactoriamente este problema, aunque temo que los puristas de la fabada consideren esta indicación una herejía.

El pote puede tener el mismo problema. Su diferencia principal con la fabada, desde mi punto de vista, estriba en el mayor contenido de vitamina C del pote, aportada por las patatas y la verdura.

No debo terminar sin expresar mi agradecimiento a los autores por haberme invitado a prologar esta obra. Muy de veras deseo que este libro tenga el éxito que merece por su interés y por su documentación, así como por el esfuerzo y cuidado que evidentemente han puesto José Antonio Fidalgo y Elviro Martínez en prepararlo.

Francisco GRANDE COVIÁN

Justificación

Justificación

Esta es una peripecia andariega por la cocina asturiana, aquella que hacía las delicias de nuestros mayores, llena de añoranzas y auténticamente tradicional.

Para emprender la aventura, hubimos de incluir en nuestro viejo zurrón, al lado de muchos años de experiencia literaria asturianista, fuerte acopio de honestidad y sosiego. Por muchos días y jornadas, así dispuestos, nos vimos inmersos en archivos polvorientos y olvidados, tanto particulares como nacionales, fuentes insustituibles para recomponer el ayer culinario de Asturias. Contábamos, es verdad, como aval, con precioso filón, capaz por sí sólo para redactar una ponderada monografía: el legado Trabanco de la sección de manuscritos de la Biblioteca Asturiana del Colegio de la Inmaculada, de Gijón que, el P. José María Patac, colega en tareas docentes y literarias, puso enteramente a nuestra disposición.

Más era poco trecho para nuestros afanes. Alcanzó también nuestra andadura los santuarios documentales de España: el Archivo Histórico Nacional y la Biblioteca Nacional donde, entre muchos ruidos, logramos alguna que otra nuez; nos gananciamos, igualmente del Archivo del conde Revillagigedo y de los incipientes fondos de *Monumenta Historica Asturiensia*.

Muy buenos resultados obtuvimos de la serie de recetarios particulares, viejos algunos, con más de un siglo, cuya sola nómina serviría de respaldo a nuestra investigación. Agradecimiento sincero, pues, a : Carmen Montoto de Figaredo, Estrella Rodríguez Fernández, María del Carmen Gómez de Valdés, Cruz María García Fraga, Faustina Martínez Montero, Amparo Puente García Arguelles, Leonor Martínez Cobián, María Soledad Liébana, María Ángeles Otero, Ángeles Arnáez y M. Virginia Rodríguez; igualmente a Pedro Ramos, José M. Valdés, Alfonso Vigón, Waldo Foggia, Serafín Álvarez Zapico, Agustín Narganes, Senén Álvarez Feito, Carlos Pérez, José Antonio López, Juan José Corte, Vicente Moral Palacio y Félix Álvarez Garrote. De estas aportaciones, sumadas a nuestro particular archivo, resultaron unos 40 recetarios, correspondientes a los dos últimos siglos, con una cifra aproximada a las 7000 fichas o platos.

También nuestro agradecimiento al ilustre prologuista y paisano, Dr. Francisco Grande Covián, por el honor desmedido que para nosotros suponen sus puntuales palabras en el umbral de nuestra obra.

Como nuestros lectores advertirán, no hubo posibilidad de incluir aquí más que una mínima parte de recetas, ante la opulenta lista asturiana. En nuestro criterio de selección pesó fuerte la reiteración de algunos platos en el material allegado, así como los que definen el carácter y el gusto del bien comer asturiano; aquéllos que, en suma, de una u otra manera, expresan toda la imaginación gastronómica de Asturias, en detrimento de los más modernos, con el deseo de que no se pierda nuestra venerable tradición.

Para disfrutar de una sabrosa comida, el paladar exige que los sabores sigan una escala ascendente. Nuestra tradición sirve primero los platos de sabor delicado y luego los más fuertes; al final, como broche de oro, un postre jugoso. De esta manera enlazamos con la más segura tradición occidental.

Decía Bodin: «Primero cocido, después asado; de final frutas.» Brillat Savarin redujo el asunto a términos más concretos: «Primero las substancias salivares y peptógenas: la sopa de caldo, los encurtidos y la ternera al jugo; después las substancias nutritivas: pavo, guisantes y ensalada; por último, las substancias auxiliares: los postres, el queso, las pastas, etc.»

Extremos así comentados por Lemonier: «Este menú contiene los tres platos fundamentales, a cada uno de los cuales corresponde seriamente una de las categorías digestivas, a saber: la sopa, los encurtidos, a que la saliva los prepare convenientemente, y a la vez se estimule la función preparando los jugos necesarios para que después puedan asimilarse bien las del segundo grupo, aquel que se llama el de las substancias nutritivas y, por último, para que nada falte a la función reparadora que se obtiene en la mesa; viene luego las sustancias auxiliares.»

A este método nos hemos acogido. Para un mejor manejo de la obra, hemos sacrificado casi en su totalidad el aparato crítico. A modo de complemento alineamos la sidra y los quesos asturianos, las tisanas tradicionales y la bibliografía. Para darle mayor rigor a la obra, en muchos casos, hemos respetado la redacción original, aún en menoscabo de nuestra condición de escritores de oficio, con cerca de dos docenas de monografías sobre los hombros.

Para los humanos, comer es una necesidad; saber comer un arte, practicado desde antiguo por nuestros ancestros, como a las claras de mostrará este libro.

Entremeses y sopas

Sopa de pixín Luarquesa *(página 36)*

No le falta razón a José Manuel Vilabella cuando, en su ponderada *Guía gastronómica de Asturias*, llega a escribir: «La cocina asturiana anda un poco huérfana de sopas y caldos, un poco coja de nutritivos principios y sabios comienzos.» La aseveración, que compartimos, encuentra fácil respaldo en la escasa nómina de entradas y sopas que hemos logrado arañar a la opulenta documentación reunida para la redacción de esta obra. Por otra parte, ni en el trato, ni en la mesa, ni en el juego, somos propensos los asturianos a curvas o rodeos, por más que algún psicólogo innominado haya sostenido que la curva sea la senda más corta entre dos personas. En genio, gastronomía y figura seguimos practicando la vieja sentencia popular: «*Al granu, Xuan, que la ponxa llévala aire.*»

Abunda, también, en este contexto la tradicional robustez y apetito de los asturianos. El autor (agazapado tras las iniciales J.L.) del *Tratado del arte de trinchar*, impreso en Madrid el año 1854, sostiene que «el hombre robusto debe tomar alimentos fuertes que exciten los órganos de digestión, estimulen y sostengan la organización». Al referirse a las personas débiles, enfermas y convalecientes, el mismo autor aconseja «sopas y entradas».

Sin embargo, en el prólogo a un curioso recetario asturiano, en nuestro poder, datado en Oviedo el año 1817, bajo el epígrafe Orden de servicio, figuran estos términos: «Primeramente dos sopas: una sola o de pasta y otra de pan adornada». Acaso aquí tampoco tenga sentido el elocuente refrán, recogido por Luciano Castañón en su *Refranero Asturiano*, que reza:

«*Sopes, lo mesmo da muches que
[poques.*»

Con todo, algunos les aplican valores taumatúrgicos cuando aseveran: La sopa caliente resucita muertos.

Consejos tradicionales

• Se consigue un buen caldo poniendo la carne en agua fría y dejándola cocer poco a poco, con el fin de que suelte la sustancia.

• Las conservas de pescado han de sacarse de su envase en el momento en que se utiliza; hasta puede resultar peligroso dejar latas abiertas varios días.

• Las frituras y croquetas para entremés han de ser de pequeño tamaño; se sirven calientes.

• El agua de cocer pescado debe utilizarse siempre para sopa; puede cocerse con agua, sal, laurel, ajo, cebolla y orégano.

• De la misma manera, el agua de cocer arroz tiene múltiples aplicaciones caseras, pues resulta astringente, diurética y refrescante . Un vaso de agua de arroz con azúcar y hielo es un agradable refresco.

• Las sopas de pasta deben cocerse en agua con sal; una vez cocidas, se cubren bien, se colocan en la sopera y se les echa el caldo hirviendo. De este modo, el caldo no se debilita ni adquiere el sabor ácido que le transmite la pasta cuando se ha iniciado en ella la fermentación.

• Una buena sopa ha de reunir estos condicionamientos: nutritiva, ligera, estimulante y caliente.

• Algunas sopas asturianas han de acompañarse de un vaso de vino blanco o tinto. Pese a las prescripciones de Manuel Antonio Carreño, en su *Manual de Urbanidad y Buenas* Maneras, la práctica ya es muy antigua, toda vez que Martínez Montiño, en 1611, aporta cuatro sopas borrachas para la real mesa de Felipe III.

• Las fariñes asturianas, en otros lugares del Principado denominadas farrapes o pulientes, cuando son del día anterior y son espesas, resultan un aperitivo tradicional, cortándolas en pequeños cuadros e hirviéndolas un rato en leche.

• En algunas zonas de Asturias es todavía usual servir las fariñes revueltas con azúcar molida y canela en polvo; bien, vertidas en la fuente o bien antes. De entrada o de final, su valor nutritivo quedó constatado en esta muestra de la lírica popular:

«Fariñes, madre, fariñes,
ye comida de cuyar;
cuando non como fariñes
non soy quien a fartucar.»

• Si una sopa quedara demasiado clara, añádesele un poco de pan rallado; si resultara espesa, se adiciona mantequilla.

• No forman grumos la sopas si se les echa harina o sémola bien cernida.

• Cuando una sopa está muy salada, se le echan unas rodajas de patata, se dejan hervir unos minutos y el efecto desaparece.

Valor nutritivo de entradas y sopas

Incluímos, también el de algunos alimentos en ellas utilizados:

Cada 100 gramos contienen	Hidratos de carbono	Proteínas	Grasas	Kilo-calorías
Almejas	—	14,24	1,6	67,4
Ajo	11,2	4,72	—	64
Almendra	10,09	15,87	40,08	504,5
Cangrejos	—	17,67	2,12	89,8
Cebolla	3,8	1,6	—	21,6
Cigalas	—	14,64	1,58	80,7
Gambas	—	15,84	2,94	90
Merluza	—	15,3	3,5	108
Pan blanco	58,5	8	0,86	273,7
Pan integral	62,85	11,5	0,86	297,4
Sopa de fideos	7,56	3,06	4,6	83,8
Sopa de hierbas	7,8	3,3	1,4	57
Zanahoria cocida	4,2	4,2	0,2	35

Barquitos de patata

Ingredientes

Para 4 personas:

10 patatas medianas

100 gramos de bonito
(hoy se usa enlatado)

2 yemas de huevo

50 gramos de pimientos

2 zanahorias

80 gramos de lengua escarlata

3 cucharadas de vinagre

Aceite y sal

Seleccionamos las patatas, lisas, iguales y de regular tamaño, se cuecen con su piel: ya cocidas, se mondan y se parten por la mitad, a lo largo, haciendo una cavidad en el centro y allanando la parte de abajo, para que se sostenga la fuente. Con el meollo de las patatas, bonito o salmón (hoy se utiliza enlatado), lengua escarlata, yemas de huevos duros, aceite y vinagre, todo bien troceado y mejor revuelto, se elabora el relleno, con el que se completan los huecos practicados en las patatas, que toman la forma de barcos.

Por fin, se dispone un picadillo de pimiento por encima y se coloca cada barquita en una rodaja de pimiento morrón, rodeada de zanahorias cocidas y cortadas en pequeñas rodajas.

Brazo de gitano de ensaladilla (I)

Ingredientes

Para 4 personas:

500 gramos de patatas

200 gramos de bonito

1/2 pimiento morrón

2 huevos

40 gramos de guisantes

50 gramos de tomate frito

1 huevo duro

Sal

Sobre un papel de estraza o trozo de tela blanca, de unos 35 centímetros aproximadamente, se extienden las patatas, hechas puré, y el bonito (hoy se utiliza enlatado) con el tomate frito. Con la ayuda del papel o tela, se va enrollando todo sobre sí mismo, con el mayor cuidado; se dispone, luego, sobre una fuente llana. Suele cubrirse con mahonesa y se adorna con pequeñas tiras de pimiento morrón, guisantes y trozos de huevo duro.

Brazo de gitano de ensaladilla (II)

Ingredientes

Para 4 personas:

6 patatas
1 pimiento
150 gramos de bonito
1 zanahoria
1 huevo
40 gramos de guisantes
Mahonesa
Sal

Cocidas las patatas y la zanahoria, se pasan por el pasapuré; sobre una servilleta mojada y con las manos igualmente mojadas se extiende el puré, dejándolo del espesor aproximado de un dedo. Aparte, se desmenuza el bonito, que se mezcla con los guisantes, huevo, pimiento y zanahoria, todo menudamente picado; se le añaden dos cucharadas de mahonesa, se mezcla todo bien y se coloca en el centro del puré, a lo largo; se envuelve con cuidado, en forma de rollo, y se coloca en la fuente.

Al sobrante de la mahonesa, se le suma la clara de un huevo, batida a punto de nieve, y se vierte sobre el rollo.

Buñuelos de bacalao con miel

Ingredientes

Para 4 personas:

14 trozos pequeños de bacalao
2 huevos
1 cucharada de miel
115 gramos de harina
Aceite

Dispuesto el bacalao, previamente pasado por harina y huevo, se fríe en aceite hasta que logre un buen dorado.

Aparte, se prepara una pasta de la manera siguiente: en una vasija, se disponen harina, miel y un poco de agua; muévase todo muy bien hasta hacerse pasta; se pasa por ella cada trozo de bacalao, que se fríe en aceite hasta alcanzar bonito color.

Añade la vieja redacción: debe servirse en fuente con servilleta.

Croquetas de bacalao

Ingredientes

Para 4 personas:

150 gramos de bacalao
150 gramos de patatas
15 gramos de mantequilla
1 yema de huevo
150 gramos de pan rallado
Salsa bechamel
Aceite
Sal

Desmenuce el bacalao, previamente limpio de piel y espinas y desalado. Elabore, aparte, una pasta con las patatas, ya cocidas, y la mantequilla; una el bacalao, el puré de patata, la bechamel, que también tendrá preparada, y la yema de huevo, hasta formar una masa compacta y uniforme, procediendo, seguidamente, a dar forma a las croquetas.

Pase las croquetas por pan rallado, huevo batido y otra vez pan rallado; fríalas en aceite muy caliente y abundante.

Croquetas de gallina

Ingredientes

Para 6 personas:

1/2 litro de leche
100 gramos de gallina
100 gramos de jamón
80 gramos de carne de res
150 gramos de pan rallado
4 cucharadas de harina
Aceite
Sal

Se elabora una papilla, a base de leche y harina, procurando que quede un tanto espesa. Ya bien cocida, se le agrega la gallina, el jamón, todo muy bien picado, con un poco de sal, si procediera; se mezcla todo bien, se echa en una fuente y se deja enfriar.

Una vez fría y dura la pasta, se hacen las croquetas, rebozándolas en pan rallado, en huevo batido y, de nuevo, en pan rallado; se fríen en aceite muy caliente, con el cuidado de que salgan redondas, de buen color y sin romperse.

Croquetas de patatas, gallina y tocino

Ingredientes:

Patatas
Gallina sobrante de caldo
Tocino
Manteca
Pan rallado
Sal

Cocida la patata y deshecha, se le agrega picadillo de gallina y tocino. Se da forma a las croquetas y, envolviéndolas en pan rallado y huevo, se fríen en manteca caliente.

Croquetas de sobras de arroz

Las sobras de arroz guisado con pollo, carne, jamón o con pescado pueden dar origen a unas croquetas o fritos en extremo agradables

Hecha la conveniente selección, se reducen a picadillo las carnes que se encuentren, se mezclan con el arroz y un huevo. Con la pasta que resulte, se forman las croquetas o fritos, que se envuelven en huevo batido y ralladuras de pan; se fríen en manteca muy caliente.

Croquetas quirosanas de patata

Ingredientes

Para 4 personas:

1/2 kilo de patatas

3 cucharadas de harina

80 gramos de jamón

2 yemas de huevo

1 pizca de canela

Aceite

Sal

Cocidas las patatas al horno, al rescoldo o al vapor, lo que las hace más sustanciosas que hervidas en agua, se les aplasta y amasa con la ayuda de un tenedor; se incorpora al amasijo un par de yemas, harina, sal, canela y jamón rallado. Sobre un papel, se coloca un puñado grande de harina (al que intencionadamente no habíamos hecho alusión en los ingredientes) y sobre ésta, una cucharada del amasijo descrito; se agita el papel hasta conseguir que la masa, envuelta en harina, adquiera forma cilíndrica. Se repite la operación tantas veces cuantas croquetas se elaboren. Se fríen en aceite hirviendo.

Croquetas valdesianas de patata

Ingredientes

Para 4 personas:

600 gramos de patatas

75 gramos de manteca

5 yemas de huevo

1 pizca de azúcar

1 pizca de canela

Sal

Peladas y troceadas, se cuecen las patatas en agua salada; al llegar a su punto, se les quita el agua, se las cubre y se las deja, a la puerta del horno, por espacio de unos 10 minutos. Se procede a la elaboración del puré, mezclando las patatas con manteca, yemas de huevo, sal, azúcar y canela.

Se elaboran las croquetas con esta masa, rodándolas sobre una mesa enharinada; se mojan en huevo batido y se envuelven sobre pan migado. Se fríen en manteca muy caliente, pocas de cada vez.

Empanadillas

Ingredientes

Para 4 personas:

2 tazas de harina

2 cucharadas de manteca

3 cucharadas de leche

2 huevos

Relleno al gusto

Sal

Sopa de almendras *(página 30)*

En un ángulo del fogón, se dispone, en un recipiente, la mantequilla y la leche; cuando se deslía la manteca en la leche, se agrega sal y se aparta; se le añade harina, que se trabaja y se extiende con el rollo, hasta que se haga muy fina. Se forman las empanadillas con el relleno de bonito, carne, chorizo o lo que fuera de su gusto y se meten al horno o se fríen en aceite.

Entremés de huevas de pescado

Ingredientes:

Huevas de pescado
Pan
Vino blanco
Mantequilla
Sal

Se untan de mantequilla unas rebanadas de pan (preferible el tostado al horno o frito) y en el centro, de las rebanadas, se coloca un montoncito de huevas de pescado, previamente cocidas en vino blanco.

Entremés de hígado de raya

Ingredientes:

Hígado de raya
Pan
Mantequilla
Caldo
Limón
Perejil
Sal

Troceado el pan, corteza y miga, con un diámetro aproximado de 4 o 5 centímetros, fríese en mantequilla; sáqueles un poco de miga, dejando los trozos con la forma de una pequeña caja. El hígado de raya ha de cocerse a corto caldo con abundantes hierbas aromáticas; ya cocido, se trocea menudamente y se rellenan las cajas de pan; rocíese con mantequilla derretida y agrégueles unas gotas de limón; adórnelo con perejil.

Fariñes

Ingredientes

Para 4 personas:

12 cucharadas de harina de maíz
4 tazas de agua
Sal

No podía faltar en la nómina gastronómica de Asturias, con toda su cargazón de añoranza y tipismo, el tradicional plato de fariñes, a las que reservamos escaño de honor. Su denominación cambia con las zonas geográficas, siendo éstos los términos más usuales: *farrapes, pulientes, papas, polientes y formigues*. La vieja muestra de la lírica popular ya nos avisa de esta variedad y riqueza dialectal cuando dice:

«Les farrapes de Xixón
y les formigues de Llanes,
saben Dios y todo el mundo
que son hermanas carnales».
«Muérome por les farrapes pero,
compuestes con miel,
meyor me saben las papes».

Como nos indica otro cantar, fue plato en extremo usual en el Principado en los días invernales:

«Por la mañana fariñes,
al mediodía rabón,
a la noche mangardo:
éstas tres comidas son.»

De su valor nutritivo, ya dejamos constancia al comienzo de este capítulo; en el mismo tenor está este otro cantar:

«El que come muches papes,
trabaya con ruines vaques
y tenga ruina muyer,
al diañu el tirón que él dé.»

Trátase, pues, como bien escribe Antonio García Miñor, de unas gachas, cuya receta tradicional recogemos seguidamente.

En un cuenco con agua fría, se disuelve la harina, revolviendo bien para que no forme grumos. Colócase sobre el fogón, agitando siempre para que se mantenga homogéneo; se agrega la sal. Hierve por bastante tiempo, agitando de continuo, hasta que la harina quede totalmente cocida. Ya en su punto, se pasan a un plato. Se sirven con leche caliente. Según los lugares, se recubren con azúcar, yema de huevo o miel.

Flamenquinos
Ingredientes

Para 4 personas:

25 gramos de mantequilla
50 gramos de harina
1 taza, no llena, de agua
50 gramos de jamón
1 huevo
Aceite y sal

Al hervir el agua con la mantequilla, agregue harina, moviendo rápidamente con cuchara de madera; se retira, luego, del fuego y se deja enfriar un poco; se agrega el jamón picado, el huevo, moviendo bien hasta que todo esté perfectamente mezclado.

Una media hora antes de ponerlo a la mesa, se fríen pequeñas porciones de esta masa en abundante aceite, no muy caliente, siguiendo la técnica de suave, por unos momentos, hasta que ahueque y, luego, a fuego más vivo para que doren. Escurra muy bien al retirar del fuego.

Fritos de bacalao

Ingredientes

Para 6 personas:

1/2 kilo de bacalao
Huevo
Harina
Coñac
Agua
Aceite

Remojado el bacalao y limpio de piel y espinas, se deshilacha y empapa, dos horas antes de servirlo, en la siguiente papilla: Por cada 3 cucharadas de harina, se echan 2 cucharadas de aceite, una de agua, una yema de huevo y unas gotas de coñac. Al cabo de dos horas de empapado el bacalao en esta papilla, se toman las hilachas con un tenedor y se sofríen a fuego muy vivo en abundante aceite.

Fritos de pan y tocino

Ingredientes

Para 2 personas:

100 gramos de carne magra de tocino
200 gramos de pan
1 huevo
1/2 docena de nueces
Aceite

Córtese el pan en pequeños cuadrados, de 4 centímetros de ancho por 1 centímetro de grueso; se pica bien la carne magra

de tocino y, con la ayuda de un cuchillo, se va repartiendo bien por encima de cada cuadrado de pan. Bátase bien el huevo y se rebozan los pastelitos, friéndolos en manteca de cerdo o aceite. Ya fritos, se espolvorean con nuez molida.

Fritos de patata a la allandesa

Ingredientes

Para 6 personas:

1 kilo de patatas
Relleno a gusto
150 gramos de pan rallado
3 huevos
Aceite
Sal

Se preparan unas rodajas de patata muy finas y se fríen; sobre cada una se coloca el relleno que se tapa con otra patata; se rebozan en pan rallado, en huevo batido y, de nuevo, en pan rallado; y se fríen.

Fritos de patata a la antigua

Ingredientes

Para 4 personas:

1 kilo de patatas
250 gramos de manteca
2 huevos
Sal

Cocidas en agua las patatas, se mondan y se trituran en el pasador; se le añade un trozo de manteca fresca, sal y los huevos batidos; se bate y se mezcla todo bien.

En una sartén con manteca muy caliente se van depositando pequeñas porciones de la pasta indicada; se fríen hasta que logren bonito color.

Palinos de queso

Ingredientes

Para 4 personas:

400 gramos de patatas
125 gramos de mantequilla
125 gramos de harina
65 gramos de queso rallado
5 gramos de sal

Se cuecen en agua y sal 3 o 4 patatas, con su piel; se pelan, y se elabora un puré, pasándolas por un tamiz o por un chino. Se une mantequilla, harina, queso y sal con 125 gramos de puré de patata, amasándolo todo muy bien. Se recoge la masa en bola y, con el rollo de madera, se extiende hasta lograr un grosor de 5 centímetros. Se forman tiras de 8 centímetros de largo por 1,5 centímetros de ancho y, colocándolas sobre una placa seca, se introducen en el horno hasta que doran. Se retiran y se dejan enfriar.

Pastelillos de patata

Ingredientes

Para 4 personas:

200 gramos de patatas
75 gramos de mantequilla
30 gramos de harina
1 yema de huevo
Sal

Cocidas las patatas, se les desprende la piel y se pasan por el pasapuré; se les agrega mantequilla, harina, yema de huevo y un poquito de sal; se bate todo muy bien, hasta conseguir una pasta homogénea. Elabore porciones del tamaño de una nuez, colóquelas en una lata e introdúzcalas en el horno, a fuego moderado.

Sobras de pescado en concha

Ingredientes:

Sobras de pescado
Sobras de patatas
Salsa mahonesa
Aceitunas

Haga un amasijo con las sobras de pescado y con los restos de patatas, también cocidas; añádales salsa mahonesa, u otra que tenga preparada, juntándolo todo muy bien. Coloque porciones de esta pasta en unas conchas y adorne con aceitunas rellenas.

Sopa canguesa

Ingredientes

Para 4 personas:

200 gramos de guisantes secos
150 gramos de judías blancas
1 cebolla
1 zanahoria
2 ramas de perejil
2 cucharadas de manteca
Sal

Disponga, cociendo en agua hasta que queden reducidos a puré, guisantes, judías blancas, cebolla picada y perejil; sazónelo con la sal necesaria; páselo por todo el pasapuré, o por un colador, desmenuzándolo con la cuchara; agregue manteca fresca y fina. Sírvase muy caliente.

Sopa colunguesa de pescado

Ingredientes

Para 5 personas:

500 gramos de pescado no azul
1 cebolla
1 cabeza de ajo
1 rama de perejil
1 cucharada de pimiento
1/2 corteza de limón
80 gramos de pan, aceite, sal

Al fuego, en una olla con agua sazonada de sal, se cuece el pescado hasta que suelte sustancia y gelatina. Se escurre el caldo, que se reserva y, una vez frío, se limpia el pescado de espinas, huesos y piel; se parte en pequeños trozos y se reserva, también, para luego incorporarlo a la sopa. Aparte, en una cazuela, se dispone el caldo elaborado, al que se unen aceite, perejil, ajo, cebolla cortada en trozos no muy grandes , corteza de limón y pimiento en poca cantidad. Hierve hasta que todo esté muy pasado, momento en el que se apartan ajo, perejil, corteza de limón y los trozos más grandes de cebolla; se agregan los trozos de pescado y continúa la cocción. Al romper a hervir, se vierte sobre una cazuela de barro, donde estarán colocados cortezones de pan frito. Se sirve caliente.

Sopa de ajo

Ingredientes

Para 4 personas:

1 plato de sopas de pan
2 huevos
2 dientes de ajo
1 cucharada de pimentón
1 pizca de guindilla
Aceite
Sal

En una cazuela de barro se pone a hervir agua con la necesaria sal. Al romper a hervir, se agrega el pan menudamente picado y se deja cocer unos 10 minutos, aproximadamente.

Aparte, se fríe ajo picado en trozos grandes, pimentón y un poco de guindilla. Ya frito, se agrega a la sopa y se hierve unos minutes. Puede ligarse con huevo batido o, si lo prefiere, basta con escalfar en ella los huevos. Sírvase muy caliente.

Sopa de ajo a la aldeana

Ingredientes:

Rebanadas (sopas) de pan de hogaza

1 chorizo

1 cebolla

4 dientes de ajo

1 copa grande de vino blanco

Pimentón

Aceite

Sal

En un sartén con aceite fríen la cebolla y el ajo muy picados. Cuando estén dorados se suman el tomate y el chorizo desmenuzados, se incorporan el pimentón y el vino y se deja hervir todo.

Aparte, en cazuela de barro, se cuecen en agua con sal las sopas de pan; se suma el preparado anterior y se da a todo unos hervores. Reposa brevemente y se sirve muy caliente en la misma cazuela.

Sopa de almejas

Ingredientes

Para 4 personas:

250 gramos de almejas

80 gramos de pan tostado

1 cebolla

1 tomate

1 diente de ajo

1 rama de perejil

Aceite

Sal

Se aplica también a mejillones, berberechos, etc. Se cuecen las almejas en litro y medio de agua y, dados unos hervores, se retiran del fuego; se cuela al caldo y se separan las almejas de sus conchas.

En una sartén, se rehogan la cebolla, muy bien troceada, y los ajos; cuando se doren, se suma el tomate, pasado por el tamiz, y se sofríe hasta formar un puré espeso y blando; se le añade pimentón, revolviéndolo, y se aparta del fuego. Se vierte todo sobre el caldo y se agregan las almejas; se sazona, convenientemente de sal y se deja cocer por unos 10 minutos, espolvoreándolo con el perejil muy bien picado.

Disponga en la sopera las rebanadas de pan tostado muy troceado y vierta sobre ellas la sopa. Sírvase muy caliente.

Sopa de almendras

Ingredientes

Para 4 personas:

1 litro de leche (o agua)

125 gramos de almendra

4 cucharadas de azúcar

70 gramos de pan tostado

1 pizca de canela

Este plato, típico de la Nochebuena gijonesa del siglo XIX, consiste en una sopa de pan cocido en una horchata de almendras, dulcificada con azúcar y aromatizada con canela. Según las prescripciones de la tradición, han de ser almendras recién molidas, azúcar muy fina y canela de tal tenuidad que pase por el cedazo (de 1600 agujeros por cm^2) de seda.

Se pone al fuego en una cacerola la leche (o el agua) y al romper a hervir, se le agrega la almendra, el azúcar y, más tarde, el pan , que previamente se habrá cortado fino y tostado o secado al horno. Cuece 10 minutos y se retira del fuego. Se saca a la sopera y se espolvorea con canela. Puede servirse fría o caliente. (El manuscrito que utilizamos, datado en 1882, agrega: «Las almendras pueden ser sustituídas por pasta de almendras, que ya se vende preparado. No obstante, es recomendable utilizar la almendra molida y preparada en casa».)

Sopa de almendras con caldo de cocido

Ingredientes

Para 4 personas:

150 gramos de almendras

100 gramos de pan

1 litro de caldo de cocido

1 cucharada de azúcar

Sal

Se pelan 150 gramos de almendras, se airean y se dejan secar hasta el día siguiente; se machacan con el almirez, o se muelen, y se deslíen en un poco de caldo frío; deshecha la pasta, se le añade 1 litro de caldo.

Se incorpora un poco de sal y azúcar; se acerca al fogón y, al romper a hervir, se le agrega pan cortado en lonjas muy finas y tostadas al horno; dejándolo hervir por espacio de 10 minutos. Se aparta del fuego y se puede ligar con yemas de huevo.

Sopas de arbeyos (guisantes)

Ingredientes

Para 4 personas:

250 gramos de guisantes

2 manojos de espinacas

100 gramos de tocino

1 1/2 litro de caldo de hueso de jamón

Manteca o aceite

Sal

Sopa gijonesa de pixín *(página 38)*

ENTREMESES Y SOPAS

Se cuecen los guisantes en agua, con un pedazo de tocino a medio salar, se les pasa por el pasapuré y se deslíe el puré obtenido en litro y medio de caldo, procurando revolverlo. Se retira a un lado del fuego. Aparte, se pican las espinacas, se les exprime el agua y se fríen con manteca en una paila, hasta que se haya evaporado la humedad. Se mezclan con la sopa, que ha de hervir 10 minutos.

Sopa de cabeza de merluza

Ingredientes

Para 4 personas:

1 o 2 cabezas de merluza
1 plato de sopas de pan
2 dientes de ajo
1 cucharada de pimentón
Aceite
Sal

En agua y sal, se cuece la cabeza de merluza; se aparta y se deshuesa. Con el mismo caldo de cocer la merluza se elabora una sopa de pan; se guisa con aceite, ajo y pimentón y se agrega la cabeza de merluza ya deshuesada. Se culmina la cocción y se sirve muy caliente.

Puede, también, añadirse picante o ligarse con huevo.

Sopa de cabeza de merluza pixueta

Ingredientes

Para 4 personas:

1 o 2 cabezas de merluza
3 dientes de ajo
2 patatas
1/2 cebolla
2 ramas de perejil
Sal

Se pone a cocer la merluza con unos ajos, perejil y cebolla en trozos grandes. Una vez cocida, se desmenuza en la sopera y se agrega el jugo de 1 o 2 limones.

En una tartera, aparte, se pone aceite con unos ajos y cebolla en trozos grandes, procurando que doren mucho, para que cojan color. A esto se añaden las patatas cortadas en rodajas finas y se rehogan todo junto. Cuando la patata esté tierna, se agrega el agua de cocer la merluza. Con todo esto se hace un puré, que se echa encima de los trozos de merluza, cuidando de que esté espeso.

Sopa de cangrejos

Ingredientes

Para 5 personas:

1 1/2 litro de agua
1/4 litro de vino blanco
1 docena de cangrejos
1 docena de mejillones
1 cabeza de rape (pixín)
1 cebolla
1 rama de perejil
1 hoja de laurel
1 tomate
2 huevos
Sal

Colocados todos los ingredientes en una olla, sazone y deje cocer hasta que el caldo se reduzca en un medio litro, aproximadamente. Saque todos los ingredientes y macháquelos; páselos por el chino y por un tamiz y dispóngalos en una cazuela, junto con el caldo; ligue con dos yemas de huevo. Se prepara una sopera con pan tostado, se vierte la sopa muy caliente. Sírvase enseguida.

Sopa de cebollas

Ingredientes

Para 4 personas:

2 tazas de cebolla picada
2 cucharadas grandes de manteca
1 litro de caldo de legumbres
2 cucharadas de perejil; o 1 cucharadita de pimentón
Sal

Se colocan la cebolla y la manteca (o, en su defecto, tocino) en una cazuela, removiendo con frecuencia. Procure tapar la cazuela. Cuando las cebollas estén tiernas, se agrega el caldo de legumbres y se pone a hervir todo por espacio de 5 minutos. Se añade, luego , el perejil o pimentón; hierve un poquito más y se sirve caliente, en cazuela de barro.

Sopa de fabes de color

Ingredientes

Para 4 personas:

300 gramos de habas de color
Caldo sobrante de cocer carne o legumbres
80 gramos de pan

Se prepara una papilla de habas de color, bien cocidas en caldo de carne o legumbres; se tamiza y se añade el caldo necesario. Dispuesta la sopera con pequeños trozos de pan tostado en manteca, se vierte el líquido, ya dispuesto para servir.

Sopa de fabes de color con orejas de cerdo

Ingredientes

Para 4 personas:

300 gramos de habas de color
2 orejas de cerdo
Caldo
Sal

Exigen, las orejas de cerdo (saladas), un minucioso lavado; colocándose, luego, en una marmita con agua, cociéndolas a fuego lento. Al cabo de una hora, aproximadamente, se añaden las habas, de modo y manera que habas y orejas queden cocidas a la vez. Se escurren las orejas y se pasan las habas por el tamiz; se deslíe el puré con el caldo y se agregan las orejas cortadas en filetes gruesos.

Ordénese todo en una cazuela, dejándolo hervir unos 5 minutos; se vierte en la sopera y se sirve.

Sopa de hígado

Ingredientes

Para 4 personas:

300 gramos de pan
250 gramos de hígado
2 dientes de ajo
1 cucharada de pimentón
Aceite
Sal

Cortado en finas rebanadas el pan, se vierte en una cazuela con agua y se allega al fogón. En una sartén con aceite muy caliente se fríe el hígado troceado con el ajo finamente picado; ya frito, se incorpora a la sopa con el aceite de freír y el pimentón. También puede añadirse un poco de guindilla. La cocción dura 10 minutos.

Sopa de leche

Ingredientes

Para 4 personas:

300 gramos de pan
1 litro de leche
1/2 corteza de limón
Canela en rama
Azúcar

Dispuesto el pan en finas rebanadas, se le agregan leche, azúcar, canela y unas pequeñas cortezas de limón; se coloca sobre la lumbre, a fuego manso. A la hora de servirla, se apartan canela y limón. En algunas zonas de Asturias, se mejora la sopa añadiéndole, poco antes de apartarla de la lumbre dos yemas de huevos desleídas en dos tazas de agua; debe revolverse bien.

Sopa de llámpares

Ingredientes

Para 6 personas:

1 litro de caldo de merluza
1/4 de litro de vino blanco
1 kilo de lapas
1 cebolla
1 rama de perejil
1 zanahoria
1 cucharada de orégano
2 dientes de ajo
Sal

Plato muy usual, en otro tiempo, en el concejo de Villaviciosa, reducido hoy a muy pocos lugares, entre los que destacamos Arguero.

Para la *preparación del caldo*, disponga en una cacerola, 1 kilo de despojos de merluza (huesos, pellejo, etc) que cubrirá con un litro de agua y un cuarto de litro de vino blanco, anádale cebolla, perejil, zanahoria y orégano; colóquelo sobre la lumbre, procurando espumarlo bien, y déjelo, luego a un lado del fogón hasta que alcance su punto; páselo, ahora, por un colador, a fin de aprovecharlo en la sopa que pasamos a describir.

Para *elaborar la sopa*, en primer término, proceda a lavar las lapas con minuciosidad, procurando salarlas un poco y pasarlas por varias aguas, a fin de eliminar las

arenillas; escúrralas, después; colóquelas en una sartén con un poco de agua y sal, calentando hasta que fácilmente se aparten de las conchas. Se apartan, se escogen y se disponen en una cazuela de barro. Aparte, se fríe media cebolla y dos dientes de ajo, todo menudamente picado; en el momento en que tomen color, se les agrega el perejil picado y se revuelve bien. Transcurrido poco más de un minuto se vierte este sofrito sobre las lapas, agregando el caldo de merluza y pan muy bien troceado. Nota importante es que el caldo habrá de estar muy caliente.

Si fuera necesario, sazone de nuevo con sal y déjelo hervir por cinco minutos más. Se sirve en la misma cazuela.

Sopa de ortigas

Ingredientes

Para 4 personas:

1/2 kilo de ortigas
1/2 litro de leche
1 cebolla
1 tomate
80 gramos de pan
3 cucharadas de mantequillas
2 cucharadas de harina
1 pizca de pimienta
Sal

Elegidas unas ortigas de regular tamaño, se despojan de los tallos gruesos y se lavan bien; se cuecen en agua, la que quedó adherida a ellas, por unos 15 minutos; se escurre bien el agua y se añade la mantequilla, cebolla picada, tomate natural muy desecho y un poco de sal. Se cuece todo por otros 15 minutos, agitando de continuo. Se pasa todo, seguidamente, por el pasapuré dejándolo muy bien triturado.

En una sartén al fuego se deshace un poco de mantequilla, con harina y pimienta, hasta conseguir un pasta homogénea. Se aparta del fuego y se le añade la leche, removiendo continuamente con el fin de que no se formen grumos. Se le da un hervor a esta salsa por unos minutos, sin dejar de remover y se añade al puré de ortigas, procurando mezclarlo bien.

El anónimo autor de esta curiosa sopa, otrora famosa en Asturias, recomiendo servirla con unos trocitos de pan fritos en grasa de tocino.

Sopa de pixín del vixulu

Ingredientes

Para 4 personas:

700 gramos de pixín (rape)
200 gramos de pan
2 huevos
1 tomate
2 dientes de ajo
1/2 cucharada de pimentón
1 pizca de guindilla
Sal

Copiamos al pie de la letra esta vieja receta asturiana.

Se pone al fuego una cacerola con agua y, cuando alcance la ebullición, se vierte el pixín limpio y troceado. Una vez cocido, se aparta del agua, y los trozos mejores se

emplean para servir en vinagreta o mahonesa.

Con los peores trozos se hace lo siguiente: En el agua de cocción, se agregan rebanaditas muy finas de pan, el pixín muy picado, huevo duro y salsa de tomate; también algo de guindilla. Se acerca al fogón y, dados unos hervores, se sirve muy caliente. También admite un sofrito de ajo y pimentón; o la gracia del azafrán.

Sopa de pixín luarquesa

Ingredientes

Para 4 personas:

700 gramos de pixín (rape)
2 huevos
1 diente de ajo
1 cebolla
2 ajos puerros
90 gramos de pan
Aceite
Sal

Seccionada la cabeza del rape, se trocea el cuerpo y junto con cebolla, ajo puerro y sal se introducen en una olla con agua. Una vez cocido, se aparta del fogón y se deshuesa. Aparte, se calienta aceite con ajo, que cuando esté bien rustido, se une a la sopa de pan cortado en rebanaditas; una vez que el pan haya chupado el aceite, se vierte al pescado con su salsa, cuidando de pasar esta última por un colador.

Se baten, separadamente dos huevos, que se deslíen en un poco de salsa templada, con el fin de que no se corten, agregándolos a la sopa antes de servir. También puede elaborarse la sopa con cabezas de merluza.

Sopa de puerros

Ingredientes

Para 4 personas:

4 puerros
3 patatas
125 gramos de manteca
70 gramos de pan
1 pizca de pimienta
Sal

A un tiempo, se fríen manteca de vaca, patatas y ajos puerros troceados. A medio freír, se añaden 6 tazas de agua y, sazonando con sal y pimienta, se deja cocer hasta que las patatas estén a punto de desmoronarse. Se sacan, entonces, las patatas y, exprimiéndolas, se pasan por un cedazo, volviendo a unir con los puerros. Minutos antes de servir la sopa se junta todo, removiendo la mezcla para que se haga íntima. Se sirve acompañada de pequeños trozos de pan frito.

Sopa de vegetales al gusto marinero

Ingredientes

Para 6 personas:

300 gramos de pescado
3 cebollas
1 puerro
1 diente de ajo
3 zanahorias
1 hoja de laurel
2 cucharadas de aceite
Sal

Al fuego, en una cacerola con agua, se ponen las hortalizas. Al levantar el hervor, se añade el pescado, sal y si fuera del gusto, un poco de pimienta. El pescado pudiera ser una cabeza de merluza, que suelta abundante grasa y gelatina, aunque también ofrecen delicado sabor pescados como congrio, lubina o raya; la tradición asturiana no aconseja pescados azules.

Cuece todo a fuego flojo y, cuando el pescado esté consumido, se pasa por tamiz, haciendo puré. Se vuelve al fuego, añadiendo agua si fuera preciso, para el último hervor.

Sopa gijonesa de pixín

Ingredientes

Para 4 personas:

375 gramos de pixín (rape)
1/2 botella de sidra
90 gramos de pan
1/2 cebollas
1 huevo
2 dientes de ajo
Opcional: pimiento y tomate
Aceite y sal

En agua salada, con sidra, se inicia la cocción del pixín; espumándose el caldo. Al separarse la espina, se aparta el agua y se pasa por tamiz en la cacerola, en la que ha de elaborarse la sopa; se vierte el pan troceado y el pixín desmenuzado. Aparte, en una sartén con aceite, se fríen cebolla y ajo, menudamente picado. No deja de ser rancia tradición agregarle pimiento y tomate. Se suma el sofrito a la sopa y, a la hora de servirla, el huevo batido. (También puede sustituirse éste, por huevo duro troceado).

Sopa llanisca

Ingredientes

Para 4 personas:

200 gramos de pixín (rape)
1 cabeza de merluza
100 gramos de almejas
4 dientes de ajo
80 gramos de pan
1/2 cebolla
1 tomate
1 pizca de pimienta
Aceite y sal

Se fríen en aceite cuatro dientes de ajo; con el aceite muy caliente, se agrega la cabeza de merluza, almejas, pixín, pimienta, tomate y cebolla troceada. Se le da unas vueltas y se incorpora el agua en cantidad suficiente, dejándolo hervir hasta la cocción del pescado. Se pasa luego, todo por el tamiz, se limpia el pescado de espinas y huesos, se desprenden las conchas de las almejas y se deja sobre el fogón a lumbre mansa; al final, agréguela unas pequeñas rodajas de pan. Sírvase caliente.

Teresitas de pescado

Ingredientes

Para 4 personas:

800 gramos de pescado
50 gramos de pan rallado
1 clara de huevo
1 cucharada de azúcar
Aceite
Sal

Bien cocido el pescado y libre de espinas, se maja en el almirez. Se le agrega, luego, pan rallado, azúcar y clara de huevo muy batida; de esta masa se toman pequeñas porciones, a las que se da forma de nuez. Se escurren en una fuente, friéndolas en aceite o manteca. Se sirven muy calientes.

Mariscos

Almejas a la marinera (*página 45*)

Frente al viejo lar, el alma cocinera de Asturias se sublima y, a la altura del arte, ya impregnándolo todo de sabores, especias, exquisiteces y colores, bajo el amparo mítico de la sidra, cuando de... mariscos se trata.

Son los mariscos, en la cocina asturiana, señores de manteles largos y de escasas exigencias, desde los días de Apicio, noble gastrónomo romano que, según la leyenda asturiana, supo de las excelencias del marisco del Cantábrico, por vez primera, en suelo gijonés. Tal afición tomó el ilustre sibarita a nuestros mariscos que hasta inventó procedimiento para hacerlos llegar frescos a su palacio romano.

Aparte de la tradición asturiana, Apicio es famoso en el mundo gastronómico por haber introducido los vasos de cristal. Cuentan los estudiosos que alcanzaron tal coste que hubieran resultado más baratos de haberles fabricado a base de oro y pedrería preciosa. Para estrenar estos vasos, invitó a su mesa al propio Augusto y sucedió que, un esclavo aturdido, rompió el destinado al Emperador. Furioso Apicio, mandó arrojar a su esclavo al Tíber. Augusto, que no pudo evitar el castigo, ordenó entonces que le trajeran todos los vasos y rompiéndolos exclamó: «Procedo así para que otro vaso no cueste la vida de un hombre.»

Decíamos antes que los mariscos, grandes señores de nuestra cocina, conllevan menguadas exigencias. Eso tratan de demostrar las recetas que aquí recogemos, preciado legado de nuestros bisabuelos, con la autoridad que a todo arte proporcionan los años.

Consejos tradicionales

• Todos los mariscos se purifican rociándolos, abundantemente, con zumo de limón.

• Los calamares se ablandan introduciéndolos en un baño de leche cruda por dos o tres horas.

• Los mejillones han de estar en el fuego el tiempo justo de abrirse; de lo contrario se endurecen.

• En el cocimiento de mariscos ha de utilizarse agua de mar; ya cocidos, se enfriarán, igualmente, en agua fría de mar.

• Los calamares se pueden servir asados a la parrilla, rebozándolos después con harina desleída en yemas de huevo, pimienta molida, sal y agrio de limón, de manera que resulte una masa muy ligera.

• Los berberechos admiten los mismos guisos de las almejas.

• Los mejores crustáceos son los más pesados, no los mayores; la cola ha de ser resistente a la presión y el olor agradable.

• Los cangrejos se cuecen de tres a seis minutos, según el tamaño.

• Las langostas más sabrosas son las de mayo. De ello nos avisa el refrán asturiano: «La langosta y el cazón, en mayo tienen sazón.»

• Para que los mariscos sean inofensivos, han de tenerse por espacio de una hora en agua con vinagre, lavándolos después en agua corriente durante unos minutos.

• Tanto las ostras como los erizos de mar han de consumirse crudos.

MARISCOS

VALOR NUTRITIVO DE LOS MARISCOS

Cada 100 gramos contienen	Hidratos de carbono	Proteínas	Grasas	Kilo-calorías
Almejas...........................	—	14,24	1,6	67,4
Calamares.........................	2,3	22,6	6	154
Cangrejos.........................	—	17,67	2,12	89,8
Cigalas...........................	—	14,64	1,58	80,7
Gambas	—	15,84	2,94	90
Langosta	—	17	2	90
Langostinos......................	—	18	4,3	115
Ostras............................	—	11,8	1,6	61,6
Percebes	—	6,45	1,72	41,3
Pulpo............................	—	19	1,1	86

Almejas a la marinera

Ingredientes

Para 4 personas:

1 kilo de almejas
1 cebolla
2 dientes de ajo
5 cucharadas de aceite
1 cucharada de perejil
1 cucharilla de pan rallado
1/2 vaso de vino blanco
1 hoja de laurel
1/2 limón
Sal

Bien lavadas las almejas, se colocan en la sartén con medio vaso de agua. A fuego fuerte se dejan cocer y, a medida que se vayan abriendo, se sacan a una cazuela. El agua de la cocción se filtra con un paño muy fino y se guarda.

En una sartén, se fríen en aceite la cebolla y el ajo picado; cuando estén dorados, se pone el pan rallado y se rehoga un poco; se agrega el agua de cocer las almejas, vino, laurel y limón. Se vierte esta salsa sobre las almejas, dejándolo hervir por espacio de diez minutos. Se le echa la sal y el perejil picado.

Almejas en vinagre

Ingredientes

Para 4 personas:

1 kilo de almejas
2 cucharadas de vinagre
1/4 de limón
Sal

Se lavan bien las almejas y se colocan en una cacerola, bien tapada y sin agua, para que cuezan en su mismo jugo. A los pocos minutos se rocían con vinagre y sin más aderezo que unas gotas de limón se sirven.

Almejas guisadas

Ingredientes

Para 4 personas:

1 kilo de almejas
1 cebolla pequeña
1 ajo
1/2 hoja de laurel
1/2 vaso de vino blanco
1 cucharada de harina
1 cucharada de pimentón
4 cucharadas de aceite
Sal

Se fríen en aceite, cebolla y ajo picados. Una vez frito, se añade sal, laurel, el agua de las almejas, vino blanco, harina y pimentón. Se agregan las almejas que, una vez bien lavadas, se habrán abierto a la lumbre y se cuecen hasta que estén blandas y el guiso hecho.

Bígaros

El manuscrito que seguimos, con clara grafía del siglo XIX, advierte de manera taxativa: «Nunca se cuecen en agua hirviendo, pues se encogen y no habrá manera de sacarlos del caparazón enteros.» Después de lavados, se ponen a cocer en una cazuela con agua fría y sal. Al hervir el agua, se les deja un minuto más. La carne se extrae con un alfiler.

Bogavante

Ofrece las mismas preparaciones de las langosta (ver langosta). Se abre longitudinalmente, tanto el caparazón del cuerpo como el de las pinzas.

Calamares en salsa verde

Ingredientes

Para 3 personas:

1 kilo de calamares
2 rebanadas de pan
1 vaso de vino blanco
1 rama de perejil
Aceite
Sal

Limpie los calamares con agua caliente: se limpian mejor y más deprisa. Córtelos en trozos y tire la bolsita de la tinta, que en

esta ocasión no tiene utilidad. Caliente aceite y rehogue sin taparlos, para que suelten todo el agua. Si son duros se les echa un corcho, que hará la maravilla de ablandarlos. Cuando hayan soltado el agua, retire el corcho; ya casi secos, sin apartarles de la sartén , eche encima, bien machacados, perejil y las dos rebanadas de pan frito, a lo que se añade el vino blanco; tape, ahora, y deje que en su propio jugo se vayan haciendo. De quedarse muy secos, eche un poco, muy poco de agua y más vino blanco.

Calamares en su tinta

Ingredientes

Para 4 personas:

1 kilo de calamares
1/2 cebolla
2 rebanadas de pan
1 tomate
1 diente de ajo
Aceite
Sal

Bien limpios los calamares, desprovistos de espina y pellejo, se separa la bolsa de tinta, con cuidado, y se coloca en una taza. Separe, también, las tripas y piquelas con cebollas; fríalas y añada pan rallado, para formar una pasta con la que rellenará los calamares. Fríalos, ahora, un poco, dándoles unas vueltas y, enseguida, le agrega la salsa, dejando que hierva un poco a fuego manso.

Para elaborar la salsa, a la que hemos hecho alusión, eche en el mortero cebolla picada frita, la bolsa de tinta, la corteza de pan frito, tomate y ajo y, si fuere necesario, un poco de agua. Júntelo todo, muy bien machacado y páselo por el pasador.

Calamares fritos

Ingredientes

Para 4 personas:

1 kilo de calamares
2 dientes de ajo
1/2 limón
Aceite
Sal

Ya limpios los calamares, ponga aceite en bastante cantidad en la sartén y fría un par de dientes de ajo. Corte los calamares en tiras, écheles sal y póngalos a freír hasta que estén bien dorados. Sírvalos rociados con zumo de limón.

Cangrejos de mar

Se lavan y se cuecen en agua de mar hirviendo con sal, con el fin de que mueran pronto.

Cangrejos de río cocidos

Ingredientes:

Cangrejos
1 chorro de vino blanco
Laurel
Sal

Ya lavados los cangrejos, se les desprende el intestino final retorciendo la aleta principal de la cola; se les vuelve a lavar y se les sumerge en caldo corto hirviendo (elaborado con agua, vino blanco, laurel y sal). Cuecen unos ocho minutos, aproximadamente, y se retiran del fuego, para que se enfríen lentamente.

Centollo al modo de Cimadevilla

Ingredientes

Para 6 personas:

2 centollos con dos kilos de peso
100 gramos de merluza
1/2 cebolla
2 ramas de perejil
2 huevos
2 cucharadas de tomate
1 vaso de sidra natural
2 cucharadas de pan rallado
1 cucharada de mantequilla
Aceite
Sal

MARISCOS

Limpios los centollos, se ponen a cocer en agua de mar, en su defecto en agua salada. Una vez que rompan a hervir, se les deja en el agua hirviendo unos quince minutos, aproximadamente. Se retira, luego, la cacerola del fuego y se deja unos minutos más en el agua.

Se separan todas las carnes. En una sartén con un poco de aceite, se fríe cebolla picada y perejil hasta dorarse un poco; se le agrega la carne del centollo y un poco de merluza, todo muy bien picado; después de rehogado perfectamente, se le echa tomate, sidra, pan rallado, mantequilla y la sal correspondiente. Se mezcla todo muy bien y, cuando esté hecha la pasta, se rellena el caparazón del centollo y se espolvorea con pan rallado por encima y se pone al horno fuerte diez minutos.

Centollo cocido

Ingredientes

Para 4 personas:

2 centollos con un peso aproximado de dos kilos
1 zanahoria
1 hoja de laurel
1 vaso de vino blanco
Sal

En una cazuela con agua, fría y convenientemente salada, laurel, zanahoria y vino blanco o vinagre, se disponen los centollos. Al romper a hervir, se cuentan ocho o diez minutos, en que todavía perseveran en el agua. Se aparta la cazuela del fuego y se sacan a los pocos minutos.

Centollo relleno

Ingredientes

Para 6 personas:

2 centollos de dos kilos de peso
1/2 centolla
2 ramas de perejil
3 cucharadas de salsa de tomate
80 gramos de jamón
1 rodaja de merluza
1/2 limón
1 diente de ajo
2 cucharadas de pan rallado
Aceite y sal

Se cuece el centolllo como dejamos indicado y se separan las patas, a las que se quitará todo lo carnoso. Se fríe un poco de cebolla muy picada, junto con el ajo y el perejil, también finamente picado; luego de medio dorarse, añada salsa de tomate bien cocido, jamón muy troceado y la merluza cocida y desmenuzada; zumo de limón, sal y la carne del centollo; mézclese todo muy bien.

Se tiene preparada y limpia la concha del centollo y en ella se mete el preparado; se cubre con pan rallado, si lo desea huevo cocido muy picado y se mete al horno hasta que esté dorado.

Centollo relleno *(página 48)*

Cigalas

Se pone al fuego una cacerola con agua, la suficiente para cubrir las cigalas, y sal; al romper el hervor, se incorporan las cigalas; cuando vuelva a hervir, se retira el recipiente del fuego, se tapa y se dejan enfriar en el mismo caldo.

Frisuelos rellenos de orificios

Ingredientes:

Harina
Huevos
Leche
Levadura
Aceite
Sal
1 lata de paté de orificios (erizos de mar)
1 lata de carne de cangrejo

Se elabora una pasta de frisuelos (fayueles) según se aconseja correspondiente. Ha de quedar ligera y muy homogénea (sin grumos).

Pequeñas porciones de esta pasta se fríen en sartén ligeramente engrasada, de forma que queden extendidas y muy finas.

Cada frisuelo se rellena con una mezcla de carne de cangrejo y paté de oricios; se envuelve y baña con una mayonesa o salsa rosa ligeras.

Fritura asturiana de calamares

Ingredientes

Para 4 personas:

1 kilo de calamares
100 gramos de jamón
50 gramos de tocino
Aceite
Sal

Dispuestos los calamares, se cuecen por unos minutos, se cortan en ruedas o tiras y se fríen, acompañados de jamón y tocino muy finamente picados.

Gambas a la plancha

Ingredientes

Para 3 personas:

600 gramos de gambas regulares
2 gajos de limón
Aceite

Limpias, recortadas las antenas y rociadas con unas gotas de limón, se disponen las gambas en una plancha caliente, previamente untada con unas gotas de aceite. Retírelas en su punto de jugo, más bien crudas que chamuscadas. Se sirven calientes, con una pizca de sal y unas gotas de limón.

Gambas cocidas

Una vez peladas, se les coloca en una cacerola con agua salada; se cuecen a fuego fuerte, hasta que el agua rompa a hervir. Por unos momentos, permanecen en el mismo recipiente; se pasan, luego, a un recipiente con agua fría, un poquito salada; se sacan y se dejan enfríar.

Gambas rebozadas

Ingredientes

Para 4 personas:

500 gramos de gambas
150 gramos de harina
1 huevo
Vinagre
Aceite
Sal

Frías las gambas, después de la cocción, se las despoja de la cáscara y de la cabeza, dejando sólo la cola. En un tazón, se dispone harina, agua, vinagre y sal, que se bate hasta lograr una crema espesa; se le suma una clara a punto de nieve; se rebozan cogiéndolas por la cola y metiéndolas en la taza. Se fríen en aceite caliente y abundante, a medio dorar, se sacan, se escurre y se sirven.

Langosta a la gijonesa

Ingredientes

Para 4 personas:

1 langosta de un peso aproximado de 800 gramos
1/2 cebolla
1 tomate
1 zanahoria
1 rama de perejil
1 ajo
1 copa de coñac
Vino blanco
Aceite y sal

Dos son los consejos tradicionales de Asturias para saber si una langosta está cocida:

a) Se pone con ella, en la cacerola, una patata regular, cuando ésta esté cocida, la langosta está en sazón.

b) Si al arrancarle una pata no sale agua; es decir, está seca.

Se cuece la langosta con vino blanco, se parte en lonchas y aparte se elabora la siguiente salsa: se fríe en aceite cebolla picada, zanahoria, ajo (algunos incluyen pimienta), laurel, perejil y tomate.

Cuando estén bien rehogadas, se les agrega una copa de coñac y el vino blanco que quedó de cocer la langosta; se cuela todo, se vierte sobre las tajadas de langosta, se le hace cocer unos instantes y se sirve.

Langosta al gusto del rey Silo

Ingredientes

Para 4 personas:

600 gramos de langosta

200 gramos de guisantes

100 gramos de judías verdes

1 cucharada de vinagre

2 nabos

1 trufa

4 tomates pequeños

2 huevos

2 zanahorias

Aceite, sal

No alcanzamos a comprender la razón del nombre de este plato que encontramos en un muy curioso recetario asturiano datado en 1816.

Cueza la langosta con agua y sal. Déjela enfríar. Las patatas, las zanahorias y los nabos se cortan a cuadros pequeños y se cuecen, también, en agua y sal; las judías, troceadas, se ponen a hervir con los guisantes; se cortan horizontalmente los tomates y se vacían. Con aceite, vinagre, yema de huevo y sal, se elabora una salsa mahonesa; las legumbres y verduras, una vez frías y bien escurridas , se mezclan con tres cucharadas de la salsa mahonesa y se rellenan los tomates con este mezcla. El sobrante de la misma se coloca en una fuente, encima se dispone la langosta cortada en forma de medallones, que se cubren con salsa mahonesa y se adornan con trufa, intercalando rodajas de huevo cocido y alrededor se colocan los tomates rellenos.

Langosta con jamón

Ingredientes

Para 4 personas:

1 langosta de 800 gramos de peso

100 gramos de jamón.

1 cebolla

1 cucharada de pimiento

1 tomate

1 hoja de laurel

2 huevos

80 gramos de guisantes

Aceite, sal

Cocida la langosta, previamente atada para que no mueva las patas, se fríe cebolla en aceite, dejándola a medio pasar; se añade luego jamón muy picado; se envuelve en pimiento la langosta; se agrega al guiso tomate ya hecho pasta y la hoja de laurel. Se trocea la langosta menudamente y se mezcla todo con los guisantes cocidos y machacados, los huevos cocidos y un poco de caldo, dejándolo todo cocer a fuego lento.

Langostinos cocidos

Convenientemente lavados, se disponen en una cazuela con agua ya salada; se les adiciona cebolla, zanahoria, laurel y perejil. Cuecen a fuego medio y se retiran de la lumbre dos minutos después de romper a hervir. Se sacan, se trasladan a un recipiente con agua fría algo salada, se secan y se sirven.

Llámpares

Del cuantioso material documental que utilizamos, de la lapa sólo encontramos esta referencia antigua: «Se arreglan con cebolla picada, aceite, un diente de ajo y pimiento. Han de cocer por espacio de diez minutos, para comerlas de inmediato, ya que de lo contrario se endurecen.»

Llámpares en salsa

Ingredientes

Para 6 personas:

2 kilos de llámpares (lapas)
200 gramos de aceite
2 cebollas
5 dientes de ajo
4 ramas de perejil
1 vaso de vino blanco
2 cucharadas de harina
Guindilla
Sal

Mantener durante una media hora las lapas en agua salada; después, lavarlas en varias aguas hasta que suelten toda la arena.

En una cazuela con aceite se dora la cebolla, picada; sumando después el ajo, perejil y guindilla machacados en el mortero; se rehoga un poco y se agregan la harina y el vino blanco dejando que todo de unos hervores.

Se incorporan las lapas y en el momento que despeguen de sus conchas se retiran y se sirven.

Recuerde que una cocción excesiva de las lapas las endurece.

Mejillones a la asturiana

Ingredientes

Para 1 persona:

1/2 kilo de mejillones
2 cucharadas de mantequilla
2 ramas de perejil
Sal

Se ponen al fuego en una cacerola, sin agua, para que se abran y suelten el jugo. Se retira una de las cáscaras y se deja la otra, en la que está pegado el mejillón. Aparte, en una sartén, se caliente mantequilla, a la que se le suma perejil picado y el jugo que hayan soltado los mejillones. Se vierte esta salsa por encima y se sirven.

Mejillones en escabeche

Ingredientes

Para 2 personas:

1 kilo de mejillones
3 dientes de ajo
3 cucharadas de vinagre
1 cucharada de pimentón
1 vaso de vino blanco
Aceite
Sal

Como dejamos dicho, se colocan en una cazuela, sin agua, y se ponen al fuego el tiempo justo para abrirse; se despojan de la concha y se reservan. En una sartén puesta al fuego, con aceite, se rehoga el ajo; se aparte la sartén del fuego y se le incorpora el vinagre, el pimentón y el vino blanco. Se coloca, de nuevo, sobre la lumbre y a los cinco minutos se vierten sobre ella los mejillones para un breve hervor.

Nécora

Se cuece igual que el centollo; es más breve la cocción (En Asturias, andarica).

Oricios

Con este nombre se conocen en Asturias los erizos de mar, también llamados castañas de mar. Se cuecen en agua salada, colocándolos en la cacerola con el diente hacia abajo. El tiempo de cocción no excederá de los quince minutos.

Ostras

De un manuscrito del siglo XIX recogemos el siguiente texto: «La mayor parte de las ostras se comen crudas, sin preparación alguna; los verdaderos aficionados aseveran que aliñar las ostras es echarlas a perder y que hay que comerlas simplemente con el agua salada de que está llena la concha que, para el caso, es mejor que las salsas más exquisitas. Por otra parte, resultan en extremo nutritivas, se digieren fácilmente y se pueden comer en grandes cantidades sin temor a que hagan daño. Las ostras cocidas, de cualquier manera que se preparen, son más o menos indigestas y se han de comer con moderación».

Pastel de oricios

Ingredientes:

1 kilo de oricios (erizos de mar)
medio litro de crema de leche
7 huevos
Sal
Pimienta

Se extraen con sumo cuidado los «corales» o huevos de los oricios, crudos, que se incorporan a un batido de crema de leche y huevos sazonado con sal y pimienta.

Se bate todo muy bien y el conjunto se dispone en un molde engrasado y espolvoreando con pan rallado; cuece después durante unos 40 minutos al baño maría. Enfría y se desmolda.

Se sirve cortado en lonchas gruesas dispuestas sobre un fondo de lechuga en juliana.

Percebes

En una cazuela puesta al fuego con agua fría y sal, en la proporción de 50 gramos de sal por un litro de agua, al iniciarse el hervor, se echan los percebes, previamente lavados con agua fría. Al retornar el hervor, se les deja por espacio de tres a cinco minutos más; se pasan a un recipiente con agua fría.

Pimientos rellenos de centollo

Ingredientes

Para 4 personas:

8 pimientos verdes

1 kilo de centollo

1 cebolla

1 vaso de vino blanco

Caldo de pescado

Harina

Aceite

Sal

Cebolla

Cuecen los centollos en agua con sal y se escoge la carne, que se incorpora a un sofrito de cebolla y un poco de harina, procurando que todo quede bien ligado.

Con esta mezcla se rellena los pimientos (previamente asados enteros, pelados y vaciados) que cuecen bañados en una salsa elaborada con cebolla frita, harina, caldo de pescado y vino blanco.

Se sirven calientes en cazuela de barro.

Pulpo al modo de Cudillero

Ingredientes

Para 4 personas:

1 kilo de pulpo

1 cebolla

1 pimiento morrón

1 hoja de laurel

2 tomates

2 dientes de ajo

1 vaso de vino

blanco

2 ramas de perejil

Aceite

Sal

Muy limpio y macerado, se trocea y se pone en una olla con agua hirviendo, con una hoja de laurel y el vino blanco. En los comienzos la lumbre ha de ser avivada, para pasar luego a la moderación. En una sartén con aceite, fría la cebolla y, a media cocción, agregue pimiento morrón, tomate pelado, perejil y ajo muy picados, sazonándolo con sal. Incorpore, ahora, el pulpo, revolviendo siempre, para que no se pegue, hasta el final o punto de la cocción.

Revuelto de angulas y oricios

Ingredientes:

6 huevos
250 gramos de setas
100 gramos de corales de oricios (erizos de mar)
Aceite
Ajo
Sal

En una sartén con aceite se saltean las setas y el ajo hasta lograr el punto; se suman las angulas y los corales de oricios mezclando bien el conjunto.

Se incorporan los huevos batidos removiendo de continuo hasta conseguir un revuelto cuajado y a la vez jugoso.

Sírvase con triángulos de pan de molde fritos.

Pescados

Caldereta *(página 73)*

Asturias tiene historia y tradición marinera. La fraguó en duro batallar con las olas bravías, de generación en generación. La mar, como le decimos los que tenemos anclada la vida a su vera, fue para Asturias industria y prosperidad en rutas, guerras, ensueños, conquistas y afanes duros y profesionales de pesca.

Constituye, por tanto, el pescado un capítulo de la mayor importancia en la alimentación de los asturianos. Antes, ahora y por los siglos de los siglos. Ahora bien, el pescado puede ser grande o pequeño, de mejor menor sabor; claro u oscuro, de textura más o menos suave; de presencia agradable o... de precio alto, regular o barato, pero no hay pescado fino ni corriente, pues, como tratan de de mostrar las siguientes recetas, todo el pescado es sabroso, sano y de alto valor nutritivo.

Como las frutas, los pescados también tienen su temporada, que varía según los mares, los climas y las corrientes marinas. De un viejo recetario, del que ya se ganancció Evaristo Arce para el prólogo a *La cocina tradicional de Asturias*, sacamos los datos más característicos por lo que se refiere a nuestro Cantábrico:

1. *Anchoa, merluza, pescadilla y lenguado*, en cualquier época del año.
2. *Berdel o caballa*, en los meses de diciembre, enero y febrero.
3. *Besugo*, en los meses de noviembre, diciembre y enero. Lo confirma el refranero con estos términos: «De enero a enero el besugo es caballero»; «Por San Blás, el besugo atrás».
4. *Bonito*, en julio. Aunque refrán referido a bocarte asegura: «Bocarte en primavera, bonito por donde quiera».
5. *Chicharro*, en junio.
6. *Chicharrón*, en noviembre, diciembre, enero y febrero

7. *Dorada*, en octubre y noviembre.
8. *Golondro*, en marzo y abril.
9. *Muiles*, en junio.
10. *Papardo*, en invierno.
11. *Pica*, en abril.
12. *Raya*, en mayo. El refranero asturiano incurre en este caso en contradicción, pues mientras uno afirma que «Raya y rayón en mayo está en sazón», los llaniscos siguen afirmando que «Por muy mal que te vaya, no comas raya».
13. *Salmonete*, en noviembre, diciembre, enero y febrero.
14. *Sardina*, en julio, agosto y septiembre. El mismo manuscrito, a la página siguiente afirma: «Las sardinas están más exquisitas en los meses de septiembre y octubre». El refranero asegura: «Sardinas en mayo, cómelas el diablo».
15. *Trucha y barbo*, en mayo; comenta el refranero: «Al demonio dale trucha en verano y sardina en invierno.»

Consejos tradicionales

• Reglas para saber si un pescado es fresco:

a) olor agradable;
b) ojos saltones y brillantes;
c) cuerpo duro;
d) agallas rojas, y
e) piel estirada con las escamas pegadas.

• Un buen bacalao tiene siempre la carne muy blanca y sus hojas se separan fácilmente unas de otras.
• Los pescados blancos y magros son en extremo digeribles, en tanto que los azules y grasos resultan más indigestos.
• Todos los pescados pierden calidad en la época de desove.

- Han de preferirse siempre las anguilas que tienen el dorso azulado y el vientre de un blanco plateado.
- De la manera que se condimente el congrio, hay que despellejarlo, toda vez que su pellejo desprenden un olor muy desagradable.
- Para que el pescado no se deshaga a la hora de cocerlo, basta con echarle al agua una cuchara de vinagre.
- La mejor época para salar las sardinas es en el mes de septiembre, que son de mayor tamaño y más anchas. Se salan de la siguiente forma: Se les quita cabeza y tripas, se lavan con agua de mar y se colocan en una vasija de barro con sal, por capas, teniendo cuidado de comenzar y terminar con una de sal. Ver sardinas saladas.

- El olor fuerte de pescado se evita si, antes de freírlo se frota con limón.
- Para cocer cualquier pescado, ha de colocar en la besuguera cebolla, perejil, zanahoria, cebolleta y una o dos cucharadas de aceite. Como puede ser más rápida la cocción de algunos peces que las hortalizas, pueden solar hervir antes unos minutos y, en el caldo ya frío y sazonado, coloque el pescado a cocer.
- Con unas gotas de limón en el agua donde se cuece el pescado, queda más blanca y dura su carne.
- Los filetes de pescado se enharinan antes de remojarlos en huevo batido.
- El aceite de freír pescado se puede destinar a cualquier uso si se le pone jugo de limón.

VALOR NUTRITIVO DE PESCADOS (Especies más usuales)

Cada 100 gramos contienen	Hidratos de carbono	Proteínas	Grasas	Kilo-calorías
Anguila	0,7	23,7	1,1	109
Angula	—	11,9	25,5	273
Atún	—	18,6	12,4	180
Besugo	1,2	17	12,34	184
Bacalao......................................	1,3	36,6	7,2	215
Congrio	—	11,15	21,14	237
Lenguado....................................	3	18,7	12,22	197
Lubina	—	19,5	5,1	125
Merluza......................................	5,1	15,3	3,3	111
Mero..	0,43	14,7	8,52	135
Rape..	7,5	15	9,7	170
Salmón	3,4	20,8	10,6	186
Salmonete...................................	0,5	20,20	12,3	193
Sardina	0,4	22,3	14	214
Trucha	—	19	10,2	162

Anguilas al uso de Oviedo

Ingredientes

Para 4 personas:

800 gramos de anguila

250 gramos de cebolla

40 gramos de manteca

1 cucharada de harina

1/2 vaso de vino blanco

1/2 vaso de vino tinto

1/2 vaso de caldo o agua

2 cucharadas de salsa de estofado

1 hoja de laurel

50 gramos de ciruelas pasas

50 gramos de pasas de Málaga

Sal

Peladas las cebollas, se doran en una cacerola con manteca fresca; se añade una cucharada de harina; se moja con mitad de vino tinto y mitad de agua o caldo; se le suman dos cucharadas de salsa de estofado y la hoja de laurel. Se deja cocer, cubierta la cacerola, durante unos veinte minutos.

Transcurrido este tiempo, se introducen los trozos de anguila, de suerte que los bañe bien la salsa, las ciruelas y las pasas. Que hierva a fuego lento, hasta que cueza del todo. A la hora de servir, puede ponerse un poco de manteca fresca y cortezones de pan frito.

Anguilas con arroz

Ingredientes

Para 4 personas:

800 gramos de anguila

1 taza de arroz

1 cebolla

2 dientes de ajo

1 pimiento

Azafrán

Pimienta

Clavo

Aceite

Sal

Se fríe la anguila troceada y se pasa a una cacerola; aparte se rehoga la cebolla, el ajo y los pimientos cortados en tiras; lograda esta mezcla, se echa a la anguila, añadiendo azafrán, pimienta y clavo fino.

En la misma cacerola se pone el arroz, tomando la precaución de añadir dos partes de agua caliente por una de arroz.

Cuando comience la cocción, se introduce en el horno, fuerte, donde permanecerá un cuarto de hora.

Anguilas en estuche

Ingredientes

Para 4 personas:

800 gramos de anguila

500 gramos de masa de pan

100 gramos de jamón

50 gramos de tocino

2 dientes de ajo

2 cucharadas de grasa de cerdo

Sal, perejil

Ya limpias, se abren las anguilas y se rellenan de jamón y tocino, ajo bien picado y perejil; se salan y se untan por el exterior con grasa de cerdo; se cubren con la masa totalmente, procurando que quede una capa delgada, con la forma alargada de la anguila. Se meten al horno.

Anguilas fritas

Ingredientes

Para 4 personas:

800 gramos de anguila

100 gramos de harina

Aceite o manteca

Sal

Limón

Troceadas y envueltas en harina las anguilas, se fríen en aceite de oliva, abundante y bien caliente, hasta que se doren. Se acompañan con rodajas de limón. Son preferibles siempre las anguilas pequeñas.

Angulas

Ingredientes

Para 1 persona:

150 gramos de angula

1 diente de ajo

3 cucharadas de aceite

1/2 guindilla

Sal

En una cazuela de barro, ponga el aceite y la guindilla y el ajo bien troceados. Una vez dorado el ajo (hay quien lo retira), a fuego vivo, se echan las angulas, se salan y se remueven con utensilio de madera. Al romper a hervir, se apartan del fuego y, cubiertas, se llevan a la mesa.

Bacalao a la ovetense

Ingredientes

Para 4 personas:

700 gramos de bacalao

400 gramos de tomate

2 cebollas

2 tazas pequeñas de aceite

Desalado, previamente, y cortado en trozos regulares el bacalao, se pone en agua, a la lumbre, a que dé un hervor, en tanto se asan unos cuantos tomates, que seguidamente se despellejan y aplastan en un plato con cuchara de palo.

A la vez, se rehoga ligeramente en aceite, buena porción de cebolla, menudamente picada; antes que se dore, se le agrega el tomate y se concluye el rehogo.

Se ordenan en una cazuela los trozos de bacalao; se cubre con tomate y cebolla y se pone la cazuela a la lumbre, mansa, hasta que el bacalao quede bien cocido.

Durante la cocción conviene sacudir a menudo la cazuela, a fin de que el bacalao se empape de su salsa.

Bacalao a la riosellana

Ingredientes

Para 4 personas:

500 gramos de bacalao
500 gramos de patata
100 gramos de mantequilla
1/2 vaso de vino blanco
Perejil
Pan rallado
Queso blando duro

Se corta el bacalao en trozos y se pone a desalar durante unas 20 horas; se le quitan las espinas y la piel y se pone a cocer junto con las patatas.

Cocido el bacalao, se retira a una fuente con las patatas, que se parten en trozos.

En cazuela aparte, se derrite la mantequilla; se le agregan el perejil, las patatas y el vino. Encima se colocan los trozos de bacalao, de manera que ocupen todo el fondo de la cazuela, que se cubren con una delgada capa de pan rallado y queso.

Se introduce la cazuela en el horno, donde permanece el tiempo necesario para que se forme una pequeña costra en la parte superior. Se sirve en la misma cazuela.

Bacalao al uso de Gijón

Ingredientes

Para 4 personas:

700 gramos de bacalao
400 gramos de pimientos
500 gramos de tomate
Pan rallado
2 ajos
Laurel y aceite

Se fríen en aceite los ajos, se sacan y se rehoga el bacalao, previamente desalado, que se saca también. En una tartera, preferiblemente de barro, se coloca una capa de bacalao, con un poco de laurel y otra de pimientos asados y tomate; así sucesivamente.

Se deja hervir; antes de concluir la cocción, se cubre de pan rallado y se introduce unos minutos en el horno.

Bacalao al uso de Llanes

Ingredientes

Para 4 personas:

700 gramos de bacalao
200 gramos de aceite
3 dientes de ajo
2 patatas
1/2 vaso de leche
2 cucharadas de manteca

Previamente y por espacio de 12 horas habrá desalado el bacalao; se cuece y se despoja de pieles y espinas; se desmenuza lo más finamente posible; se le añaden los ajos y las patatas, que antes habrá cocido; con todo se forma una pasta.

Se pone a la lumbre una cacerola, con una cucharada de aceite; se le echa la pasta y se deja a fuego muy moderado, sin que llegue a la ebullición.

Se le echa, ahora, el aceite, gota a gota, como si de hacer una mayonesa se tratara. De vez en cuando se agrega un poco de leche, alternando con el aceite, batiendo siempre con un tenedor de madera y echando un poco de manteca, a fin de lograr una pasta ligera y al tiempo espesa.

Cuando ya se ha formado la masa y ofrezca bastante consistencia, está a punto de servirse; lo que se hará un cuarto de hora después.

Bacalao con espinacas

Ingredientes

Para 3 personas:

250 gramos de bacalao
500 gramos de espinacas
250 gramos de harina
1 diente de ajo
1 cucharada de perejil
1/2 vaso de agua
1 piel de naranja
Aceite

Ya desalado el bacalao, se corta en pedazos, se escurre bien sobre un paño y se reboza en harina. Se limpian las espinacas y se las pica finamente.

En una sartén, a poco fuego, se fríe el bacalao durante cinco o seis minutos, con cuidado de que no tome color, por que lo que continuamente se le dará vueltas. Se coloca luego en un plato próximo a la lumbre.

En el mismo aceite de freír el bacalao, se meten las espinacas; a los cinco minutos, se añade harina, un vaso de agua hirviendo, perejil, ajo y la corteza de naranja. Se deja cocer por otros cinco o seis minutos (más, si las espinacas son viejas), moviendo de continuo.

Antes de servir se saltean las espinacas con el bacalao.

Bacalao con pasas

Ingredientes

Para 4 personas:

650 gramos de bacalao
100 gramos de pasas
100 gramos de harina
150 gramos de cebolla
Aceite
1 ajo
1 cucharada de perejil

Dispuesto el bacalao, se trocea; bien seco, se envuelve ligeramente en harina, se fríe en suficiente aceite y se coloca en una cacerola. En el mismo aceite del bacalao, se fríe la cebolla picada, no muy menuda; cuando alcance su punto, se vierte sobre el bacalao.

Se machaca en el almirez ajo, perejil y azafrán, desatando esta salsa con abundante agua; se vierte sobre el bacalao.

Se coloca sobre el fogón hasta que rompa a hervir momento en el que se le suman las pasas. Dados unos hervores, se reduce el fuego, para que siga hirviendo moderadamente hasta su sazón.

Bacalao de pesoz

Ingredientes

Para 4 personas:

750 gramos de bacalao

200 gramos de aceite

1 copa de vinagre

3 dientes de ajo

Pimentón (dulce y picante al gusto)

Laurel

Harina

Patatas

El bacalao, limpio y desalado durante 48 horas, cuece durante unos 5 minutos de agua; se saca, escurre y fríe previamente rebozado en harina.

Se disponen los trozos fritos de bacalao en cazuela de barro (o de aluminio) y se bañan con un majado de ajo frito, laurel, aceite, pimentón y vinagre. Se añade un poco de caldo de pescado o agua y cuece unos 10 minutos o un cuarto de hora.

Se sirve acompañado de patatas fritas, huevos cocidos y pimientos asados.

Bacalao en salsa verde

Ingredientes

Para 4 personas:

750 gramos de bacalao

5 dientes de ajo

Miga de pan

1 cucharada de harina

4 ramas de perejil

8 cucharadas de aceite

El día precedente, a la noche, se pone el bacalao a remojar, con la piel hacia arriba. A la mañana siguiente, se coloca al fuego en una cacerola y, cuando comience a hervir, se retira del fuego; se le deja enfríar en el mismo recipiente.

Aparte, en otra cazuela, que necesariamente habrá de ser de barro, se fríen los dientes de ajo, que se sacan una vez tostados; se deja enfríar un poco.

Se saca el bacalao del agua, quitándole espinas y escamas; se rebozan los trozos de miga de pan, poniéndolos luego en el aceite con la piel hacia arriba, espolvoreándolas con harina y abundante perejil picado.

Conviene conservar el agua última del remojo para echarla por encima después de la operación precedente; se pone a cocer una hora antes de servirlo. Se remueve la cazuela de vez en cuando, para que se vaya haciendo la salsa. Se sirve en la misma cazuela.

Bacalao frito

Ingredientes

Para 4 personas:

750 gramos de bacalao
200 gramos de harina
200 gramos de tomate
1 diente de ajo
Perejil
Aceite

Es menester poner a remojo, con bastante antelación, el bacalao, a fin de que no resulte salado y para que crezca. Además, resulta más sabroso.

Después de bien desalado, se corta en filetes, pasándolos por harina y dorándolos en aceite caliente.

Se presenta acompañado de tomates fritos, partidos por la mitad y espolvoreados con ajo y perejil picado.

Besugo a la espalda

Ingredientes

Para 3 personas:

Un besugo de 1 kilo aproximadamente
1 limón
1 vaso de vino blanco
3 dientes de ajo
1 rama de perejil
Aceite
Sal

Escamado y limpio el besugo, se lava con varias aguas y se seca con un paño. Esto hecho, se sazona con ajo y perejil, previamente machacado en el mortero con un poco de sal, y se le rocía con limón. Reposa así por espacio de una hora.

Sobre una plancha o parrilla, previamente impregnada de aceite aplicada con un papel, se coloca el besugo, al que se rocía con vino blanco. Alcanzada la media cocción, momento en que la espina puede separarse con facilidad, se saca y se deja enfríar. Ya frío, se le parte a lo largo en dos mitades, quitándole las espinas y colocándolo de nuevo sobre la parrilla, para que prosiga la cocción por la parte interior.

Ha de procurarse que se haga y, al mismo tiempo, se dore sin ahumarse. Se sirve acompañado de ajo frito finamente picado.

Besugo al horno

Ingredientes

Para 4 personas:

1 kilo de besugo
2 cucharadas de miga de pan
1 diente de ajo
1 rama de perejil
1 vaso de vino blanco
1 limón
Aceite
Sal

Limpio el besugo, se le hacen unas incisiones en los lomos, en los que se introduce una raja de limón descortezado; se sala, se coloca en la besuguera y se rocía con unas gotas de aceite de oliva.

Se dispone sobre el fuego una sartén con un chorro de aceite; se le agrega un diente de ajo machacado, miga de pan y el perejil, también macerado.

Se introduce el besugo en el horno, bien rodeado de la mezcla anterior y bañado en vino; de vez en cuando se rocía el pescado con la salsa. Después de veinte minutos, se saca y se le exprime medio limón. Se sirve en la misma cazuela.

Besugo al uso de Cimadevilla

Ingredientes

Para 4 personas:

Un besugo de peso aproximado de 1 kilo
100 gramos de almejas
2 dientes de ajo
100 gramos de pan molido y harina
Aceite
Sal

Dispuesto el besugo, se lava y se coloca en la besuguera. Se coloca una sartén sobre la lumbre con aceite, que una vez caliente se aparta, para freír el ajo y el perejil muy picados. Se zarandea la sartén y se agrega un poco de harina y agua de abrir las almejas, que previamente se habrán preparado. Cuece todo veinte minutos; se añaden las almejas y se dan unos hervores.

Se echa todo por encima del besugo y se introduce en el horno. Próximo a la cocción, se cubre de pan molido y se vuelve al horno para que se dore.

Besugo con salsa canguesa

Ingredientes

Para 4 personas:

Un besugo de 1 kilo
2 huevos duros
1 vaso de vino blanco
30 gramos de almendras tostadas
1 limón
1 cebolla
Aceite
Sal

Ya preparado el besugo, colóquese en una fuente refractaria o cazuela de barro, espolvoreado de sal y rociado por dentro con jugo de limón. En el fondo de la fuente, se dispone una capa de cebolla en lonchas finas; se rocía el besugo con aceite y se introduce en el horno.

Una vez dorado, se retira del horno y se le quita la cebolla con cuidado, que se machaca en el mortero; aparte se maceran las almendras y las yemas de los huevos duros, a lo que se agrega la cebolla machacada, formando con todo una pasta, a la que se incorpora el vino; se echa todo sobre el besugo.

Tras 20 minutos de cocción, se saca y se adorna con las claras de los huevos duros y perejil muy finamente picados.

Besugo en cazuela a la sidra

(Esta receta es aplicable también a otras clases de pescados, como chopas, lubina, merluza, fanecas, etc.)

Ingredientes

Para 4 personas:

2 besugos

4 cebollas

1 copa de coñac

2 copas de vino blanco

3 copas de sidra

Salsa de tomate

Perejil

Guindilla

Aceite y sal

Se pica la cebolla y se dora en una sartén, se sazona con sal y se agrega la salsa de tomate, cociendo todo junto unos instantes.

En una cazuela grande de barro se disponen los besugos, previamente escamados, limpios y partidos en trozos grandes. Se vierte sobre ellos la salsa anterior y se riegan con coñac, vino y sidra; se sazona con guindilla y perejil y se cuece a fuego manso hasta que el besugo esté a punto.

Se sirven en la misma fuente acompañado de patatas fritas y redondas mezcladas con la salsa.

Bocarte a la avilesina

Ingredientes:

1 kilo de bocartes

3 dientes de ajo

1 cebolla grande

2 hojas de laurel

1/2 cucharada de pimentón

Perejil

Aceite

Sal

Sidra

Una vez despojados de cabeza, tripas y espinas, se lavan al chorro de agua y se sazonan con sal. En una cazuela de barro, se coloca una capa de cebolla picada menuda, ajo, perejil, un poco de pimentón y una hoja de laurel; encima se dispone una capa de bocartes, y sobre éstos, otra capa de ingredientes; de nuevo bocarte, que se cubre con el resto de cebolla, ajo, perejil, laurel y pimentón.

Se rocía todo con un buen aceite y unos chorros de sidra natural, colocándolo en el horno. A media cocción, si procede, se rectifica de sal. Se sirve bien caliente, en la misma cazuela.

Angulas *(página 62)*

Bonito a la antigua usanza de Candás

Ingredientes

Para 4 personas:

1 kilo de bonito
1/2 cebolla
1 diente de ajo
1/2 hoja de hierbabuena
1 vaso de vino blanco
1 cucharada de vinagre
Aceite
Sal

Desprovisto el bonito, en un solo trozo, de piel y escamas, se coloca en una fuente, dejándole cocer a fuego lento.

Se pone aceite a deshumar; se echa cebolla y el diente de ajo picados; dejándolos que se pongan tiernos, pero sin que tomen color. Se echa el bonito.

Mediada la cocción del bonito, se agrega el vino blanco, un poco de vinagre y sal; se sazona con hierbabuena, que se saca unos momentos antes de servirse.

Bonito a la asturiana

Ingredientes

Para 4 personas:

1 kilo de bonito
200 gramos de harina
1 cebolla grande
1 cucharada de pimentón
1 cucharada de vinagre
Aceite
Sal

Es preferible la parte del centro del bonito: ventresca. Córtelo en filetes, sazónelos con sal, páselos por la harina y fríalos en aceite.

Una vez fritos, se colocan en una cazuela. Con el aceite anterior, fría la cebolla, cortada en pedazos finos; antes de que llegue a dorarse, se echa a la cazuela con el bonito, añadiendo algo de aceite, un poco de pimentón y una cucharada de vinagre, dejándolo así hasta su cocción.

Bonito a la cazuela

Ingredientes

Para 4 personas:

800 gramos de bonito
2 cebollas
2 tomates
2 dientes de ajo
1 hoja de laurel
Aceite
Sal

En una cazuela de barro, ponga aceite, cebolla y ajo, finamente picados éstos; coloque encima el trozo de bonito, con los tomates crudos cortados; sazone con sal; añada agua y la hoja de laurel.

Disponga la cazuela, bien tapada, sobre el fuego suave. La cocción puede alcanzar de veinte a veinticinco minutos. Sírvalo en la misma cazuela.

Bonito al horno

Ingredientes

Para 4 personas:

1 kilo de ventresca de bonito
2 dientes de ajo
Aceite, sal

En una cazuela de barro, o fuente de horno, se coloca el bonito, en un solo trozo, previamente sazonado con ajo y sal.

Se rocía con aceite y, si fuera del gusto, con un poco de sidra, introduciéndolo en el horno hasta que se dore. Se sirve en la misma cazuela.

Brazo de gitano de merluza o pescadilla

Ingredientes

Para 4 personas:

500 gramos de merluza o pescadilla
500 gramos de tomate
100 gramos de gambas
3 huevos
2 cucharadas de harina
100 gramos de aceitunas
Levadura
Aceite
Sal

Para la preparación del bizcocho: se baten tres claras de huevos a punto de nieve y se les agrega yema y media, procurando mezclar bien; se añaden, seguidamente, harina y levadura. Se coloca en un molde untando con mantequilla o aceite y se introduce en el horno, a fuego moderado, donde permanece por cinco o diez minutos; se saca del molde y se coloca sobre una mesa.

Para la preparación del relleno: se cuece la merluza o pescadilla y se desmenuza; el tomate se fríe y se pasa por el colador, se mezcla luego con el pescado, procurando que no quede muy reseco.

El anterior relleno, que ha de prepararse antes del bizcocho, se extiende sobre éste y se enrolla en caliente. Se coloca en una fuente y se cubre con mayonesa. Se adorna con gambas y aceitunas.

PESCADOS

Cabeza de merluza con patatas

Ingredientes

Para 4 personas:

2 cabezas de merluza con un peso aproximado de 600 gramos
4 patatas
1 cebolla,
3 dientes de ajo
3 cucharadas de aceite
2 zanahorias
3 tomates
1 rama de perejil, sal

Se mondan, cortan y salan las patatas y se dejan hervir en agua; al llegar la media cocción, en una cazuela se ponen unas gotas de aceite y las cabezas de merluza; se tapa; con el vapor que despide se cuece. Con cebolla, ajo, perejil, zanahoria y tomate, se hace un guiso y se une la cabeza deshecha y sin huesos, juntándolos todo con las patatas. Se termina la cocción y se sirve.

Cabeza de merluza en salsa

Ingredientes

Para 4 personas:

2 cabezas de merluza, con un peso aproximado de 700 gramos
2 patatas
2 zanahorias
1 cebolla
2 dientes de ajo
1 pimiento
1/2 vaso de vino blanco
100 gramos de guisantes
1 rama de perejil
Aceite
Sal

En una cacerola, sin agua, se colocan las cabezas de merluza y se tapa herméticamente; con el vapor que despiden se ablandan; se deshuesan, agregando aceite, zanahorias, cebolla, ajo, perejil, pimiento, vino blanco, agua o caldo y patatas, crudas o fritas; los guisantes, que son opcionales, han de ser previamente hervidos; se deja hervir en esta salsa un rato.

Caldereta

Ingredientes

Para 10 personas:

10 salmonetes
2 tiñosos
2 lubinas pequeñas
2 picas o macetas (brecas)
2 chopas
4 docenas de almejas
6 docenas de mejillones
4 docenas de esguilas (quisquillas)
1 plato de lapas
8 pimientos choriceros
3 vasos de vino de Jerez
2 guindillas
6 tomates
4 cebollas
250 gramos de aceite y sal

«Se limpia el pescado, a ser posible, con agua de mar, cuidando de escamarle bien y salándolo convenientemente media hora antes de ponerle en la cacerola. Esta debe ser de metal delgado, cobre estañado, níquel, etc., de bastante diámetro y unos quince centímetros de altura.

En el fondo de la cacerola, se coloca la cebolla en rajas lo más delgadas que se pueda, cubriendo todo el fondo, y encima se va colocando el pescado, excepción hecha de los salmonetes, y sobre él otra capa de cebolla cortada igualmente que la del fondo, vertiendo sobre ella la salsa que luego se indicará, y rellenando los huecos que queden con pedacitos de tomate al natural.

Encima de esto, que podremos llamar la primera estiva, se colocan los salmonetes, en distinta dirección que el anterior pescado, para poder sacarlo con mayor facilidad, cubriéndolo todo con otra capa de cebolla y el resto de la salsa, rellenando los huecos con los mariscos descascados, excepción de las almejas que van en sus conchas, completando esta operación con algunos pedacitos de tomate al natural.

La salsa para esta caldereta se hace con la pulpa de 8 pimientos choriceros, muy batida en el mortero, agregándole unas tres tazas, como las de caldo, de pasta de tomate, uniéndolo y batiéndolo bien con un poco de vino de Jerez.

La mitad de esta salsa, como ya dije, se echa sobre la primera capa de pescado y el resto encima de todo.

La caldereta conviene que esté un poquito alegre, es decir, picante, y para esto se echa en el fondo de la cacerola la cantidad de guindilla que se considere necesaria, en pedacitos y a gusto de los comensales.

Una vez terminadas estas operaciones, que por cierto se tarda más en describirlas que en llevarlas a cabo, se vierte sobre el pescado unos doscientos gramos de aceite de Valencia y vino de Jerez, hasta que mediada ligeramente la cacerola, llegue el caldo hasta el borde del pescado.

Es conveniente que queden sobrantes de la altura de la cacerola unos cuatro centímetros, para que no se vierta al hervir.

Se coloca la cacerola sobre el fuego media hora antes de la señalada para comerla, con bastante llama al principio, retirando después del fuego para que se haga paulatinamente, probándola antes de servirla por un buen paladar, por si hay que añadirle sal o picante.»

(La receta está tomada literalmente del libro inédito de Celestino Margolles titulado *Mi Caldereta*. Según anotación que figura en la última página del manuscrito, el autor debió fallecer antes de 1911. Una muy curiosa caldereta para 20 personas, se recoge en el folleto de Calixto Alvargonzález, titulado *Caldereta y Limonada*, publicado en Gijón, por la Imprenta de Mauro, en 1908.)

Carrileras de merluza al uso de Gijón

Ingredientes

Para 4 personas:

1 kilo de mejillas de merluza
2 dientes de ajo
1 rama de perejil
Aceite
Sal

«En una cazuela, ponga el aceite necesario. Cuando esté muy caliente, le echa perejil mezclado con ajo, todo muy picado; enseguida, le agrega las mejillas bien limpias y escurridas. Cuando empiecen a hervir, les añade unas gotas de agua fría, moviendo continuamente la cazuela. Ahora la retira para que se sigan haciendo a fuego lento, poco a poco y con la cazuela tapada. Tenga cuidado de mover la de vez en cuando para que no se pegue».

El manuscrito que utilizamos, datado en 1873, incluye 5 recetas bajo la denominación común de *carrileras*, con significado de *mejillas*, término muy usual por entonces; equivalente al de *cocochas* de las tierras vascongadas.

Cazuela de merluza

Ingredientes

Para 4 personas:

800 gramos de merluza
200 gramos de almejas
1 cebolla
3 dientes de ajo
100 gramos de guisantes
200 gramos de harina
2 ramas de perejil
Aceite, sal

En una cazuela de barro se colocan la cebolla y el ajo muy finamente picados. Una vez rehogados, pero sin que tomen color, se añade parte del perejil, los guisantes y después las almejas.

Se pasan por harina las rodajas de merluza y se doran en una sartén con poco aceite, pero muy caliente. Se retiran de la sartén y se ponen en la cazuela, espolvoreando las rodajas con el perejil sobrante. Se deja cocer todo por unos diez minutos. Se sirve caliente .

Congrio a la costera

Ingredientes

Para 4 personas:

800 gramos de congrio
3 patatas
1 vaso de vino blanco
1/2 cebolla
1 ramo de perejil
1 hoja de laurel
3 cucharadas de aceite
Sal

Tome el trozo de congrio y póngalo a macerar después de quitarle la piel. En un puchero con agua y vino blanco a partes iguales, cebolla picada, perejil y laurel ponga el pescado. Advierta que la cantidad de líquido será la precisa para que cubra el pescado o un poco más. Cuando empiece a hervir le añade el aceite. Después de que el pescado se haya cocido, se quita la espina y se corta en filetes y nuevamente se coloca en el puchero para que hierva dos o tres minutos. Se sacan y se ponen en la fuente, después de bien escurridos, juntamente con las patatas cocidas, cortadas caprichosamente. Se rocía todo con el caldo, que habrá pasado por pasador y se sirve.

Corcón frito al uso de Gijón

Ingredientes

Para 4 personas:

800 gramos de corcón
200 gramos de harina de maíz
3 patatas
100 gramos de pan rallado
1 limón
Aceite, sal

Después de bien limpio, y según el tamaño, el corcón se corta en trozos, sazonándolo con sal; páselos por harina de maíz mezclada con pan rallado. Fríalos en aceite abundante y muy caliente. Cuando hayan tomado un bonito color dorado, los retira, los escurre y los coloca en una fuente, adornando con patatas cocidas cortadas y limón en trozos.

Chicharros al horno

Ingredientes

Para 4 personas:

1 kilo de chicharros

1 cebolla

1 copa de coñac

Aceite

Sal

Los chicharros, conviene observar, siguiendo la antigua costumbre asturiana, se despellejan en crudo, tanto los de tamaño grande como los pequeños. Con un cuchillo se hace una incisión a la piel alrededor y debajo de la cabeza; con la mano izquierda se agarra la cabeza del pescado y con la derecha, sujetando el pellejo por donde se hizo la incisión, se tira hacia la cola hasta que quede despellejado.

Se cubre el fondo de una besuguera con cebolla picada; se coloca encima el chicharro, cortado en dos, de arriba a abajo, junto a la espina; se riega con aceite y se derrama una copita de coñac. Se mete al horno hasta su cocción.

Curadillo en salsa

Ingredientes:

1 curadillo en trozos

2 cebollas

2 tomates

1 pimiento verde

3 dientes de ajo

1 ramo de perejil

Aceite

Vino blanco

Guindilla

El curadillo (que es el pez lija seco al oreo y salado), puesto a remojo durante 48 horas, cuece en agua; se escurre y dispone en una cacerola.

Aparte se prepara un sofrito con los ingredientes citados y se incorpora el curadillo; se suma el vino blanco y un poco de caldo si fuere preciso y cuece lentamente durante unas 2 o 3 horas.

Dorada a la marinera

Ingredientes

Para 4 personas:

1 kilo de dorada
1 cebolla
1 cabeza de ajo
4 tomates
1 ramo de perejil
1 pizca de pimentón
1 vaso de vino blanco
50 gramos de harina
4 anchoas
Aceite, sal

Después de vaciada, escamada y bien limpia, se pone a cocer la dorada. Una vez cocida, se escurre bien y se coloca en una fuente.

Prepare ahora la siguiente salsa: en una cazuela con aceite, pone a freír una cebolla picada, un ajo, un tomate, perejil, sal y una pizca de pimentón; se añade un vaso de vino blanco; se deja cocer hasta que se reduzca a la mitad; le suma, después, algo de harina, caldo del cocimiento de la dorada y las anchoas, siguiendo la cocción durante media hora. Pase, enseguida, esta salsa por el tamiz y con ella rocíe el pescado que ha colocado en la fuente.

Estofado de la trinidad

Ingredientes

Para 4 personas:

330 gramos de tenca
300 gramos de carpa
300 gramos de anguila
6 cebollas pequeñas
3 dientes de ajo
200 gramos de tocino fresco
2 tazas de vino blanco
100 gramos de harina tostada
1 taza de caldo de puchero
Sal

Se denomina así porque entran en este guiso tres diferentes clases de pescado, a saber: tencas, carpas y anguilas.

Los pescados se partirán en trozos gruesos, para rehogarlos en agua por espacio de ocho o diez minutos; se colocan luego en una cazuela poco profunda, que contenga cebollas partidas, ajo, pedacitos de tocino fresco y vino blanco, en cantidad suficiente para cubrir todo el contenido de la cazuela. Colocada ésta al fuego, en cuanto hayan transcurrido diez minutos, se agregará caldo de puchero y un poco de harina tostada, con objeto de que la salsa resulte bastante espesa. Mantenga el recipiente al fuego durante una hora.

Fiambre de merluza

Ingredientes

Para 4 personas:

750 gramos de merluza
250 gramos de gambas
1 cebolla
1 taza escasa de pan rallado
120 gramos de jamón
2 huevos
1 copa de jerez
Pimienta
Nuez moscada
Sal

Se limpia de piel y espinas el pescado y, junto con las gambas peladas, el jamón y la cebolla, se pasa por la máquina de picar. Se coloca toda esta masa en una fuente honda, se le sazona con sal y se le agrega el jerez, pimienta, nuez moscada, pan rallado y los huevos.

Se mezcla bien y una vez bien unido se coloca la mitad de esta masa sobre una servilleta mojada y estrujada. Se adorna con tiritas de jamón y se cubre con el resto de la masa. Se lía muy apretado y se ata por las juntas, metiéndolo en el caldo hirviendo durante tres cuartos de hora. Se saca y se prensa hasta el día siguiente.

Para elaborar el caldo, puede utilizar zanahorias, apio, una hoja de laurel, cebolla, unos granos de pimienta, sal y 1/4 l de vino blanco.

Lamprea piloñesa

Ingredientes

Para 4 personas:

1 kilo de lamprea
60 gramos de mantequilla
1 vaso de vino blanco
6 cebollas pequeñas
5 rebanadas de pan frito
1 hoja de laurel
1 ramo de perejil
1 limón
Harina
Vinagre
Sal

Ponga la lamprea en un puchero con agua hirviendo y sal durante cinco minutos. Quítele el pellejo, las tripas y la cabeza; córtela en trozos y límpielos en agua tibia con un poco de vinagre. Coloque los trozos en una cacerola con sal, y mantequilla y espolvoree con harina, dejando que tome todo un color dorado. Agregue, ahora, el vino blanco, el laurel y el perejil, haciendo cocer todo a fuego lento. Una vez cocido el pescado, coloque los trozos en una fuente, sobre costrones de pan frito. A la salsa la deja que siga cociendo hasta que se reduzca. La pasa, después, por el tamiz, añadiendo un poco de mantequilla derretida y el jugo de un limón. Viértala sobre el pescado y sírvala.

Bonito a la cazuela *(página 70)*

Lenguado a la luarquesa

Ingredientes

Para 4 personas:

800 gramos de pescado
1 docena de langostinos
200 gramos de almejas
1/2 botella de sidra
100 gramos de mantequilla
1 cebolla
1 rama de perejil
Sal

Desprovistos de piel, cabeza y aletas, se pone a la lumbre una cazuela con mantequilla, para rehogar la cebolla, finamente picada, y el perejil.

Disponga encima los lenguados y sazone; sobre ellos, las almejas, ya desprovistas de las conchas y rodéelo con los langostinos, limpios de caparazón. Rectifique de sal y moje con la sidra. La cocción es a fuego lento, rociando el pescado con la misma salsa, hasta que ésta se vaya reduciendo; se sirve caliente.

Lenguado frito

Ingredientes

Para 4 personas:

4 lenguados de ración
1/4 de litro de leche
100 gramos de harina
150 gramos de manteca
Sal

La tradición asturiana aconseja los lenguados de ración; los grandes no tienen la carne tan fina.

Después de limpios, destripados y sin escamas, se les hace una incisión en el lomo que permita a la fritura penetrar en el interior de la carne fácil y prontamente. Se remoja, después, con leche el lenguado, se cubre ligeramente con harina y se le introduce en manteca caliente.

Lubina a la asturiana

Ingredientes

Para 6 personas:

1/2 kilo de lubina

2 nécoras

6 cigalas

12 almejas

4 dientes de ajo

2 cebollas

1/2 kilo de tomate

1/4 de onza de chocolate

1 manojo de perejil

Tomillo, guindilla

2 copas de vino blanco

1 copa de coñac

Aceite y sal

En una cacerola se doran en aceite la cebolla y los ajos picados. Cuando estén bien pasados, se agrega el tomate, en trozos, la guindilla, el perejil, el tomillo y el chocolate rallado. Ya cocido, se añaden dos copas de vino blanco y una copa de coñac, previamente quemado.

Después de escamada y limpia, y partida en trozos grandes, se pasa la lubina por la sartén y se incorpora a esta salsa.

Se dispone todo en una cazuela de barro y se cuece a fuego suave durante una media hora. Se sazona con sal.

Antes de terminar la cocción se agregan las nécoras, las almejas y las cigalas.

Hay quienes aconsejan cocer la lubina con la salsa tal como se hizo en la sartén, otros prefieren pasar dicha salsa por un pasapuré antes de disponerla en la cazuela de barro.

Lubina de huerta

Ingredientes

Para 4 personas:

1 lubina de 1 kg.

6 patatas

1 puerro

100 gramos de guisantes

1 rama de perejil

Media hoja de laurel

caldo de pescado

Aceite

Sal

En cazuela de barro, o de aluminio, se rehogan los puerros (1 o 2) y el perejil muy picados; se incorporan las patatas, en trozos grandes, que rehogan ligeramente y cubierto todo con el caldo se cuece a fuego suave durante una media hora.

En ese momento de cocción se suma la lubina, cortada en trozos y sazonada con sal, y se aromatiza con el laurel. Continuando los hervores unos 10 minutos más.

Se sirve, muy caliente, en la misma cazuela.

Marmita de Cimadevilla

Ingredientes

Para 4 personas:

800 gramos de bonito

800 gramos de patatas

1 cebolla

3 rebanadas de pan

Aceite

Sal

El manuscrito de donde tomamos la receta dice en la introducción: «típico en las lanchas boniteras de Gijón.» Lleva fecha de 1852.

«Póngase un puchero o cazuela honda con agua en cantidad suficiente; échese las patatas; en una sartén con el aceite, fría la cebolla hasta que esté dorada. Vierta el contenido de esta sartén en el puchero y deje que siga hirviendo. Cuando las patatas estén casi cocidas, eche el bonito, partido en trozos no demasiado pequeños, y tape el puchero. Cuando esté todo casi dorado, añada las rebanadas de pan, como para la sopa. Después de un hervor, sírvase.

Ha de tenerse el máximo cuidado en freír bien la cebolla sin quemarla; también en el cantidad de agua, pues no ha de ser demasiado caldoso.»

Merluza a la antigua usanza

Ingredientes

Para 4 personas:

1 kilo de merluza

150 gramos de harina

2 huevos

150 gramos de manteca de vaca

2 patatas

3 rebanadas de pan frito

1 limón

Sal

Se toma el pedazo de merluza y después de limpio y desprovisto de la espina central, se parte en dos, de arriba abajo; estos dos pedazos se limpiarán bien de sus espinas pequeñas y pellejo, de manera que no venga a quedar más que los dos lomos redondos.

Se cortarán en rebanaditas al través, de un medio dedo, las que, aplastadas con cuidado, se adobarán con sal y zumo de limón. Colocándolas sobre un cedazo para que escurran por un poco de tiempo. Luego se enjugan con paño y, pasándolas por manteca de vaca derretida, mezclada con yemas de huevo, se empanarán, aplastándolas con la hoja del cuchillo; bien preparadas se colocarán en una cacerola o sartén con manteca de vaca derretida.

Con todas las carnes sobrantes se hará un picadillo que servirá para rellenar un molde liso, el que se cocerá al baño maría una hora antes. Al servirse, se pondrán a rehogar los trozos, cuidando que queden dorados por los dos lados; se vaciará el molde sobre la fuente, colocando encima patatas cocidas y deshechas en forma de puré y, alrededor, los trozos, alternados con rebanaditas de pan frito; aparte una salsa de manteca, si se quiere.

Merluza al horno

Ingredientes

Para 4 personas:

1 kilo de merluza
1 cebolla
1 diente de ajo
2 huevos
1 limón
Perejil
Aceite
Sal

Tome un trozo limpio de merluza y póngalo al horno bien sazonado, añadiendo perejil y cebolla picados y un diente de ajo. Rocíelo todo con aceite. Terminada la cocción, se le añade la salsa.

Para la salsa, tome el jugo de la merluza, añada un poco de jugo de limón, perejil picado y cebolla finamente cortada. Ponga al fuego esta salsa durante quince o veinte minutos; retírela y añada una yema de huevo, batiendo continuamente para que no se corte.

Hecha esta operación, vierta esta salsa sobre el pescado en el momento de servirlo. Adorne con huevos duros cortados en trocitos.

Merluza gratinada

Ingredientes

Para 4 personas:

1 kilo de merluza
100 gramos de harina
50 gramos de queso rallado
1/4 de litro de leche
1 huevo
1 limón
Aceite
Sal

Limpia la merluza, se rocía con zumo de limón, se sazona con sal, se espolvorea con harina y se fríe. Cuando esté dorada, se coloca en una fuente de hornear. En el aceite sobrante se deslíen 25 gramos de harina, aproximadamente, se deja tostar un poco y se le agregan la leche; se sazona de sal y se va batiendo con un tenedor, cuidando de que no queden grumos y ligue bien. Se le agregan unos 20 gramos de queso rallado y se deja cocer un rato.

Se retira del fuego y, cuando esté frío, se le añade la yema de un huevo y la clara batida a punto de nieve; se cubre la merluza con esta salsa. Se espolvorea con el queso sobrante y se pone al horno hasta que se dore la superficie. Se sirve en la misma fuente.

Merluza rellena al antiguo uso de Luanco

Ingredientes

Para 4 personas:

1 kilo de merluza
1/2 cebolla
1 pimiento verde
1 tomate
80 gramos de pan rallado
60 gramos de queso rallado
1 rama de perejil
Aceite
Sal

Ha de elegirse una cola de merluza de muy buenas proporciones; procure desespinarla sin abrirla, limitándose a despegar interiormente la espina con un cuchillo y a tirar de ella, sacándola entera.

Para el relleno, se pica la cebolla y perejil muy finamente; se cuece todo con un poco de sal; ligeramente cocido, se pasa por la sartén con un picadillo grueso de pimiento verde y tomate. Pasado el picadillo, se introducirá en el hueco, y se meterá en el horno, rodeándola de una guarnición de pan rallado, impregnado de aceite, para que llegue jugosa a la mesa.

Merluza rellena al uso de Colunga

Ingredientes

Para 4 personas:

800 gramos de merluza
200 gramos de almejas
100 gramos de aceitunas
100 gramos de quisquillas
1 cebolla
1 huevo
1 pimiento
1 vaso de vino
Aceite y sal

Ha de utilizarse cola de merluza. Se abre por un lado, se le saca la espina, se escama, se lava y se envuelve en un paño para que seque. En una sartén con aceite, se prepara un refrito de cebolla que, ya dorada, se suma al agua de las almejas (que previamente estarán abiertas); luego se agregan aceitunas deshuesadas, almejas, quisquillas, un huevo cocido partido en pedacitos, tiras de pimiento y vino blanco seco; se deja hervir un rato.

En la merluza abierta se colocan unas tiras de jamón magro y graso y, encima, se va colocando el relleno, dejando parte de éste en la sartén; se cose la abertura de la merluza y se introduce al horno. A media cocción, se saca y se vierte por encima el contenido de la sartén. Se vuelve al horno hasta su sazón; se adorna con quisquillas y pimientos.

Mero a la plancha

Ingredientes

Para 4 personas:

850 gramos de mero
1 cebolla
2 dientes de ajo
1 rama de perejil
Aceite
Sal

Limpio el mero, se parte en rodajas gruesas y se seca con un paño; se coloca en una fuente y se cubre de aceite crudo, cebolla, ajo y perejil machacados. Se deja macerar por espacio de una hora, dándole vueltas de vez en cuando.

En una plancha o parrilla, previamente untada de aceite, caliente, sazonado el mero y libre de cebolla, ajo y perejil, se deja al fuego, cinco minutos aproximadamente por cada lado. Se sirve con una salsa (ver Salsas).

Mero asado

Ingredientes

Para 4 personas:

800 gramos de mero
1/2 cebolla
2 dientes de ajo
Aceite
Sal

Para escamarlo mejor, por ser pescado duro, téngalo en agua como un cuarto de hora.

Después de limpio y sazonado con los ingredientes indicados, colóquelo en la besuguera. Prepare una salsa (ver Salsas) y la desparrama por encima del pescado. Lo mete al horno hasta que se haga. Sírvalo en fuente adornado con hojas de lechuga formando cama. Por encima del pescado se añade la salsa.

Nidos de pescado del tío Ramón

Ingredientes

200 gramos de pescado
200 gramos de macarrones
200 gramos de mantequilla
2 cebollas
2 tomates
4 cucharadas de harina
1/2 litro de leche
1 pizca de pimentón
50 gramos de pan rallado
Pimienta
Sal

Ponga un puchero al fuego con agua y sal. Meta doscientos gramos de macarrones delgaditos y largos; hágalos cocer. Una vez cocidos, los escurre y los deja enfríar. Los enrolla, seguidamente, con la mano formando nido y los va colocando en una fuente que resista el fuego.

Se sofríe en mantequilla un poco de cebolla picada. Cuando esté dorada, le agrega doscientos gramos de cualquier pescado cocido y desmenuzado. Le da una vuelta y le añade tres cucharadas de harina, sal y pimienta, y una pizca de pimentón. Dele un par de vueltas. Agregue medio litro de leche y lo va meneando hasta que se quede como una crema espesa. Se aparta del fuego y se llena cada nido con esta pasta.

En una cazuela, se fríe con manteca una cebolla picada. Cuando esté bien frita, se le añaden un par de tomates cortados en trozos. Lo deja freír todo y se le echa una cucharada de harina y un poco de caldo o agua. Ahora lo deja hervir hasta que espese y luego lo pasa por el tamiz; coloque la salsa sobre los nidos. Finalmente, los espolvorea con queso y se meten unos minutos al horno para gratinar.

Pastel de bacalao

Ingredientes

Para 4 personas:

1 kilo de bacalao
500 gramos de tomate
1/2 cebolla
3 huevos
2 dientes de ajo
2 ramas de perejil
Aceite
Sal

Se quita la piel al bacalao y se pone a remojar durante 24 horas, escaldándolo después y limpiándolo de espinas. Se fríe, luego, y se pica menudito junto con dos dientes de ajo, perejil y la cebolla ya frita. A esta mezcla se le suman los tomates hechos con el aceite de freír la cebolla y pasados por el chino. Seguidamente, se agregan 3 huevos y la sal; todo unido se coloca en un molde, previamente untado de aceite frito, poniéndolo a cocer al baño maría durante una hora. Después y en el mismo se pone al horno por quince o veinte minutos. Se saca y se sirve.

Si se sirve frío, cúbrase con mayonesa; si se sirve caliente, se acompaña de salsa de tomate o bechamel, adornándolo a capricho.

Pastel de merluza

Ingredientes

Para 4 personas:

700 gramos de merluza
150 gramos de manteca de vaca
2 cucharadas de mantequilla
1 tomate
100 gramos de jamón
4 huevos
50 gramos de pan rallado
Sal

Se pica un trozo de merluza cocida o frita. Se fríe en manteca de vaca unos trocitos de jamón, se agrega un tomate, haciéndolo hervir unos diez minutos; se une con la merluza y se añaden 4 huevos batidos. Se coloca esta masa en un molde o tartera, previamente bañado con mantequilla y pan rallado y se pone al baño maría. Cuando esté en su punto, se vuelca en una fuente redonda y se sirve cubierto con salsa mayonesa o bechamel.

Pastelón de bonito

Ingredientes

Para 4 personas:

800 gramos de patatas
150 gramos de bonito
2 cucharadas de mantequilla
50 gramos de pan rallado
50 gramos de aceitunas
Sal

Cocidas las patatas, se pasan por el pasapuré, revolviendo con una cucharada para que se una. Prepare un molde, untado con mantequilla y espolvoreado con pan rallado; se vierte un poco de puré hasta formar una capa y sobre ella el bonito frito y desmenuzado y así sucesivamente, concluyendo con el puré. Se mete al horno y se cubre con mayonesa, adornándolo con aceitunas.

Pejerrey asado

Ingredientes

Para 4 personas:

1 kilo de pejerrey
2 huevos
1 cebolla
100 gramos de aceitunas
1/2 taza de leche
2 rebanadas de pan
2 cucharadas de mantequilla o aceite
1 rama de perejil
Sal

Figura el pejerrey entre los pescados de carne más sabrosa y menos indigesta; la fórmula que recogemos, con más de un siglo, le convierte en un plato digno de figurar en la mejor mesa.

Se le quita la espina al pejerrey, que ha de ser de regular tamaño; se rellena con una pasta compuesta de huevo duro molido, perejil picado, una cebolla picada y frita, sal, aceitunas partidas y miga de pan mojado en leche.

Se dispone el pejerrey en la asadera, cuidando de que no se deforme, y se coloca en el horno hasta conseguir el punto exacto de cocción, mojándolo con manteca o aceite, lo que elimina el agregado de otra salsa.

Pejerrey en escabeche

Ingredientes

Para 4 personas:

1 kilo de pejerrey
1 taza de aceite
1/2 taza de vinagre
1 cucharada de pimentón en grano
5 dientes de ajo
1/2 pimiento
2 zanahorias
2 hojas de laurel
1 rama de orégano
1/2 limón
Sal

Dice el viejo manuscrito que transcribimos: «Este plato, que puede guardarse en frasco, suele sacar de apuros a las dueñas de casa previsoras.»

Conviene preparar el pescado como para filetes; córtelo en trozos, páselos por harina y fríalos en aceite bien caliente.

Por otra parte, prepare una salsa con una taza de aceite, vinagre, pimienta, los dientes de ajo enteros, el pimiento picado, las zanahorias cortadas finamente, laurel, orégano y sal. Hágase durante cinco minutos.

Cubra con esta salsa los trozos de pescado, procurando que no sobresalgan; agregue algunas rodajas de limón y, si se piensa conservar, tapone bien el recipiente.

Pescadilla a la gijonesa

Ingredientes

Para 4 personas:

1 kilo de pescadillas
1 limón
3 cucharadas de manteca
1 cucharada de harina
1 vaso de vino blanco
Aceite
Sal

Elija pescadillas de pequeño tamaño. Fríalas a lo largo, no enroscadas, y al retirarlas del fuego, las rocía con bastante zumo de limón.

En una cacerola derrita mantequilla, en la que tostará una cucharada de harina. Agregue un vaso de vino blanco y sal; hágalo cocer durante diez minutos. Enseguida, le echa las pescadillas, haciendo que hierva todo junto un momento. Sírvase en una fuente, poniendo primero las pescadillas bien colocadas y después las rocía con la salsa, adornando, si es del gusto, con pan frito.

Pescadilla ahogada

Ingredientes

Para 4 personas:

4 pescadillas con un peso aproximado de 1 kilo
Limón o leche
Aceite
Sal

Para limpiar las pescadillas, practíqueles una abertura en el vientre de abajo arriba con unas tijeras; se introducen los dedos pulgar e índice por las aberturas de las agallas; se extraen éstas y el interior del vientre. Se han de lavar al chorro de agua. En una cacerola disponga las pescadillas enroscadas, con sal, unas gotas de aceite y otras de limón, o leche, si se prefiere, y se deja cocer con el vapor hasta que esté en su punto.

Rape al uso de Avilés *(página 93*

Pescadilla con guisantes

Ingredientes

Para 4 personas:

1 kilo de pescadilla (merluza pequeña)

500 gramos de guisantes

Caldo de pescado

Limón

Aceite

Sal

Harina

En cazuela de barro, con aceite, se rehoga un poco de harina (media cucharada) y seguidamente se incorporan los guisantes y el caldo (fumet) de pescado.

Cuando se inicie el hervor se suma la pescadilla, cortada en trozos, y sazonada con sal y zumo de limón.

Prosigue la cocción a fuego manso durante unos 20 minutos y se sirve, caliente, en la misma cazuela.

Pescado al horno

Ingredientes:

Pescado

Tocino o manteca

Harina

Manteca

Leche

Perejil

Sal

Por tratarse de una fórmula genérica, así como las siguientes, estimamos conveniente no especificar las cantidades.

Se limpia, lava y corta el pescado en mitades; se le quita la espina dorsal y todas las que se encuentren por los bordes. Cuando se trate de pescado muy grande, se debe cortar en tajadas. Se frota la cazuela con recortes de tocino o manteca y se coloca en ella el pescado cubierto con el pellejo hacia abajo; se rocía con sal, harina y media taza de leche, encima dos cucharadas de manteca derretida. Se mete en un horno caliente y se deja cocer por espacio de veinte o veinticinco minutos o hasta que esté dorado. Se saca del horno y se coloca sobre una fuente caliente; se adorna con perejil y se sirve.

Pescado asado

Ingredientes:

Pescado

Cebolla

Vino blanco

Perejil

Laurel

Sal

Mezclamos una parte de agua con una parte de vino blanco. Se añade sal suficiente, cebolla, perejil y media hoja de laurel. Lo ponemos a hervir por espacio de 10 minutos. Se añade entonces, el pescado, hirviéndolo poco a poco hasta que esté cocido. Procure que la cantidad de caldo, una vez concluida la cocción, cubra sólo la tres cuartas partes del pescado, a fin de que el caldo quede sustancioso, toda vez que le ha de servir para preparar la correspondiente salsa.

Si el pescado que se va a cocer es de pequeñas dimensiones o de carne blanda, entonces le dará sólo un pequeño hervor y, retirándole del fuego, dejará que se cueza con el caldo caliente, que ya no ha de servir.

Pescado con patatas

Ingredientes:

Pescado
Patatas
Cebolla
Leche
Aceite
Sal

Después de limpio y salado el pescado, se coloca en una cacerola con unas gotas de aceite, un poquito de leche y cebolla picada. Se incorporan unas patatas en trocitos pequeños y agua o caldo. Se hierve hasta lograr su cocción.

Pescado con patatas al uso de Luanco

Ingredientes:

Pescado
Patatas
Tomate
Aceite
Sal

Se mondan, cortan y salan unas patatas y se dejan hervir en agua; a media cocción, se agrega a un guiso corriente; antes de terminar se incorpora un trozo de pescado crudo (merluza, congrio, etc), cortado por debajo de la cabeza; se vierte por encima una salsa de tomate, hecha con aceite, y se sirve cuando esté en sazón.

Pescado con patatas y bechamel

Ingredientes:

Pescado
Patatas cocidas
Bechamel
Aceite
Sal

El pescado, que puede ser colondro, besugo, etc., lo tenemos cocido con sal, quitadas las espinas y el pellejo; las patatas cocidas con piel; se pelan, salan y cortan en rodajas; se coloca en una besuguera, untada con aceite, una capa de rodajas de patata, una de pescado, otra de patatas y se cubre con una de bechamel. Se mete al horno.

Pescado estofado

Ingredientes:

Pescado
Cebolla
Tomate
Pimiento
Ajo
Perejil
Sal

Se pone una cazuela con agua, un poco de manteca, una cebolla partida, medio vaso de vino blanco, laurel, perejil, raspaduras de corteza de limón y especias a su gusto.

Se disponen los pescados en la salsa y se mantienen cociendo durante diez minutos.

Pescado estofado al uso de Ribadesella

Ingredientes:

Pescado
Cebolla
Mantequilla
Vino blanco
Laurel
Perejil
Limón
Sal

Se pone en una cazuela cebolla, ajo, perejil, un tomate, un pimiento, todo picado, y un poco de agua, en vez de aceite; se deja cocer. Ya cocido, se agrega el pescado, que pueden ser sardinas, chicharros u otra de clase de pescado, y se deja cocer hasta que esté en su punto.

Pescado frito

Ingredientes:

Pescado
Leche
Harina
Aceite
Limón
Perejil
Sal

A la hora de freír el pescado, el aceite debe echarse en cantidad suficiente para que cubra el pescado.

Aparte del cuidado que debe tener de hacer unas incisiones al pescado de mayor tamaño o de carne apretada, todo pescado, antes de freír, ha de bañarse en leche bien salada; rebozarlo, después, con harina, antes de echarle a la sartén. Se sirve sobre servilleta, adornándolo con pedazos de limón y perejil.

Pescado frito con patatas

Ingredientes:

Pescado

Patatas

Cebolla

Perejil

Ajo

Harina

Azafrán

Sal

Después de frito el pescado y las patatas, se coloca en una besuguera y se elabora una salsa de la manera siguiente: se sofríe cebolla, perejil, ajo, todo menudamente picado, un poco de harina, se agrega agua caliente (la necesaria) con azafrán y se deja hervir; se vierte por encima del pescado y las patatas.

Queso de pescado

Ingredientes

Para 4 personas:

850 gramos de pescado

1 taza de leche

1 cebolla o 3 rebanadas de pan

1 huevo

1 vaso de vino blanco

2 cucharada de mantequilla o 2 cucharadas de nata

Aceite

Sal

Se trocea pescado cocido, frito, asado o guisado y se moja en vino blanco; aparte, se remoja en leche una cebolla o trozo de pan y se deshace; se une al pescado; se agrega mantequilla o un poco de nata, una yema de huevo y una clara batida a punto de nieve. Se deposita en un molde untado con manteca y se introduce en el horno.

Rape al uso de Avilés

Ingredientes

Para 4 personas:

800 gramos de rape

2 cebollas regulares

1 zanahoria

1 ajo puerro

100 gramos de mantequilla

2 decilitros de vino blanco

1 hoja de laurel

Sal

Limpio el pescado y quitada la piel, córtelo en dos pedazos. En un puchero ponga a hervir, durante una hora, en agua, una zanahoria, cebolla, perejil, puerro y laurel, con el fin de que se forme un caldo sustancioso; una vez elaborado ésto, introduzca el pescado haciéndole cocer, separe, luego, el puchero del fuego, saque el pescado y cuele el caldo. Ahora, aparte, fría mantequilla y dos cucharadas de cebolla finamente picada; agregue el vino blanco y la misma cantidad de caldo, haciendo que hierva todo junto hasta que se reduzca a la mitad, añadiendo, después, más caldo de pescado; déjelo hervir unos diez minutos y lo retira del fuego para añadirle cien gramos de mantequilla y una cucharada de perejil picado. Corte ahora el rape en trozos, sin huesos, y colóquelos en una fuente, derramando por encima la salsa.

Rape alangostado

Ingredientes

Para 4 personas:

850 gramos de rape

2 cucharadas de pimiento dulce

Sal

Ha de utilizarse la cola del pescado. Ábrale por el centro y saque la espina; se ata con un hilo grueso, se sazona ligeramente y se espolvorea bien con pimentón dulce; envuélvalo muy apretado con una gasa y póngalo a cocer en un caldo. Deje que cueza muy lentamente. Ya frío, se le quitan los hilos y se corta en rodajas, cual si fuera langosta. Puede cubrirse con salsa mahonesa.

Raya

Ingredientes

Para 4 personas:

850 gramos de raya

1/2 cebolla

1/2 vaso de vinagre

Sal

Conviene, también, en el caso de la raya, elegir los ejemplares pequeños, que son los más finos.

Cuando la raya está fresca, lo mejor es machacar su hígado después de cocido y mezclarle con una salsa blanca, con la cual se sirve la raya, después de cocerla en agua con sal, vinagre y lonjas de cebollas.

Raya al ajo arrieru

Ingredientes

Para 4 personas:

800 gramos de raya

4 dientes de ajo

Aceite

Sal

Vinagre

Pimentón

Guindilla

Se fríe el ajo en aceite caliente, dispuesto en una cacerola o cazuela de barro. Cuando el ajo ofrezca color dorado se le suma la raya, el pimentón y la guindilla. Se deja cocer a fuego lento y, próximo el fin de la cocción, se añade un poco de vinagre o vino blanco. Sírvase muy caliente.

Raya al uso de Lastres

Ingredientes:

800 gramos de raya

150 gramos de mantequilla

2 ramas de perejil

1 gajo de limón

Sal

Córtela en pedazos regulares y colóquelos en un plato, para que se sequen durante unos minutos; dispóngalos en una cazuela, espolvoreando con perejil muy picado; eche el jugo de un gajo de limón, un poquito de sal y cubra todo con bastante mantequilla. Póngalo al fuego un momento, lo justo para que se haga.

Rodaballo gijonés

Ingredientes

Para 4 personas:

800 gramos de rodaballo
2 huevos
100 gramos de pan rallado
1 limón
Aceite
Sal

Tome un trozo de rodaballo y, después, de bien limpio, le quita las espinas por la parte blanca. Lo corta, después, en triángulos no muy grandes, los que ha de sazonar con sal y zumo de limón. Los reboza en huevo batido y luego en pan rallado. En una sartén, donde tendrá bastante aceite caliente, los pone a freír. Una vez bien fritos, con bonito color, los coloca en una fuente, adornándola con limón cortado en trozos. (También en el caso del rodaballo o turbot, los ejemplares españoles son los más delicados)

Rollo de bonito

Ingredientes

Para 4 personas:

500 gramos de bonito
50 gramos de jamón
1 huevo cocido
2 huevos crudos
2 pimientos
Aceitunas, sin hueso
Pan rallado
Harina
Aceite
Sal

Limpio el bonito de piel y espinas se desmenuza y, sazonado con sal (hay quien también echa ajo y perejil), se mezcla con el jamón, el huevo cocido, los pimientos y las aceitunas, todo picado muy finamente. Se agrega un huevo crudo previamente batido y el pan rallado, amasándolo todo con las manos hasta formar una bola o rollo. Se divide en dos partes iguales, se construyen los rollos, que se envuelven en harina y huevo batido. Se fríen, después, en aceite caliente.

Aparte se hace una salsa al gusto (de cebolla, tomate o salsa verde). Se mezclan salsa y rollos y se cuecen a fuego manso hasta que estén a punto.

Ya fríos se cortan en rodajas, se disponen en una cazuela y se sirven calientes cubiertos con la salsa.

Salmón al horno

Ingredientes

Para 4 personas:

800 gramos de salmón
1 cebolla
100 gramos de aceitunas
2 ramas de perejil
1 grano de pimienta
1/2 vaso de vinagre
2 cucharadas de mantequilla
Aceite y sal

Tome un trozo de salmón y limpielo bien con un paño, toda vez que la tradición culinaria astur asegura que este pescado no debe lavarse; colóquelo en una cacerola con cebolla, perejil y aceitunas, todo muy picado; agregue un grano de pimienta, un chorro de vinagre , otro de aceite y un poco de mantequilla; métalo al horno por espacio de diez o quince minutos y, cuando alcance su punto, derrame sobre él un poco de caldo; colóquese en una fuente con huevo picado por encima.

Salmonetes asados

Ingredientes

Para 4 personas:

4 salmonetes de ración
1 cebolla
1 limón
2 dientes de ajo
8 cucharadas de aceite
100 gramos de pan rallado
2 ramas de perejil
1 hoja de laurel
Sal

Vaciados, escamados y libres de agallas los salmonetes, conservándoles la cabeza, se secan con un paño. Practíqueles unos pequeños cortes transversales; sazónelos y resérvelos.

Se pica la cebolla, finamente, y se extiende la mitad por una tartera refractaria; se le añaden tres cucharadas de aceite andaluz y la mitad del ajo y del perejil. Encima se disponen los salmonetes con lo que queda de cebolla, ajo y perejil, juntamente con el laurel, el vino blanco, el pan rallado y el aceite que ha sobrado. Se introduce en el horno hasta lograr buen color. Se sirven en la misma tartera, adornado con limón.

Salmonetes fritos

Ingredientes

Para 4 personas:

1 kilo de salmonetes
150 gramos de harina
Aceite
Sal

Son preferibles los pequeños. Escame, destripe y quítele las agallas, conservando las cabezas; se secan con un paño y se sazonan con sal. Se pasan, seguidamente, por harina y se fríen con aceite muy caliente. Se acompañan de rodajas de limón.

Sardinas al horno

Ingredientes

Para 4 personas:

1 1/2 kilo de sardinas
1 limón
200 gramos de pan rallado
2 ramas de perejil
Aceite
Sal

Limpias, sin raspa y abiertas, con sal y zumo de limón, se untan de aceite; se pasan, seguidamente por pan rallado. En una cazuela con aceite, coloque las sardinas; encima pique perejil. Introduzca la cazuela al horno y, cuando el pan rallado y el perejil estén dorados, se sacan y se sirven.

Sardinas al horno sin aceite

Ingredientes

Para 4 personas:

1 1/4 kilo de sardinas
1 cebolla
2 tomates
Sal

Se despojan de escamas y espinas y entre dos sardinas se deposita un relleno de cebolla picada y tomate; se colocan en una fuente de barro refractario y se introducen en el horno. Se hacen con su propio jugo.

Sardinas en escabeche

Ingredientes

Para 4 personas:

1 1/4 kilo de sardinas
50 gramos de harina
3 dientes de ajo
1 hoja de laurel
2 ramas de perejil
1/2 vaso de vinagre
Aceite
Sal

Ya limpias las sardinas, se fríen en aceite, colocándolas, luego, en capas, en una cazuela. En el aceite sobrante, se fríe laurel, perejil y ajo, que se tritura en el mortero y se vuelve a echar en el aceite, donde se le añade un poco de harina, vinagre y agua, de manera que cubra las sardinas; se las deja cocer en esta salsa, a fuego muy lento. Se sirven en caliente o frío.

Sardinas en rosca

Ingredientes

Para 4 personas:

1 1/4 kilo de sardinas
100 gramos de pan
1 cebolla regular
2 ramas de perejil
2 granos de pimienta
Aceite
Sal

Las sardinas se limpian, se escaman, se quitan las espinas y se parten al medio, suprimiendo las espinas. De cada media sardina se forma una rosca y en medio se le pone un relleno de pan, cebolla y perejil picado, humedecido con aceite, riéguese también con aceite la cazuela, sazónese con sal y pimienta y póngase a fuego manso; al cabo de diez minutos el plato estará en condiciones de servirse.

Sardinas enroscadas

Ingredientes

Para 4 personas:

1 1/4 kilo de sardinas
1 cebolla pequeña
1 vaso de leche
100 gramos de miga de pan
1 cucharada de pimiento
Aceite
Sal

Las sardinas se limpian, descabezan, escaman, desespinan y salan; rellenándolas con un picadillo de cebolla y miga de pan mojado en leche, rehogado en aceite. Con una cucharada de palo, se coloca una pequeña cantidad de relleno en la parte ancha de la sardina, envolviendo después ésta de modo que la cola sea el remate de la envoltura y adquiriendo cada sardina la forma de carrete de hilo; se riega con aceite, que tenga quitado el verde, se sazona con sal y pimienta y se pone a fuego manso y al cabo de diez minutos el plato estará dispuesto .

Sardinas presumidas

Ingredientes

Para 6 personas:

2 kilos de sardinas
4 huevos
150 gramos de pan rallado
2 dientes de ajo
2 ramas de perejil
1/2 vaso de vinagre
1/2 vaso de vino blanco
200 gramos de pan
Aceite
Sal

Se toman las sardinas, se limpian y separa la espina central; y, ya limpias, se abren, se aplastan y se pintan de huevo.

En una sartén, se saltean con aceite una regular cantidad de sardinas crudas picadas, ajo y perejil picado una pequeña cantidad de huevos duros picados; se saltean bien estos ingredientes y se les añade algo de vinagre, un poco de vino blanco y algo de huevo crudo; se mezcla todo dejándolo espesar algo.

De nuevo se toman las sardinas, se ponen extendidas y en cada una se echa una cucharada del salteado anterior y se enrollan; se pasan, luego, por huevo batido y pan rallado, se colocan en una fuente de gratinar; se rocían con un poco de aceite y algo de vino blanco, se asan al horno, durante diez o quince minutos, antes de servirse. Se cortan y fríen unos costrones de pan en forma triangular, que sirven de guarnición. Se puede servir aparte tomate del tiempo frito y sazonado.

Sardinas reales

Ingredientes

Para 4 personas:

1 1/4 kilo de sardinas
1 pimiento
2 huevos
2 dientes de ajo
100 gramos de harina
100 gramos de miga de pan
1/2 vaso de leche
2 granos de pimienta
Aceite, sal

Se limpian, descabezan, desespinan y aplanan las sardinas; se elabora un picadillo de miga de pan, leche, pimienta, sal, un poco de ajo y una yema de huevo. Se corta pimiento morrón, preferible el encarnado, dándole forma de sardina abierta y aplanada, que se colocan así entre dos sardinas untadas con el picadillo. Se rebozan en huevo y harina y se fríen.

Sardinas saladas

Ingredientes

Para 4 personas:

1 1/4 kilo de sardinas
1 cebolla pequeña
2 ramas de perejil
1 hoja de laurel

Es la época, en el mes de septiembre, de salar la sardina, que es de mayor tamaño y más dura. Tradicionalmente, en Asturias, se sala de la manera siguiente: se les quitan la cabeza y las tripas, se lavan con agua de mar y se colocan en una vasija de barro con sal en capas, cuidando de empezar y concluir con sal. Se pone peso encima, para prensarlas.

A partir de los veinte días se pueden utilizar, hirviéndolas en agua con cebolla, perejil y laurel; desalándolas previamente.

Truchas a la asturiana

Ingredientes

Para 4 personas:

1 kilo de truchas
100 gramos de jamón
150 gramos de tocino
1 taza de harina
Aceite
Sal

Destripadas y muy limpias, se sazonan con sal. Se reservan por espacio de dos horas.

Rellénelas de jamón, páselas por harina y fríalas en aceite de oliva mezclada con tocino, preferiblemente de jamón.

El manuscrito que utilizamos, de autor anónimo y datado en 1874, perteneciente a la Biblioteca Asturiana del Colegio de la Inmaculada, de Gijón, sección de manuscritos (sig. 241), recomienda para la buena mesa, las cuatro efes: finas, frescas, fritas y frías.

Truchas de convento

Ingredientes

Para 4 personas:

4 truchas de ración
Media cebolla
2 dientes de ajo
1 copa de vino blanco
Trozos de tocino entreverado y de jamón serrano
Caldo de pescado
Harina
Aceite
Sal

En aceite caliente doran la cebolla y el ajo, picados: se añaden la harina, tocino y jamón y rehogan ligeramente; después se incorporan el caldo y el vino, cociendo todo suavemente hasta reducir la salsa.

Con ella se bañan las truchas que previamente se habrán frito en aceite caliente.

Truchas fritas

Ingredientes

Para 4 personas:

1 kilo de truchas
100 gramos de manteca
80 gramos de jamón
100 gramos de pan rallado
1 limón
2 ramas de perejil
Aceite y sal

Bien limpias y enteras, se les da sal y se disponen sobre un trapo limpio, para que se sequen.

En una sartén se dispone aceite y manteca, por partes iguales, y unos pedazos de jamón magro y gordo; cuando hierve fuerte, se fríen las truchas, envueltas en pan rallado.

Se colocan en la fuente a lo largo o en montón con perejil y pedazos de limón (Las truchas crecidas se comen cocidas o asadas, como el salmón o el besugo.)

Xardes en salsa

Ingredientes

Para 6 personas:

3 xardas (caballa)
3 dientes de ajo
1 vaso pequeño de vino blanco
Medio vaso pequeño de vinagre
Orégano
Tomillo
Perejil
Aceite
Sal

Se cortan las xardas en trozos y durante 4 horas maceran en una marinada formada por el vino, vinagre, ajo y hierbas aromáticas. Se sacan, escurren y fríen en aceite; después se pasan a una fuente de barro.

Se reduce la marinada hasta formar una salsa ligeramente espesa y con ella se bañan los trozos de pescado.

Da unos hervores y se sirve en la misma fuente.

Huevos y tortillas

Tortilla de patata *(página 117)*

Los viajeros románticos, de los que muy contados hollaron tierra del Principado, se apresuran a consignar en sus polvorientos cuadernos el constante recurso español, al que algunos tachan de humilde, de los huevos fritos. Humildes o cortesanos, enmarañados éstos en los sortilegios barrocos que tanto agradaron a los primeros Borbones, los huevos, desde su venerable antigüedad no dejan de ser exquisitos. Y no porque Velázquez haya hecho fortuna con ellos sobre el lienzo, o Lope de Vega haga curiosa mención en conocida carta a su mentor el duque de Sessa, en estos términos: «Yo leí unos versos con unos anteojos de Cervantes que parecían huevos estrellados...»

Insistimos, desde la humildad de los huevos estrellados hasta la solemnidad de las recetas cortesanas, existe una extensa y variopinta gama de platos capaz, sin aditivo alguno, de colmar las exigencias del gastrónomo más refinado.

Todo este aval histórico encuentra, sin embargo, serias advertencias en autores de notabilidad probada. El autor del *Tratado del arte de trinchar*, por citar un solo caso, habla únicamente de los huevos para avisarnos: «La clara comida cruda y fría, fatiga el estómago; batida es más digestiva; cocida con leche se digiere fácilmente y cocida sola es más nutritiva y de digestión pesada y difícil; la yema alimenta y es fácil de digerir.» Por lo que se refiere al huevo duro, el refrán asturiano es taxativo: «Güevu cocíu, güevo perdíu.»

No tan vieja en referencias, la tortilla comienza a tomar carta de ciudadanía por el siglo XVII. Francisco Martínez Montiño, cocinero de Felipe III, que ni siquiera mencionaba los huevos fritos, es ya explícito con las tortillas al hablarnos de las de agua, cartuja, doblada, blanca, etc.

Asturias, por aquello de que «recaudo hace cocina, que no Catalina», cuenta en su tradición con abundantes platillos, de los que aquí recogemos apretada muestra.

Consejos tradicionales

- Los huevos han de tener un peso medio de 50 a 55 gramos.
- Para pasar un huevo por agua, se necesitan 3 minutos, para cocerlo, son suficientes 10.
- Al batir las claras de los huevos, conviene echar un poco de sal, pues hacen espuma más fácilmente.
- Para pasar por agua los huevos cascados, sin que se salga la clara, basta echar en el agua donde se hierban una cucharada pequeña de vinagre.
- La cáscara de los huevos cocidos se desprende más fácilmente hirviéndolos en agua salada.
- Las yemas de huevo se conservan muy bien batiéndolas con un poco de agua muy caliente y guardándolas, después en sitio fresco.
- Con unas gotas de limón, las claras se montan más fácilmente; han de utilizarse huevos de 2 o 3 días.
- Reglas para saber si un huevo es fresco:
  a) Cáscara rosada por transparencia.
  b) Yema compacta y firme en medio de la clara.
  c) Sumergidos en agua fría, van al fondo.
- Para saber de la antigüedad de un huevo, ha de sumergirse en un vaso lleno de agua; es fresco, si se mantiene completamente horizontal en el fondo; si tiene de tres a cinco días, se levanta un poco de un lado; cuando tiene ocho días, queda en sentido diagonal; cuando cuenta cerca del mes se coloca verticalmente; al pasar de los

treinta días, flota en el agua. Así lo explica el grabado:

• Antes de utilizar los huevos conservados en frigorífico, es conveniente dejarlos unos minutos a la temperatura de la cocina.

De esta manera aumentarán si se les bate y se evitará que se agriete la cáscara si se han de servir duros o pasados por agua.

• Los huevos pasados por agua resultan mucho mejor si, al echarlos en el agua hirviendo, se retira el recipiente del fuego.

• Para preparar los huevos escalfados, se ha de añadir una cucharilla de sal, por cada taza de agua, en la cazoleta. La sal acelera la coagulación de la clara y evita que se desparrame todo el líquido.

VALOR NUTRITIVO DE LOS HUEVOS

Cada 100 gramos contienen	Hidratos de carbono	Proteínas	Grasas	Kilo-calorías
Clara de huevo	—	11,37	—	45,5
Huevo completo	—	11,58	8,7	125
Merengue	—	11	—	55
Tortilla de patata	14,5	3,24	20,1	252
Tortilla a la francesa	—	13,4	16,38	201
Yema de huevo	—	15,6	33,78	386

Huevos a la espuma

Ingredientes

Para 4 personas:

8 huevos

150 gramos de jamón

Pan

Este plato se prepara en raciones individuales. Se fríe una rodaja de pan y se coloca en un molde que resista el fuego. Se separa la yema de la clara, batiendo ésta a punto de nieve. Cuando ya esté, se mezcla con un poco de jamón picado y se coloca encima del pan frito. A continuación se coloca la yema en el centro y se mete seguidamente al horno para servir en el acto.

Huevos a la mimosa

Ingredientes

Para 4 personas:

6 huevos

100 gramos de bonito en escabeche

Mayonesa

Se cuecen los huevos. Una vez duros y fríos, se les quita la cáscara y se parten por la mitad, separando las yemas. Aparte, se desmenuza bonito y se mezcla con mayonesa, rellenando con esta pasta los huecos que dejaron las yemas. Se pasan las yemas por un pasapuré, o se desmenuzan finamente con la mano, extendiéndolas sobre los huevos. La fuente ofrecerá el aspecto de estar rociada con flor de mimosa.

Huevos al estilo del puente Aguera

Ingredientes

Para 4 personas:

8 huevos

250 gramos de carne picada

Salsa de tomate y pan rallado

Sal

Se hace una salsa de tomate, agregando un poco de bicarbonato, si se desea que no quede ácida. Cuando ya esté la salsa se agrega carne picada y frita; se rehoga bien, sazonando con sal y se extiende sobre una fuente de horno, escalfando encima unos huevos. Se cubre de pan rallado, se mete al horno y se sirve.

Huevos al medio duelo

Ingredientes:

2 huevos por comensal

Pan y jamón

Harina, caldo, sal, azúcar, tomate y jerez

Se fríe en mantequilla o aceite costrones de pan, poniendo sobre cada uno una lonja de jamón muy delgadita y ligeramente frita. Encima de esto se colocan los huevos escalfados, virtiendo sobre todo ello una salsa hecha con harina quemada, caldo, sal, azúcar, tomate y jerez.

Este plato ha de servirse caliente.

HUEVOS Y TORTILLAS

Huevos al paisanín

Ingredientes:

2 huevos por comensal

Pimientos rojos de lata

Aceitunas rellenas y salsa de tomate

Se cuecen los huevos. Una vez cocidos, se meten en agua fría para que se desprenda bien la cáscara y se pelan. A continuación se les corta el lado agudo, con cuidado de no llegar a la yema y se ponen «de pie» en una fuente.

En la parte roma se les mete un palillo, en él se clava por el medio una tira de pimiento, que imita los brazos; una aceituna, que imitará la cabeza, y finalmente, la parte de clara que se ha cortado anteriormente hará de sombrero o boina.

Se sirven en una fuente adornada con salsa de tomate.

Huevos con legumbres

Ingredientes

Para 6 personas:

6 huevos

100 gramos de carne picada

100 gramos de jamón muy picado

500 gramos de guisantes y fréjoles

125 gramos de zanahoria

Aceite, ajo y perejil

Se cuecen los huevos y, partiéndolos en dos mitades, se les saca la yema, que se reserva.

Aparte se cuecen los guisantes en agua y sal. Una vez cocidos, se prepara con ellos un puré, añadiéndole además un sofrito de ajo y aceite. Ha de procurarse que quede algo espeso.

En una sartén se rehoga la carne, previamente sazonada con ajo y perejil. Se agrega el picadillo de jamón y las yemas de los huevos, haciendo una pasta, con la que se rellenan los huecos de las claras.

Los fréjoles y las zanahorias, cortadas en trocitos, se cuecen en agua y sal. Cuando ya estén cocidas, se escurren y se rehogan en un poco de aceite.

Este plato deberá servirse así: en el centro de una fuente alargada se coloca el puré de guisantes; sobre él los huevos rellenos, boca abajo y, alrededor, los fréjoles y zanahorias.

Huevos con riñones

Ingredientes

Para 4 personas:

4 huevos

2 riñones de ternera

1 vaso de jerez

Pan, manteca y caldo

Sal, ajo y tomate

Se escalfan los huevos y, colocados sobre costrones de pan frito, se ponen alrededor de una fuente, cuyo centro se rellena con riñones al jerez.

Estos se preparan así: una vez limpios los riñones de ternera se cortan en laminitas finas, se les da sal y se pasan por manteca para que despidan el agua. Se sacan y se les da otra vuelta en manteca limpia. Se hace una salsa con harina quemada, caldo, sal, azúcar, tomate y jerez. Se pone a punto y se introducen en ella los riñones.

Huevos de la tía Rufa

Ingredientes:

2 huevos por comensal

Cebolla

Picadillo de jamón

Salsa bechamel,

pan rallado y aceite

Se cuecen los huevos y, cortándolos en dos mitades, se apartan las yemas. En una sartén aparte se fríe cebolla finamente picada y, cuando esté doradita, se agrega un picadillo fino de jamón y las yemas de los huevos deshechas. Se rellenan los huecos de las claras, con este compuesto y, envolviéndolo todo en pan rallado, huevo batido y de nuevo pan rallado, se fríen en aceite. Se servirán en una fuente cubierta con salsa bechamel.

Huevos escalfados con patatas rellenas

Ingredientes

Para 4 personas:

8 huevos

Pan

Patatas

Jamón

Salsa bechamel y de tomate

Se escalfan los huevos en agua hirviendo con un poquito de sal y vinagre, o zumo de limón. Una vez escalfados, se apartan con una espumadera, se lavan en agua fría y se recortan las claras para igualarlas. Seguidamente, se colocan en una fuente, encima de costrones de pan frito. Se rodean de patatitas rellenas, rebozadas y fritas del modo regular.

En los huecos de la fuente se vierte una bechamel y se cubre con salsa de tomate.

Se corta menudamente un poco de jamón y, rehogado ligeramente en poquísimo aceite, se esparce por encima de los huevos.

Huevos escalfados con productos de huerta

Ingredientes:

2 huevos por comensal

500 gramos de patatas

Pan

Jamón

Zanahoria

Guisantes

Se escalfan los huevos en agua hirviendo a la que se añadió un poco de vinagre. Se hierven durante tres minutos y se meten en agua fría, o se llevan al grifo. Se montan sobre costrones de pan frito y se adornan con puré de patata, pasado por la manga pastelera con boquilla de picos.

En los huecos se pone un picadillo de jamón, zanahoria cocida, guisantes cocidos, etc.

HUEVOS Y TORTILLAS

Huevos fritos a la marinera

Ingredientes

Para 4 personas:

8 huevos
1 cebolla
1 diente de ajo
1 decilitro de vino blanco
2 decilitros de vino tinto
Pan
Setas
Sal

Corte en rodajas finas una cebolla y dórela con manteca. Añada un diente de ajo, especias, si se desea, y recortes de setas. Rocíe primeramente con un decilitro de vino blanco, haciéndolo caer muy suavemente y, luego, dejarlo espesar. A continuación, rocíe con dos decilitros de vino tinto y mezclar con un pedazo de manteca y un poco de harina. Deje hervir y sazone convenientemente. Con todos estos ingredientes se hará una salsa pasándolos por el tamiz.

Aparte se fríen los huevos, que se colocarán sobre tajadas de pan frito y se cubrirán con la salsa anterior.

Huevos fritos al nido

Ingredientes:

1 o 2 huevos por comensal
Pan
Manteca
Sal

Con pan de cocina se hacen nidos, redonditos y huecos; quitándoles la miga del centro con un cuchillo. Se fríen en manteca bien caliente, después de haberlos pasado por leche, comenzando por la parte hueca para que se fría la primera.

Una vez dorada ésta, se le da la vuelta al pan y en el hueco del nido se casca un huevo, que irá haciéndose al mismo tiempo que la parte exterior del nido.

Este plato puede presentarse así, sencillamente, o combinándolo con croquetas.

Huevos fritos con tortos de maíz

Ingredientes

Para 4 personas:

8 huevos fritos
500 gramos de harina de maíz fina
100 gramos de harina de trigo
Agua y sal

Se mezcla la harina de maíz con la de trigo y, añadiendo poco a poco agua templada, en la que se disolvió media cucharada de sal, se hace una pasta no excesivamente dura y que no se pegue a las manos. Se deja reposar de diez a quince minutos.

Pasado este tiempo, se toman porciones de pasta, que se aplastarán sobre un paño ligeramente húmedo, dándoles forma redondeada y de poco grosor. Seguidamente, se fríen en abundante aceite muy caliente, y se colocan en una fuente. El tamaño de los tortos ha de ser suficiente para poder soportar dos huevos.

Aparte, se fríen los huevos y se colocan sobre los tortos.

Si se desea, pueden acompañarse de salsa de tomate.

Huevos moldeados

Ingredientes

Para 6 personas:

6 huevos
200 gramos de carne picada y guisada
500 gramos de patatas
1/2 taza de salsa blanca
50 gramos de manteca
2 yemas
6 atados de espinacas
Harina y leche
Sal

Inicialmente, se prepara una salsa blanca con dos cucharadas de manteca, dos de harina y un poco de leche; condiméntela, mézclela con la carne picada y forre 6 moldecitos, haciendo en el centro un pequeño hueso sobre el que se romperá un huevo. Se cocinará todo al baño maría. Aparte, se elabora un puré con las patatas y las espinacas, cocidas en agua y sal por separado;

se mezcla y se agregan la manteca y las dos yemas.

Esta preparación se coloca en el centro de una fuente, procurando darle una forma bonita y, alrededor, se disponen los moldecitos.

Huevos rellenos a la allandesa

Ingredientes

Para 4 personas:

4 huevos
1 cebolla
Pimientos encarnados
1 cucharada de harina
3 cucharadas de leche
1 tomate
Aceite y sal

Se ponen a cocer los huevos hasta que estén duros. Después de fríos, se pelan y parten por la mitad, sacando las yemas.

En una cazuela se pone la cebolla picada muy fina y, cuando esté dorada, se le agrega la cucharada de harina y las yemas picadas. Después se añade la leche y se sazona de sal. Con esta pasta se rellenan las mitades de huevo. Estas se rebozan en huevo batido y se fríen en aceite bien caliente. Finalmente se colocan en una fuente, echándoles por encima una salsa mayonesa o de tomate.

Se adorna la fuente colocando a su alrededor pimientos crudos y rodajas de tomate. Por encima de la salsa puede espolvorearse perejil muy picadito.

Huevos rellenos a la casina

Ingredientes

Huevos
Patatas
Pimientos
Atún en lata
Carne picada y guisada
Sal

Los huevos, ya cocidos y duros, se parten por la mitad a lo largo, en forma de barquitos.

Se sacan las yemas y con ellas, junto con puré de patata, atún en lata, carne picada, previamente guisada o asada, se elabora un relleno. Con esta pasta se rellenan los huecos de las claras, que se montarán sobre una rodaja de pimiento morrón. También pueden colocarse sobre puré de patata.

Huevos revueltos con leche y perejil

Ingredientes

Para 4 personas:

6 huevos
3 cucharadas de leche
100 gramos de manteca
Sal y pimienta

Se baten los huevos, junto con 3 cucharadas de leche, perejil picado, suficiente cantidad de sal y un poco de pimienta.

En una cacerola se echan 100 gramos de manteca y se agregan los huevos, removiendo hasta que se cuajen y se apartarán de la lumbre sin dejar de remover durante dos minutos.

Sírvase en una fuente acompañado de cortezones de pan frito.

Monaguillos

Ingredientes

Para 4 personas:

8 huevos
100 gramos de gambas
Aceitunas
Pimientos rojos
Lechuga
Tomate
Aceite
Sal

Una vez cocidos los huevos y pelados, se cortan por la zona más puntiaguda, para que se sostengan derechos, y por ese mismo lado se extraen las yemas con cuidado de no romper la clara.

Las yemas, machacadas, se mezclan con aceite para formar una especie de mayonesa espesa y con gambas muy picadas se forma una pasta con la que se rellenan los huevos.

En una fuente alargada se pone ensalada de lechuga, picada muy menudita y aderezada con aceite, vinagre y sal. Encima de ella, se colocan los huevos en fila y con la parte rellena hacia abajo.

En cada huevo se pincha una aceituna con un palillo y, encima de ésta, el trozo de clara que se cortó al principio. Se tiene, así, el sombrero. Encima del sombrero se coloca un trocito de pimiento rojo y alrededor de la aceituna, a modo de bufanda, otra tira de pimiento rojo.

La fuente se adorna, alrededor, con trozos de pimiento y rodajas de tomate.

Tortilla a la cabaña del mar

Ingredientes

Para 4 personas:

5 huevos
1/2 kilo de patatas
Jamón
Espárragos
Guisantes
Salsa mayonesa

Se hacen dos tortillas de patata, finas, según costumbre. Se coloca una de ellas en un plato. Encima de ella se ponen las lonchas finas de jamón, puntas de espárrago, guisantes y, si se desea, salsa de tomate. Se cubre con la otra tortilla. Finalmente, se decora por arriba con salsa mayonesa, salsa de tomate, perejil picadito; trocitos de pimiento..., etc.

Tortilla a la francesa

Ingredientes

2 huevos por persona
Aceite
Sal

Se baten bien los huevos, se les añade una cucharadita de agua o leche y un poco de sal. Se caliente aceite o manteca en una sartén y se echan en ella los huevos. Cuando estén cuajados, se dobla la tortilla en uno o varios dobleces formando un pastel.

Esta tortilla puede acompañarse de gambas, espárragos, jamón, chorizo, almejas, llámpares (lapas), también de patata frita muy menudita.

Con el sobrante de almejas a la marinera, llámpares (lapas) encebolladas, pescados, angulas, etc, pueden conseguirse exquisitas tortillas.

Tortilla a la paisana

Ingredientes

Para 4 o 6 personas:

6 huevos
1/2 kilo de patatas
100 gramos de guisantes
1 pimiento
1 cebolla
100 gramos de jamón picado fino
Bonito en escabeche (poco)
Sal

Se fríen las patatas, la cebolla y los pimientos. A continuación, se mezclan con los guisantes, previamente cocidos y escurridos, el jamón picadito, el bonito en escabeche y los huevos batidos.

Se elabora la tortilla dorándola muy bien por ambos lados.

Tortilla arco iris

Ingredientes

Para 4 personas:

8 huevos
300 gramos de remolacha
2 manojos de espinacas o acelgas
200 gramos de hígado de gallina
1/2 cebolla
1/2 vaso de vino tinto
Perejil
Sal

Con los 8 huevos se hacen cuatro tortillas; una con la remolacha salcochada; otra, con espinacas o acelgas salcochadas; otra, con hígado de ave, cebolla frita y un poquito de vino tinto; y la última, como si fuera francesa, pero agregando dos claras más para que quede casi blanca.

Estas tortillas se colocan en un plato, una sobre otra, sobre hojas de lechuga y poniendo alrededor ramitos de perejil.

Se sirve con salsa mayonesa.

Tortilla borracha

Ingredientes

Para 4 personas:

4 huevos
1 kilo de patatas
1 cucharada de anís
1 copa de coñac
Sal

Se cuecen las patatas en agua y sal. Una vez cocidas, y escurrida el agua, se machacan con un tenedor, sin que se hagan puré, y se les agrega el anís. Los huevos, bien batidos, se unen a la patata, y, ya hecha la tortilla, se sirve vertiéndola por encima un generoso chorro de coñac.

Tortilla de garbanzos

Ingredientes

Para 4 personas:

4 huevos
Garbanzos sobrantes del cocido
Aceite o manteca de cerdo
Sal

Se machacan en el mortero los garbanzos sobrantes del cocido y se pasan por la sartén con aceite o manteca. Se baten los huevos con un poquito de sal, y unido todo, se vuelve a poner la sartén al fuego con un poco de manteca y se hace la tortilla. Puede acompañarse de salsa de tomate.

Tortilla de huerta

Ingredientes

Para 4 personas:

6 huevos
3 cucharadas de leche
1 cebolla picada
300 gramos de patatas
50 gramos de pan rallado
Perejil
Aceite
Sal

Se fríen en aceite 200 gramos de cebolla picada y 300 gramos de patatas picadas. Cuando empiece a dorarse, se le agregan 50 gramos de miga de pan rallado y 300 gramos de guisantes, previamente cocidos y escurridos. Se sigue rehogando todo durante unos minutos y se agregan los 6 huevos batidos con 3 cucharadas de leche, sal y un poco de perejil picado.

Se cuaja la tortilla, dorándola por ambos lados, y se sirve en fuente redonda.

Tortilla de judías verdes y cebolla

Ingredientes

Para 4 personas:

300 gramos de judías verdes
1 cebolla
4 o 5 huevos
Aceite
Sal

Se dora en aceite cebolla picada y se rehogan también las judías (vainas), que previamente se habrán cocido en agua y sal.

Se baten los huevos y se salan, incorporándole después la cebolla y las vainas.

Se dispone todo en una sartén con aceite y se deja sobre el fuego hasta que tome color, dándole vuelta para que dore por los dos lados.

Si se desea, esta tortilla puede hacerse «a la francesa» o simplemente como «revuelto».

Tortilla de manzana

Ingredientes

Para 6 personas:

6 huevos
Docena y media de manzanas
Manteca
Azúcar
Canela
Pan o bizcocho rallado

Se pelan las manzanas, a ser posible, de reineta o mingán, y cortan en pedazos, quitando el corazón. Luego, se ponen a cocer en una tartera, junto con un trozos de manteca fresca, un poco de canela en polvo y un poquitín de agua. Cuando estén cocidas, de modo que se puedan deshacer, se les echa azúcar molida y se deshacen bien para que no quede ningún pedazo entero. A continuación, se mezclan con pan o bizcocho rallado y media docena de huevos batidos.

Se echa manteca en la sartén y se hace la tortilla en el horno a poco fuego.

Tortilla de miga de pan

Ingredientes

Para 4 personas:

4 huevos

100 gramos de jamón o lacón

Una taza y media de miga de pan mojada en leche

Se baten los huevos y se les añade los trocitos de jamón y la miga de pan mojada en leche. Se mezclan bien todos los ingredientes y se vierten en una sartén con aceite caliente. Se hace la tortilla y se sirve con una salsa a gusto.

Tortilla de patata

Ingredientes

Para 4 personas:

4 patatas grandes (unos 700 gramos)

4 huevos

Aceite y sal

Se pelan las patatas y se cortan en pequeñas rebanadas o cuadraditos, que se freirán en aceite hasta que estén a punto. Una vez fritas se mezclan, escurriendo el aceite, con los huevos batidos

A continuación, se hace la tortilla procurando que dore por las dos caras.

Si se desea, pueden añadirse a la patata otros ingredientes como cebolla, pimientos, chorizo, jamón, etc.

Tortilla de patatas (especial)

Ingredientes

Para 4 personas:

4 patatas grandes

4 huevos

Leche

Anís

Perejil

Manteca

Azúcar

Canela

Asadas las patatas en el horno, se pelan y se machacan en el mortero y se les añade un poco de leche. A continuación se agregan 4 yemas de huevo, un poco de anís, un poco de perejil muy picadito, manteca, un poco de azúcar y canela en polvo. Amásese todo bien, revolviendo.

Seguidamente, se elaboran las tortillas, envolviéndolas en miga de pan rallada o harina. Deben freírse en manteca muy caliente dejándolas sobredorar.

Al servirlas, se les echa por encima azúcar y canela en polvo.

Tortilla a la cabaña del mar *(página 113)*

Tortilla de pescado

Ingredientes

Para 4 personas:

---

4 huevos

100 o 150 gramos de pescado

Miga de pan

Leche

Salsa de tomate

Perejil

Aceitunas

Se toma un trozo de miga de pan, en cantidad suficiente para que en un vaso de leche prepare una empanada bien liada y bien cocida. Seguidamente se baten cuatro huevos, se les añade un poco de pescado cocido y desmenuzado y se une todo con la empanada; se fríe en la sartén con aceite bien caliente.

Cuando esté doradita esta tortilla, se coloca en una fuente acompañada de una salsa de tomate muy caliente y adornando el plato con aceitunas y hojas de perejil.

Esta recetá es muy útil para aprovechar sobras de pescado.

Tortilla de repollo

Ingredientes

Para 6 personas:

---

1 kilo de repollo borrachón

1 kilo de patatas

Aceite y sal

Se cuece el repollo en agua y, cuando esté tierno, se saca a escurrir. En otra cazuela se ponen las patatas a cocer y, una vez cocidas, se sacan y pelan.

Se pone aceite en una sartén y, cuando esté caliente, se echan el repollo y las patatas; picándolo todo muy bien con la espumadera hasta que mezcle perfectamente. Conseguida esta mezcla, se deja a un lado del fuego, para que vaya dorando y, de vez en cuando, se da la vuelta como si se tratase de una tortilla de huevo.

Este plato, que debe prepararse una o dos horas antes de servir, puede acompañarse de salsa de tomate.

Tortilla de sardinas arenques

Ingredientes

Para 4 personas:

---

3 huevos

2 sardinas arenques

1 taza y media de miga de pan mojada en leche

Su preparación es similar a la tortilla de pescado, sustituyendo éste por trozos de sardina arenque muy desmenuzada. Ha de tenerse especial cuidado con la sal, pues la sardina ya está de por sí muy salada. En vez de sardinas, pueden emplearse también trocitos de bacalao muy desmenuzados y previamente desalados.

Tortilla de sesos

Ingredientes:

1 o 2 huevos por persona
Media sesada
Aceite
Sal

Una vez limpios y cocidos los sesos se cortan en trocitos más bien pequeños, rehogándolos brevemente en un poco de aceite caliente. Se unen a los huevos, bien batidos, y se elabora la tortilla.

Tortilla de sobras

(sin aceite ni huevos)

Ingredientes:

Sobras de comida
Cebolla
Perejil
Tomate
Pimiento

Se pone en una cacerola o sartén, sin aceite, cebolla y perejil picado, un tomate, un pimiento y se deja cocer. Cuando esté, se agregan las sobras de la comida, muy troceado todo, y se da forma de tortilla.

Tortilla dulce de San Juan de Duz

Ingredientes

Para 4 personas:

3 o 4 huevos
1 taza y media de leche azucarada
Sobras de pan
Azúcar

Los sobrantes de pan se remojan en leche azucarada y, una vez bien empapados en ella, se deshacen formando una papilla, a la que se añaden huevos batidos en proporción adecuada. Se elabora la tortilla y, al sacarla de la sartén, se espolvorea de azúcar.

Tortilla «mata fame»

Ingredientes

Para 4 personas:

4 huevos
2 cucharadas de harina
Leche

Se ponen en una taza las 2 cucharadas de harina y se va echando la leche hasta incorporarlo bien. Seguidamente, se añaden los 3 huevos batidos y un poco de sal.

Todo esto se vierte en una sartén con manteca bien caliente; procurando remover con una cucharada de madera para que no se queme.

Luego se la da vueltas, hasta que esté bien cocida y se sirve caliente. Tendrá mejor gusto si, al tiempo de servirla, se le espolvorea por encima un poquito de sal.

Tortilla piloñesa

Ingredientes

Para 4 personas:

3 o 4 huevos
2 cebollas
1 diente de ajo
Leche
Aceite
Sal

Limpie las cebollas, que sean medianas, y córtelas en lonchas del grueso del canto de una moneda, sacando unos aros del tamaño de una moneda de 100 pesetas. Báñelos en leche y resérvelos.

Los recortes sobrantes de la cebolla se pican y se ponen en una sartén con un diente de ajo y el aceite necesario, dejando estofar la cebolla a fuego moderado, sin que tome color. Una vez estofada, se retira el ajo y se mezcla la cebolla con los huevos, ya batidos, haciendo una tortilla tipo a la francesa, que se colocará en una fuente alargada.

Los aros bañados en leche se pasan por harina y se fríen en aceite caliente, hasta que tomen un bonito color dorado. Se colocan en forma escalonada, a lo largo de la tortilla, adornándola.

Tortilla soplada

Ingredientes

Para 4 personas:

4 huevos
2 cucharadas de harina
Leche
Sal
Azúcar
Canela

Se ponen en una taza 2 cucharadas de harina y se les va echando, poco a poco, la leche hasta conseguir una mezcla deshecha y clarita.

A continuación se agregan los huevos batidos, un poco de sal, 3 cucharadas de azúcar y un polvo de canela; mezclándolo.

Aparte, se derrite manteca en una tartera y cuando esté bien caliente, se echa la pasta, que se pone a cocer en el horno hasta que esté muy caliente.

Se sirve caliente, antes de que vuelva a bajar.

Tortillas rellenas

Ingredientes:

Huevos (2 por comensal)
Ensaladilla rusa
Tomate
Lechuga

Prepare tantas tortillas a la francesa como comensales haya, dejándolas enfríar, sin doblarlas.

Aparte, se prepara una ensaladilla rusa, con la que se rellenan las tortillas, envolviéndolas en forma de tubo.

Se colocan en una fuente alargada, adornando con rodajas de tomate y hojas de lechuga.

HUEVOS Y TORTILLAS

Potes

Fabes con almejas *(página 135)*

Todavía en los inicios del siglo XX los tratadistas de culinaria teorizaban en torno a las posibles clasificaciones de buen número de platos. Capítulo polémico era el de los potajes. Sefaya, por ofrecer un botón de muestra, en su tratado de *El restorán en casa*, definía el potaje como «la sopa en que entran muchos ingredientes», distinguiendo, al tiempo, dos categorías: potajes claros y potajes espesos. En la primera categoría encardinaba «aquellos potajes en que el peso total de los ingredientes no pasa de 150 gramos por cada medio litro de caldo o de agua»; pertenecían al segundo grupo «los potajes en que el peso total de los ingredientes es indefinido».

A la hora de engrosar la lista de nuestros potes, pucheros o potajes, no hemos podido seguir tan repulidas advertencias. Por varias razones: por la originalidad de los platos y por sus ingredientes, por la abundancia de éstos y por la fuerza de la tradición astur, nunca rota, pauta y camino de estas aportación.

Por otra parte, ya avisábamos al lector, en el primer capítulo, de la penuria de platos de entrada, en contraste con la opulencia de los cocidos, repletos de sustancia, capaces por sí solos de restablecer las fuerzas del más fornido de los mozarrones del norte.

En las *Constituciones Synodales* del prelado ovetense Agustín González Pisador, impresas en Salamanca en el año 1786, al dictaminar sobre los banquetes fúnebres, reduce el menú de los clérigos «a un puchero, un extraordinario y un cuartillo de vino al que lo necesitare». De la importancia de estos potes, en el siglo XVII, ya nos había dejado constancia Luis de Valdés, en sus *Memorias de Asturias*, al señalar el tamaño de las calderas: «tienen para los mortuorios y fiestas más grandes calde-

ras que harán a dos vacas y más cada una, y de éstas hay muchas en Asturias».

Dos platos conviene destacar por su importancia: la fabada y el pote asturiano. Si bien el primero es considerado como el más representativo y con niveles de universalidad por su fama, el segundo, por contra, cuenta con todo un respaldo histórico. Luciano Castañón, en su *Refranero Asturiano* recoge muestras para los dos gustos:

-«*Les fabes deben ferboriar y non [ferbollar.*»
-«*Patates, fabes, berces y sopes, ye lo que crien les buenas moces.*»

Muy pocas muestras hemos recogido de la lírica popular asturiana como aval a las documentaciones, si exceptuamos la tonada allerana:

«*Baxaron cuatro alleranos, todos cuatro de madreñes y en Santullano pidieron fabes, tocín y morcielles.*»

Por lo que se refiere a la lírica culta, tampoco el tema encontró mayor difusión en los bablistas. Casi resultan excepción los conocidos versos de Marcos de Torniello:

¿Y la fabada? Lo típico pa los almuerzos de gala ye la fabada estupenda, con todo lo que fai falta que tenga: pernil de gochu, con los chorizos de casa y la morciella y les fabes que sean de bona traza, ésta de Grau y la otra de les que avientan la talla.»

Consejos tradicionales

• Nunca habrá de quitar el pellejo a las fabes de mayo tiernas, a no ser que la uña esté negra.

• A un guiso corriente conviene incorporarle siempre un poco de pimiento y azafrán.

• El nabo puede reemplazar a las patatas en el mayor número de potajes.

• Las verduras mejoran su sabor con un terrón de azúcar en el agua de cocer.

• Para que las patatas estén blancas, conviene dejarlas en agua fría una o dos horas antes de su preparación.

• Las legumbres secas se ponen a cocer en agua fría; las verdes en agua caliente o hirviendo.

• Para dar color al puchero, córtese nabos en rodajas del grueso de un centímetro y medio y pónganse a secar al sol, procurando que no se peguen unos a otros, hasta que hayan adquirido un color rojo un tanto obscuro; al puchero se echan al mismo tiempo que las verduras,

• Las habas de mayo tiernas pueden sustituir a los guisantes acompañando a las patatas.

• Un poquito de bicarbonato acorta el tiempo de cocción de las legumbres.

• No conviene pelar las judías verdes o los guisantes hasta que se vayan a cocer.

• Si se pretende que las verduras conserven su color natural, se hace necesario cocerlas en mucha agua y sin tapar el recipiente. Una vez cocidas se escurren y se sumergen en agua fría.

• Las verduras han de hervirse en agua muy caliente, para que ablanden pronto y pierdan pocos elementos nutricios.

• Reglas tradicionales para una buena cocción del arroz: debe reventar en hervor a fuego vivo: el recipiente en que se cueza no debe ser hondo, porque el peso del arroz de arriba amazacota el de abajo.

• Un poco de jugo de limón, añadido al agua en que se cuece el arroz conserva los granos separados.

• Las verduras muy saladas pueden remediarse con un trozo de patata machacada y mezclada en la cazuela. También se puede solucionar con unas gotas de limón, crema o azúcar.

• Características de una buena coliflor: color muy blanco, grano muy apretado, duro al tacto y tronco corto.

VALOR NUTRITIVO

Cada 100 gramos contienen	Hidratos de carbono	Proteínas	Grasas	Kilo-calorías
Aceite	—	—	100	927
Acelgas cocidas............................	0,51	0,96	6,52	64,6
Alcachofas con aceite	5,3	2,2	6,8	91,2
Arroz blanco.................................	18,33	3	10,8	182,5
Arroz en paella	20,9	8,66	11,52	222
Castañas crudas	30	2,2	1,75	144,5
Coles de Bruselas cocidas	3,54	2,35	7,2	88,7
Coliflor cocida	5,1	1,5	3,7	60
Cebollas.......................................	3,8	1,6	—	21,6
Espinacas cocidas	0,46	2,28	13,7	60
Habas frescas guisadas	3	1,63	6,8	80
Garbanzos en cocido	10,4	4,8	3,4	92
Judías blancas en puré..................	21	4,5	8,2	1,76
Judías blancas estofadas	10	3,71	6,46	113
Judías verdes con tomate..............	2,5	1,9	5,5	67
Lentejas en puré	6,86	3,33	2,6	64
Lentejas guisadas	15,6	6,6	3,5	120
Lechuga.......................................	0,8	1,44	—	8,9
Manteca de cerdo	—	—	100	947
Patatas asadas	31,73	2,9	0,38	142
Patatas guisadas...........................	13,7	0,7	3,5	89
Patatas fritas................................	46,5	2,1	14,8	327
Pimiento rojo crudo	4,1	1,8	—	21
Pimiento verde crudo	2,85	1,14	—	15,9
Pisto (cebolla, pimiento, aceite, tomate, calabacín)	4,16	1,2	9,88	144,9
Potaje de garbanzos	12,6	3,4	4,1	101
Puerros..	4	1	—	22
Repollo cocido.............................	0,52	0,62	14,8	131

Acelgas cocidas

Ingredientes:

6 hojas de acelgas con tallo
2 patatas
2 dientes de ajo
3 cucharadas de aceite
Sal

Bien lavadas y troceadas las acelgas con sus tallos, se poen a cocer en agua hirviendo, con la necesaria sal. Ya cocidas, se agregan las patatas, partidas; cuece todo por espacio de un cuarto de hora; se escurren y rehogan un buen rato en el aceite que se utilizó para freír las dos cabezas de ajo. Sazonado a su gusto, puede ya servirse.

Alcachofas a lo pobre

Ingredientes

Para 4 personas:

15 alcachofas
2 dientes de ajo
4 gajos de limón
1 rama de perejil
1 pizca de pimienta
Aceite
Sal

Desprovistas de las hojas duras, se cuecen las alcachofas en un puchero con agua y sal; a media cocción, se sacan y se escurren. Se rehogan, luego en aceite, anadiendo agua, limón, perejil y una pizca de pimienta. Con esta salsa se termina su cocimiento.

Alcachofas con almejas

Ingredientes

Para 4 personas:

1 kilo de alcachofas
500 gramos de almejas
Cebolla
Ajo
Aceite
Harina
Caldo de pescado
Sal

Se limpian las alcachofas de sus hojas exteriores y, bañadas ligeramente en limón o vinagre, cuecen en agua con sal. Se retiran, escurren y reservan.

Aparte, y según se recomienda en el correspondiente capítulo, se elabora una salsa marinera a la que se incorporan las almejas y las alcachofas rehogadas en aceite con ajo muy picado.

Hierve hasta que ligue la salsa y se sirve de inmediato.

Alcachofas estofadas de vigilia

Ingredientes

Para 4 personas:

12 alcachofas
1/2 cebolla
1 diente de ajo
1 pimiento
1/2 vaso de vino blanco
1 hoja de laurel
Aceite
Sal

Ya libres las alcachofas de las hojas duras, se colocan a remojo por unos momentos. Aparte, en un puchero con aceite, se fríen ajo, pimiento rojo y cebolla; se les agregan las alcachofas, el vino y el laurel; y se le añade caldo de puchero y se cubre la cacerola con un papel mojado, procurando agitar, sin pretender introducir cuchara alguna. Cuece a fuego manso, hasta que las alcachofas alcancen su punto.

Arroz blanco

Ingredientes

Para 6 personas:

2 tazas grandes de arroz
2 ajos
1/2 limón
Aceite
Sal

En una tartera con aceite, se fríen los ajos; ya fritos, se separan y se agrega el arroz, rehogándolo. Ha de removerse con una cuchara de palo, para que no se tueste. Se añade doble cantidad de agua que de arroz y se remueve hasta que comience a hervir. Dados unos hervores, se sazona de sal, y se le vierte el zumo de limón. Cuece a fuego vivo por espacio de 15 a 20 minutos, al cabo d e los cuales se aparta un poco del fogón y se cubre la tartera por cinco minutos; ha de reposar, luego, destapado otros diez minutos. Suele acompañarse de buen número de viandas.

Arroz con congrio a la llanisca

Ingredientes

Para 6 personas:

1 pocillo de arroz por persona
700 gramos de congrio
3 alcachofas
1 diente de ajo
1 cucharada de pimentón
1 taza de guisantes cocidos
Aceite
Sal

Se limpia el congrio, que ha de ser grueso y sin espinas, se corta en rebanadas y se fríe en cazuela con aceite; una vez que se ha dorado, se saca. En el aceite restante en la cazuela, se fríen las alcachofas, limpias, desprovistas de las hojas grandes y troceadas, con el diente de ajo; se le agrega sal, agua y pimentón. Al hervir todo, se vierten los guisantes cocidos y el arroz y, al romper el nuevo hervor , el congrio, procurando que no se deshaga. Una vez el arroz a punto, se aparta de la lumbre, se deja reposar unos momentos y se sirve.

Arroz con pollo

Ingredientes

Para 4 personas:

4 pocillos de arroz
1/2 kilo de pollo
1/2 cebollas
1/2 pimiento
2 dientes de ajo
1 rama de perejil
1 pizca de azafrán
Aceite
Sal

En una cazuela con aceite hirviendo se dispone el pollo muy bien troceado; ya bien dorado, se le agrega cebolla finamente picada, perejil y ajo. Se rehoga todo por unos minutos, y se le añade agua y sal, prosiguiendo la cocción hasta su punto.

Aparte, en una tartera con aceite, se rehoga el arroz; se le suma el pollo y doble cantidad de agua que de arroz. Es aconsejable que el agua esté hirviendo.

Se añade sal, si hiciera falta; se remueve hasta romper a hervir y se colorea con azafrán tostado. Alcanzado su punto, adórnase con pequeños trozos de pimiento rojo

(De la misma manera que se prepara el arroz con pollo, puede hacerse con carne, tropiezos de jamón, costillas de ternera o cerdo, etc. Estos platos de arroz, avisa el manuscrito que seguimos, en general, suelen ser de fácil realización, muy sabrosos y muy socorridos. Conviene que el arroz no se pase, por lo que ha de prepararse con tiempo calculado y sea servido en el momento preciso. Debe reposar por espacio de 10 minutos).

Arroz con pollo y mariscos

Ingredientes

Para 6 personas:

6 tazas (pocillos) pequeñas de arroz
1 kilo de pollo en trozos medianos
200 gramos de gambas
100 gramos de almejas
500 gramos de mejillones
12 cangrejos
1 cabeza de ajo
1 pimiento
Azafrán
Aceite
Sal

Los trozos de pollo, adobados con sal y ajo, fríen en aceite; cuando están dorados se pasan a una cacerola y cuecen con un poco de caldo y el aceite de fritura hasta que estén tierno.

En una paella se dispone el aceite y se rehoga libremente el arroz; en el centro se coloca la cabeza de ajo (entera) y se incorpora el resto de los ingredientes. Se cubre con 12 tapas de agua (o caldo) y cuece por espacio de unos 20 minutos; reposa 5 minutos más retirado del fuego y se sirve.

Paella de carne, pescado y hortalizas *(página 141)*

Arroz verde con almejas

Ingredientes

Para 4 personas:

1 pocillo de arroz por persona
1/2 cebolla pequeña
3 ramas de perejil
150 gramos de almejas
Caldo
Aceite
Sal

Se fríe la cebolla en una cacerola; se rehoga, luego el perejil machacado o muy finamente picado y se añaden las almejas. Aparte, se saltea el arroz en una sartén, se une al anterior preparado y se agrega caldo en la proporción de 2 o 3 tazas por cada una de arroz. Cuece de forma mansa y, a su antojo, sazone de sal.

Berzas aldeanas

Ingredientes:

Verdura (coles)
Manteca
Sal
Harina
Caldo

Córtese las berzas en rodajas delgadas y escáldense con agua hirviendo y un poco de sal. Escúrranse y, después de refrescadas, píquense. Hecho esto, se ponen al fuego en una cacerola con manteca y, es-

parciendo por encima un poco de harina, se añade el caldo del puchero. Se menea todo bien para que mezcle y se pone a hervir hasta que la salsa disminuya lo suficiente (Respetamos nombre y redacción del manuscrito.)

Castañas con chorizo a la usanza de Cangas de Tineo

Ingredientes

Para 4 personas:

1 1/2 kilo de castañas
100 gramos de habas blancas
1 cebolla
2 chorizos
1 cucharada de azúcar
Sal

Se eligen unas castañas de excelente calidad y se cuecen en agua con un poco de sal, una cucharada de azúcar, cebolla cortada en trozos regulares y un puñado de habas blancas, previamente puestas a remojo.

Con una porción de este cocido se hace un puré, que se agregará al potaje para darle cierto espesor.

En una sartén se fríen los chorizos, en trozos, y se agregan a las castañas. Se continúa la cocción un rato más y se sirve muy caliente.

Cebollas rellenas (I)

Ingredientes

Para 4 personas:

8 cebollas
1 taza de miga de pan
2 yemas de huevo duro
25 gramos de queso rallado
Perejil; sal; huevo batido; harina

Se buscan cebollas grandes, se limpian y se escaldan. Se escurren y, por arriba, se les hace el hueco para rellenarlas. El relleno se compone de miga de pan empapada en leche y exprimida, dos yemas de huevo duro, algo de queso rallado, perejil picado muy fino , cebolla y sal. Todo esto ha de incorporarse muy bien, habiendo pasado previamente por la sartén la cebolla y el perejil.

Se llenan los huecos de las cebollas con esta masa, se enharinan y, bañándolas en yema de huevo, se fríen. Se sirven acompañadas de un espeso hecho con harina tostada, huevo batido y unas gotas de vinagre.

Nota: En este plato pueden variarse el relleno –que puede ser de picadillo de carne o de bonito (150 gramos) —y la salsa— (que puede ser de tomate).

Cebollas rellenas (II)

Ingredientes

Para 4 personas:

8 cebollas
2 huevos
1 lata de bonito
Salsa de tomate natural
Caldo
Sal

Se escogen cebollas de tamaño mediano, se pelan y lavan bien. Se les hace el hueco y se rellenan de un preparado de bonito desmenuzado y salsa de tomate natural, pasado todo por la sartén. Se enharinan las cebollas y, pasadas por abundante yema de huevo, se fríen. Posteriormente se ponen a cocer en caldo, previamente preparado, y con el sobrante de la salsa de tomate y bonito. Si se desea puede añadirse un poco de buen vino blanco y una pizca de guindilla. El tiempo de cocción suele ser largo. Ha de procurarse que las cebollas queden muy suaves; pero no deshechas.

POTES

Cocido asturiano de garbanzos

Ingredientes

Para 6 personas:

1/2 kilo de garbanzos

4 patatas de buen tamaño

400 gramos de carne

2 huesos

200 gramos de gallina

200 gramos de jamón

100 gramos de tocino

3 chorizos

Azafrán

Sal

Remojados desde la víspera los garbanzos, se disponen en un puchero en la compañía de los otros ingredientes. Cuece a fuego manso. Los chorizos están en función del color, siendo aconsejale cocerles aparte, y unirlos al compango a la hora de servir. Conviene que los garbanzos resulten suaves, pero enteros. Con el caldo del cocido se elabora la sopa.

Coliflor de vigilia

Ingredientes

Para 4 personas:

1 coliflor

3 cucharadas de mantequilla

2 huevos

1 cucharada de bicarbonato

80 gramos de pan rallado

Sal

Cuécese la coliflor en agua hirviendo, con la sal necesaria y el bicarbonato sódico; se deja escurrir, se trocea y se dispone en una fuente de barro; extiéndase mantequilla por encima de la coliflor, huevo batido por encima de ésta, cubriéndolo todo con el pan rallado. Se introduce en el horno hasta que logre su punto. Sérvíase en otros tiempos con patatas cocidas aparte.

Fabada asturiana

Ingredientes

Para 6 personas:

1 kilo de fabes

3 chorizos

2 morcillas

1 trozo de jamón

1 trozo de lacón

1 trozo de tocino de rabadal

Azafrán

Sal

Intencionadamente, al margen de la precisión de los ingredientes que tan puntillosamente seguimos, hemos escogido la receta que por la grafía nos pareció más antigua. Respetamos su redacción.

Las fabes, que serán de la mejor calidad, se ponen a remojo la noche anterior, para que resulten más finas; otro tanto habrá de hacerse con el jamón y el lacón, para que desalen, que habrá de ponerse en recipiente distinto del que utilice para las habas. Pónense a cocer las fabes en agua fría, que las cubra solamente; añádense las morcillas, los chorizos y los demás sacramentos (ingredientes), procurando que todo hierva muy lentamente. Cuando las fabes están un poco abiertas, se les agrega un poco de azafrán y, a medida que van quedándose secas se les va virtiendo agua fría, hasta que queden cocidas, que no deshechas.

La fabada, que es muy noble y por ende exigente, reclama los siguientes preceptos:
1. No revolver con cuchara, sino meneando la cazuela.

2. No verter la sal, sino hasta última hora, pues ya los ingredientes están salados.

3. La duración sobre el lar suele ser de dos horas y media a tres, a fuego manso y no tapar totalmente el puchero; es decir, con la tapadera a medio lado.

4. Servir en fuente honda, sin mucho caldo, y colocar el *campangu* en fuente aparte.

5. Saben mejor con cuchara.

Fabes a la ponguesa
Ingredientes

Para 4 personas:

1/2 kilo de fabes
2 morcillas
Tocino, o dos tacitas de aceite
2 dientes de ajo
2 ramas de perejil
1 manojo pequeño de orégano
Canela
Sal

En una cazuela de barro o de hierro, todo en crudo, se disponen los ingredientes reseñados. Se cubre con agua y se colocan sobre la lumbre moderada, hasta que las fabes, bien impregnadas del condimento, alcancen un cocimiento igual. Mueva con frecuencia la cazuela y, si fuera menester sazone de sal al momento de servir.

Fabes con almejas
Ingredientes

Para 6 personas:

1/2 kilo de fabes
300 gramos de almejas
1 cebolla
1 rama de perejil
Ajo
Azafrán
Aceite
Sal

A remojo las alubias desde la noche anterior, se preparan como indicamos más abajo, en el caso de Fabes estofadas. Conviene, sin embargo, que las cubra siempre el agua; adviértese, igualmente, que este plato no lleva pimentón. Aparte, se elaboran las almejas como si fueran a la marinera. Ya en su punto, se mezclan con las alubias y se las deja dar unos hervores, con el fin que cojan el gusto. Sazone con sal y azafrán; prosigue la cocción, lentamente, hasta que las alubias se pongan tiernas. Reposan unos minutos, antes de servirlas.

Fabes con manteca

Ingredientes

Para 6 personas:

1/2 kilo de fabes
150 gramos de manteca
1 cebolla
1 cucharada de harina
1 cucharada de vinagre
1 rama de perejil
Sal

Cuecen las habas con agua y sal. En una cacerola, aparte, se prepara un sofrito de cebolla, finamente picada, y manteca fresca; al dorarse la cebolla, se le incorpora una cucharada de harina. Ya todo bien mezclado, se agregan las alubias, removiendo para que todo mezcle bien; hierve por unos momentos. A la hora de servirlas, se agrega un poquito de vinagre y perejil picado.

Fabes con rau

Ingredientes

Para 6 personas:

1 kilo de fabes del cura
1 1/4 kilo de rabo de buey
1 cebolla
4 dientes de ajo
3 zanahorias
2 hojas de laurel
1 litro de vino tinto
Aceite
Pimentón
Sal

El rabo, en trozos, macera en una marinada hecha con las verduras y el vino durante 48 horas. Después se separan rabo, verduras y vino.

en sartén con aceite se saltean las verduras; se suma el rabo, que también rehoga, y por último se incorpora el vino. Cuece todo a fuego suave hasta que se reduzca la salsa.

Aparte, en cazuela, se mezclan las alubias (puestas previamente a remojo) con el preparado anterior y cuece todo lentamente hasta que esté a punto.

Se sirve muy caliente en la misma cazuela.

Fabes con uñes de gochu

Ingredientes

Para 6 personas:

1 kilo de fabes de la granja
5 manos de cerdo
1 oreja de cerdo salada
1 cebolla
1 pimiento verde
Salsa de tomate
3 dientes de ajo
Vino blanco
Perejil
Pimentón
Azafrán
Laurel
Aceite
Caldo
Sal

Fabes y oreja de cerdo, dispuestos en recipientes distintos, remojan en agua durante 24 horas. Las manos de cerdo, muy limpias, cuecen en agua con sal, unos cascos de cebolla y un diente de ajo; después se deshuesan y se reserva el caldo de cocción.

En una cazuela se disponen las alubias, cebolla, pimiento, ajo, laurel y perejil; se suma la salsa de tomate y el vino, se adereza con pimentón y azafrán y se riega con el caldo de cocción de las manos. A media cocción se añaden los trozos de oreja, cocidos aparte, y la carne de las manos, prosiguiendo el hervor lentamente hasta que esté a punto.

Reposa el guiso durante unas dos horas y, en el momento de servir, se calienta de nuevo.

Fabes estofaes

Ingredientes:

1/2 kilo de fabes de gloria o rojas
1 cebolla
1/2 pimiento
1 cucharada de pimentón
1 rama de perejil
Ajo
Aceite y sal

En un puchero con cebolla, ajo y perejil, todo finamente picado, se vierten las alubias, a remojo desde la víspera; se agrega pimiento natural troceado, pimentón y aceite, todo en crudo. Cuece a fuego no muy fuerte. Al final de cocción, se sazona con la sal precisa .

Fabes de mayo y patatas

Ingredientes:

2 kilos de fabones (habas de mayo o habas)
500 gramos de patatas nuevas
1 cebolla, 1 diente de ajo
2 chorizos
Pimentón dulce o picante al gusto
Aceite
Sal

Se pelan las habas (fabones) y se les quita la piel o tegumento exterior. Cuecen, después, en agua con sal junto con las patatas cortadas en trozos medianos.

Aparte se prepara un sofrito con la cebolla y el ajo al que se suma el pimentón y el chorizo desmenuzado. Se vierte sobre patatas y habas, se añade caldo o agua si fuere preciso, y prosigue la cocción hasta que esté a punto.

Se sirve, muy caliente, en cazuela.

Fabes y patatas

Ingredientes

Para 6 personas:

400 gramos de fabes de gloria o de la granja
200 gramos de patatas
2 chorizos
1/2 pimiento
2 dientes de ajo
1 rama de perejil
Azafrán
Aceite y sal

Procédese como en el caso anterior, sustituyendo el pimentón por el azafrán y agregando las patatas, cortadas en regulares trozos, cuando las alubias se hallen a media cocción.

Fréjoles con chorizo o jamón

Ingredientes

Para 6 personas:

1 1/2 kilo de fréjoles
2 cebollas
150 gramos de chorizo o jamón
100 gramos de aceite
Sal

Lavados y troceados los fréjoles se disponen, sobre la lumbre, en una olla con agua y sal. Aparte, se dispone un sofrito a base de cebolla picada y chorizo o jamón, también muy picado; se agrega a los fréjoles y se les da un hervor, con el fin de que todo mezcle bien. Hay quien lo sirve acompañado de trozos de huevo duro y patatas cocidas.

Fréjoles estofados

Ingredientes

Para 6 personas:

1 1/2 kilo de fréjoles
2 tomates
1 cebolla
Aceite
Sal

En una cacerola, se disponen los fréjoles lavados y troceados; se agrega al tomate, sin piel, y la cebolla, finamente cortada; súmasele, ahora, un pocillo de aceite deshu-

Pote asturiano *(página 146)*

mada y, todo en crudo, se deja cocer, sin agua, hasta su sazón. Si procede, se sala.

POTES

Fréjoles fritos

Ingredientes

Para 6 personas:

1 1/2 kilo de fréjoles
75 gramos de manteca
1 cebolla
1 pizca de pimienta negra
1 cucharada pequeña de vinagre
Sal

Una vez cocidos en agua, se colocan en el pasador con el fin de que escurran; se dispone en una sartén manteca cocida y cebolla picada que, bien dorada, se vierte sobre los fréjoles, junto con sal y pimienta negra. Ha de procurarse que todo esté bien dorado, con el fin de que los fréjoles resulten tiernos. A la hora de servirlos, se les agrega una cucharada de vinagre.

Garbanzos con bacalao y espinacas

Ingredientes:

500 gramos de garbanzos
250 gramos de bacalao
2 cebollas
2 dientes de ajo
Pan frito
Pimentón
Perejil
Laurel
Aceite
Sal

Cuecen los garbanzos, que desde la víspera estuvieron a remojo, con el bacalao desalado y troceado y laurel, hasta su punto. En una sartén se elabora un sofrito con aceite, ajo, cebolla y pimentón, que se agrega a los garbanzos. Aparte, se despojan los tallos a las espinacas, se lavan bien y se escaldan luego en agua hirviendo por unos minutos. Se pasan, seguidamente, por agua fría, se escurren, y picándolas se agregan a los garbanzos.

En un mortero, se macera pan frito, ajo, también frito, perejil y yema de huevo duro; se deslíe todo con un poco de caldo del pote y se agrega al cocido. Hierve lentamente hasta alcanzar su punto; reposa unos minutos y se sirve caliente en cazuela de barro.

Plato típico de Oviedo, cada 19 de octubre, para rememorar la efeméride de 1836, conocida con el nombre de desarme, que le valió a la capital del Principado el honroso título de Benemérita. Incluye, además, el menú, callos y arroz con leche.'

140

Menestra de verduras

Ingredientes

Para 6 personas:

1/4 kilo de alcachofas
1/2 kilo de judías verdes
1 kilo de guisantes
200 gramos de habas de mayo
1/2 kilo de patatas
2 pimientos
2 huevos
250 gramos de carne
80 gramos de jamón
1/2 cebolla
3 dientes de ajo
Vino blanco
3 ramas de perejil
Aceite
Sal

Limpias las judías verdes y despojadas de los bordes, se parten en pequeños trozos; se desprende, igualmente, la piel de las habas de mayo y junto con las judías se ponen a la lumbre en una olla, con agua y sal. Una vez cocidas, se desecha el agua y se reservan.

Por separado, se cuecen de igual manera los guisantes, junto con algunas vainas tiernas, a las que se habrá desprovisto de la piel interior; se les escurre el agua y se reservan igualmente. Otro tanto se hace con las alcachofas.

En una tartera aparte, se rehoga la carne, troceada y sazonada con ajo; cuando está dorada, se le agrega cebolla, ajo y perejil machacados en el mortero y mezclados con un poco de vino blanco. Cuecen hasta lograr su punto. Es entonces cuando se agregan a la carne todas las preparaciones anteriores (judías, habas, guisantes, etc.), junto con unos trocitos de jamón frito y patatas pequeñas, fritas con el jamón. Se añade el agua suficiente para que todo quede cubierto y se deja cocer lentamente. A la hora de servir, se colocan trozos de huevo duro.

Paella de carne, pescado y hortalizas

Aunque el nombre nos sorprende, la receta está incluida en una añosa libreta intitulada Cocina asturiana; copiamos al pie de la letra.

Recipiente: *la llamada paellera de paredes bajas*

Fuego: *de leña, que produzca llama grande; evite pino y eucalipto, que darían olor y sabor al preparado.*

Aceite: *de 50-60 gramos por persona. Ha de ser de muy buena calidad.*

Carne: *pollo, gallina o conejo y algunos trocitos de cerdo.*

Pescados y mariscos: *anguilas, langostinos, calamares y cigalas.*

Hortalizas: *Las más indicadas son las judías llamadas de peladilla, alcachofas, pimientos colorados, guisantes y un poco de perejil.*

Arroz: *de 75 a 100 gramos por persona. Ha de ser de muy buena calidad.*

Especias: *azafrán y sal.*

Se pone a la lumbre la paellera con el aceite, que se hará requemar y se sofríe la carne. Cuando esté bien sofrita, añadir las hortalizas y darles unas vueltas. Una vez bien sazonado y mezclado, se pone el arroz y con todo se da unas vueltas. Se agrega el agua hirviendo, a razón de 2 tazas de agua por una de arroz, y después la sal, azafrán, los pescados y los mariscos y el perejil. Se revuelve bien con la paleta para que mezcle todo y se pone a cocer. Cuando el caldo produzca mucho ruido y apenas se vea burbujas (unos 20 minutos después de haber puesto el agua), se quita la leña, dejando solamente unas brasitas donde estuvo el fuego. Sobre estas brasitas se pone la paellera durante unos cinco minutos y.... a la mesa.

Patatas con arbejos

Ingredientes

Para 5 personas:

500 gramos de guisantes desgranados
1 kilo de patatas nuevas pequeñas
Cebolletas (o cebolla)
Aceite
Ajo y sal

En una cacerola se ponen los guisantes y algunos trocitos de sus vainas (limpias de la telilla interior), agua, sal y un poco de aceite. Se deja cocer durante una hora escasa, añadiendo, a continuación, las patatas enteritas ya limpias y las cebollas pequeñas en trocitos no muy grandes. Se sigue cociendo hasta que esté a punto y, si se precisa, rectificando de sal. Una vez cocido todo, se escurre y se le agrega un sofrito de ajo.

Patatas con arroz

Ingredientes

Para 6 personas:

1 1/5 kilo de patatas
100 gramos de arroz
1 chorizo
1 cebolla
1 ajo
1 cucharada de pimentón
Aceite
Sal

En una cacerola con agua o caldo caliente y sal, se vierte el arroz y las patatas, previamente dispuestas. A media cocción se agrega un sofrito de cebolla, ajo y chorizo, todo muy desmenuzado. Prosigue la cocción a fuego manso hasta que alcanza el punto.

Patatas con carne

Ingredientes

Para 4 personas:

1 1/5 kilo de patatas
1/2 cebolla
200 gramos de carne
1 zanahoria
Ajo
Azafrán
1/2 vaso de vino blanco
1 rama de perejil
1 hoja de laurel
Aceite
Sal

En una sartén con aceite, se rehoga la carne, partida en regulares trozos, la cebolla y el perejil; se le agregan, luego vino blanco , agua y sal, dejándolo cocer hasta que alcance su punto. Pásase, seguidamente, a una cazuela y se junta con las patatas, peladas y cortadas en trozos, y la zanahoria. Puede sumarse la hoja de laurel. Agrégase caldo o agua y cuece lentamente, con una pizca de azafrán.

Patatas con sardinas arenques

Ingredientes

Para 4 personas:

1 1/4 kilo de patatas

3 sardinas arenques

Peladas y cortadas las patatas, se disponen en una cazuela con agua. A media cocción, se les agregan las sardinas arenques limpias, de manera que queden sobre las patatas. Prosigue la cocción hasta que alcance su punto.

Patatas de fraile

Ingredientes

Para 4 personas:

1 kilo de patatas

150 gramos de tocino o grasa

Sal

Bien limpias las patatas, sin desprenderlas la piel, cuecen a fuego manso en un puchero. Alcanzada la cocción, se machacan con una paleta o tenedor y se disponen en una sartén con tocino o grasa; se aplastan de nuevo y se les añade de nuevo grasa.

Patatas en salsa verde

Ingredientes

Para 4 personas:

1 kilo de patatas

100 gramos de jamón en lonchas finas

2 dientes de ajo

Media cebolla

Perejil

Vino blanco

Aceite

Harina

Sal

Se cuecen las patatas enteras y sin pelar; después se pelan y cortan en rebanadas de medio centímetro de espesor.

Se forman a modo de emparedados con dos rebanadas y una loncha de jamón, que, pasados por harina y huevo, fríen en aceite caliente. Después se disponen en una cazuela de barro.

Aparte, según se explica en el apartado correspondiente, se elabora una salsa verde que se suma a las patatas; se incorpora el vino y un poco de caldo y cuece todo junto unos hervores.

Se sirve en la misma cazuela.

Patatas guisadas

Ingredientes

Para 6 personas:

| 1 1/2 kilo de patatas |
| 100 gramos de cebolla |
| 1 tomate |
| 2 ajos |
| Perejil |
| 1 pimiento |
| Aceite, sal |

En una cacerola con aceite, se rehoga cebolla y ajo, menudamente picados; se les agrega pimiento, perejil y las patatas limpias y troceadas. Se rehoga un poco y se añade agua caliente o caldo, de manera que cubra los ingredientes, y una pizca de sal. Cuece lentamente.

Patatas marineras

Ingredientes

Para 4 personas:

| 1 kilo de patatas |
| 1 cebolla |
| 3 sardinas saladas |
| Ajo, aceite |

Disponga sobre el fogón una cacerola con agua y cebolla. Al primer hervor, agréganse las patatas, cortadas a rodajas; a la media cocción, se añaden sardinas saladas, previamente remojadas. Aparte, se prepara un guiso de ajo, que se vierte sobre el potaje; se mueve la cazuela y tras unos hervores ya está dispuesto para la mesa.

Pisto asturiano

Ingredientes

Para 6 personas:

| 1/2 kilo de cebollas |
| 1 kilo de pimientos |
| 1 kilo de tomate |
| 600 gramos de calabacín |
| Ajo |
| Perejil |
| Aceite |
| Sal |
| Huevos (si se desea) |

En una sartén se pone aceite y cuando esté caliente se le echa la cebolla picada muy finamente y el perejil, también muy pi-

144

cadito. Cuando esté empezando a hacerse se le agrega la sal y el pimiento muy picado (mejor aún, si previamente se asó). Cuando la cebolla esté bien pasada —operación que lleva mucho tiempo y que exige revolver continuamente para que no se pegue— se agrega el tomate limpio y troceado y el calabacín, que se habrá cocido previamente en cacerola aparte.

Se sazona nuevamente de sal si es necesario y se deja freír todo lentamente hasta que esté a punto. En ese instante, y sin dejar de remover, se agrega un huevo batido y se hace a punto. Puede servirse acompañándolo de trozos de huevo duro.

Potaje de castañas al modo de Tineo

Ingredientes

Para 3 personas:

500 gramos de castañas
1 cebolla
1 ajo
1 cucharada de pimentón dulce
Aceite, sal

Sobre el fogón, en una cazuela con agua se vierten las castañas; al romper a hervir, se retiran del fuego y se pelan; ya peladas, se colocan en una cacerola, con agua y sal; se les añade un sofrito de cebolla, ajo y pimentón dulce, continuando la cocción. Se comen calientes.

Potaje de garbanzos

Ingredientes

Para 6 personas:

500 gramos de garbanzos
1 cebolla
1 zanahoria
2 huesos
100 gramos de pata de cerdo
1 cucharada de nata cocida
1/2 lengua
Sal

Se cuecen los garbanzos, remojados desde el día precedente, en agua y sal, junto con una cucharada de nata y una zanahoria. Casi cocidos, se cambian a otra cacerola, con su respectivo caldo, donde habrá guisado la carne (el autor anónimo de la receta cita también carne de vaca y huesos). Todo junto, recibe unos hervores y se saca la mitad del caldo para hacer la sopa. Terminada la receta, el resto se servirá muy caliente en cazuela de barro.

Potaje de nabos con chorizo

Ingredientes

Para 6 personas:

4 kilos de nabos tiernos

1/2 cebolla

1/2 pimiento

2 chorizos

1 hoja de laurel

1 ramo de perejil

Caldo

Pimentón

Aceite

Sal

Pelados los nabos, se escaldan y blanquean en agua hirviendo ligeramente salada; después de refrescados en agua fría, se cuecen en caldo.

Aparte, en una sartén se prepara un guiso con cebolla, pimiento, perejil y chorizo picado, pimentón y laurel.

Se vierte el guiso sobre los nabos cuando éstos estén a medio hacer, se rectifica de sal y se prosigue la cocción hasta que estén blandos.

Pote asturiano

Ingredientes

Para 6 personas:

1 kilo de verduras (berzas)

200 gramos de fabes de la granja

1/2 kilo de patatas

3 morcillas

3 chorizos

200 gramos de lacón

50 gramos de tocino

150 gramos de costilla de cerdo

Aceite

Azafrán

Sal

Dada la significación del plato en la gastronomía asturiana, hemos elegido una receta antigua, que transcribimos sin quitar ápice: «Se pica la berza muy menuda y se pone a cocer en una olla con agua y sal. Pasados unos momentos de hervor, se saca la berza y, quitándole el agua primero, se pone de nuevo a cocer en otra agua junto con los chorizos, el lacón, previamente desalado, la costilla, el tocino y las patatas. Aparte se cuecen las habas (que pasaron la noche a remojo) y ya que estén cocidas, se juntan al potaje de berza con azafrán tostado. Se sigue hirviendo y, si fuera menester, se acude de nuevo a la sal. Debe procurarse que todo cueza mansamente y que no quede ni muy espeso ni muy caldoso. Este pote resulta mucho más sabroso si los ingredientes de chorizo, morcilla, costilla, etc., son frescos; sobre todo la morcilla, cuando es gruesa, la que se hace con el estómago del animal y que aquí llamamos xuan.»

Repollo con patatas

Ingredientes

Para 4 personas:

1 repollo de un peso aproximado al kilo

500 gramos de patatas

250 gramos de carne de puchero

150 gramos de tocino

2 chorizos

3 dientes de ajo

Aceite

Sal

En una cazuela con agua fría, se dispone, sobre el fogón, la carne, el tocino y el chorizo. A la hora de cocción, se agregan las patatas ya troceadas. En una cacerola se cuece el repollo en agua y sal; una vez cocido y escurrido, se añade a las patatas con los otros ingredientes, compangu; se elabora un sofrito de aceite y ajo, que también se vierte sobre el potaje, que cuece lentamente, hasta su reducción. Procure que no quede muy espeso.

Repollo relleno

Ingredientes

Para 4 personas:

1 repollo

250 gramos de carne picada

100 gramos de jamón

1 cucharada de grasa

1 cebolla

Conviene un repollo proporcionado y bien apretado. Colóquelo en un barreño con las hojas hacia arriba; se le vierte por encima agua hirviendo, hasta cubrirlo por entero, y se tapa. Permanece así algún tiempo, hasta que las hojas abran con facilidad.

Aparte, se tiene preparado el picadillo de carne, preferible de cerdo, y se va metiendo entre las hojas. Se cierra el repollo, procurando atarlo bien. En una cacerola con grasa, se dora la cebolla picada y el jamón muy troceado; una vez bien dorado se coloca sobre el repollo, agregando un poco de agua o caldo. Cuece bien tapado, cuidando que no se deforme.

Repollos con lacón

Ingredientes

Para 6 personas:

2 repollos de un kilo, aproximadamente, cada uno

1 lacón proporcionado

Lave con cuidado el repollo y pártalo en trozos no muy menudos; coloque parte del repollo en un puchero y, encima, el lacón entero; cúbralo con el resto del repollo. Vierte sobre todo él agua fría y dispóngalo sobre la lumbre. Tras el primer hervor, se pasa a fuego manso hasta su punto. Puede el lacón, si fuera su gusto, desalarse el día anterior; es aconsejable, sin embargo, no desalarlo, pues da mejor gusto al repollo. Se sirve en fuente, colocando sobre el repollo el lacón troceado.

POTES

Setas con almejas

Ingredientes

Para 4 personas:

1 kilo de setas
500 gramos de almejas
Media cebolla
2 dientes de ajo
Medio pimiento
Perejil
Azafrán
Guindilla
Vino blanco
Aceite
Sal

Las setas, limpias y cortadas en trozos grandes, se saltean en una sartén con la cebolla, el ajo, pimiento y perejil picados; cuecen después lentamente con un poco de vino blanco y se aderezan con el azafrán y la guindilla al gusto.

Cuando las setas están en su punto se suman las almendras y se espera a que abran. Seguidamente, se sirven.

Carnes

Cordero a la estaca *(página 163)*

Una fugaz leyenda asturiana, que sólo hemos localizado en una insignificante aldea del concejo de Tineo, de nombre Cabañas, narra cómo aquí tuvo lugar el primer asado de la Historia. La Humanidad, hasta entonces, había estado comiendo carne cruda.

Vivía en esta aldea un pastor de cerdos. Un día fuese al monte muy temprano y dejó la cabaña al cuidado de su hijo, muchacho entretenido que se puso a jugar con fuego, lo que produjo el incendio de toda la cabaña.

Sentóse el muchacho a cavilar en lo que iba a decir a su padre, cuando hasta sus narices llegó un olor desconocido, que le hizo la boca agua. Al escarbar entre los escombros encontró la camada de cerditos de su padre, enteros; como se quemara las manos, llevóselas a la boca, dando lugar así a que sintiera por primera vez el sabor de la carne asada. De inmediato se puso a devorar uno de los lechones.

En estas estaba cuando llegó su padre, al ver el desastre que le había ocasionado su hijo, quería estrangularle. Acertó el muchacho a poner un pedazo de aquella carne en la boca de su enfurecido padre. Sentir el delicioso sabor y calmar su enojo fue todo uno. Y ocultaron el descubrimiento.

Reconstruída la cabaña, con la ayuda de los vecinos, fueron éstos los que notaron, días después, que con alguna frecuencia en la cabaña se quemaba algo. Pusieron vigilantes y, semanas después, descubrieron el acontecimiento y llevaron el cuerpo del delito, un cerdo asado, a los ancianos del lugar.

Desde entonces, concluye la leyenda, ya los hombres no volvieron a comer más carne cruda. Si esta región nuestra, siempre según la leyenda, fue cuna de los asa-

dos, las recetas de carnes que aquí registramos, no tan abundantes, por razones de espacio, como tenemos preparadas y hubiéramos deseado, harán la boca agua y despertarán los jugos gástricos al más inapetente de nuestros lectores.

Consejos tradicionales

• Una buena carne de ternera ofrece estás características:

1.- Grano fino y abierto.
2.- Color rojo claro.
3.- Grasa blanca.

• No suelen ser buenas las carnes de color amarillento.
• Mejor que la sal, el azúcar en polvo conserva la carne.
• Debe la carne cortarse a través, con excepción de los filetes que se cortan en la dirección del hilo de la carne.
• La carne se conserva perfectamente en verano, guardándola cubierta de harina o salvado.
• Nada dice mejor al carnero guisado que los nabos tiernos; el guisado de carnero cuece por tres horas.
• El cordero recién muerto presenta las venas del pescuezo azuladas. Si fueran amarillentas o verdosas ofrece pocas garantías.
• Para ablandar las carnes duras hay varios procedimientos: machacarlas con fuerza por unos minutos; o rociarlas con vinagre antes de guisarlas.
• Al preparar la carne asada o frita, conviene echar la sal cuando está casi hecha, para que no se endurezca.
• La carne debe ponerse al horno a temperatura moderada; de este modo rinde más, pues se contrae menos.

CARNES

• Antes de asar la carne, úntese con jugo de limón, sal y manteca, así quedará más tierna y sabrosa.

• Los asados se rocían de vez en cuando con la propia salsa. Si ésta se acaba, añadir un poco de vino blanco en vez de agua, porque con el agua se endurece la carne.

• Las carnes de cerdo logran un mejor sabor si, antes de colocarlas en la sartén, se unta la parte grasa con un poco de canela molida.

VALOR NUTRITIVO DE LAS CARNES

Cada 100 gramos contienen	Hidratos de carbono	Proteínas	Grasas	Kilo-calorías
Carne de cabra	—	16	19	244
Carne de cerdo grasa	—	10	37	369
Carne de cerdo magra	—	19	7	143
Carne de cerdo muy magra	—	21	4	118
Carne de cordero	—	18	20	250
Carne de vaca grasa	—	14	24	293
Carne de vaca muy magra	—	22	2	111
Cordero asado	—	18	7,15	136
Chuletas ahumadas	—	15	22	272
Chuletas de cordero fritas	—	30,35	24	337
Jamón curado..............................	—	16	29	344
Jamón cocido	—	19	20	274
Ternera.......................................	—	16	3	91

Cabrito asado

Esta receta también puede aplicarse para asar cordero y lechazo)

Ingredientes

Para 6 personas:

1 1/2 kilo de cabrito
1/2 cebolla
2 dientes de ajo
1 rama de perejil
1 vaso de vino blanco
Hierbabuena
Tomillo
Aceite y sal

Con sal, ajo y perejil, machacados en el mortero, se prepara un adobo en el que se deja reposar el cabrito una hora al menos. Transcurrido este tiempo, se dispone en una fuente de barro con aceite, vino blanco, unas hojas de hierbabuena y un poco de tomillo u orégano; se cubre con unas rodajas grandes de cebolla y se mete al horno. Conviene darle vueltas de vez en cuando, para que se pase bien por todos los lados, a la vez que se le riega con su propio jugo. Sírvalo en la misma fuente y acompañado de una ensalada de lechuga.

Cachopo

Ingredientes:

2 filetes grandes, finos y aplastados
2 lonchas de jamón grandes
2 lonchas de queso
Ajo
1 huevo
Pan rallado
Aceite y sal

Se adoban los filetes con ajo y sal y se dejan reposar un cuarto de hora. Sobre uno de los filetes se dispone jamón; encima del jamón, queso, se cubre con el otro filete y se deja reposar otro cuarto de hora. Se envuelve todo en huevo batido y pan rallado y, por último, se fríe en una sartén con aceite caliente hasta que presenta color dorado.

Carne al uso de Caravia

Ingredientes

Para 4 personas:

600 gramos de carne de lomo
1 vaso de vino blanco
Mantequilla
Guarnición al gusto
Aceite y sal

Salada la carne, se dora en una sartén con aceite caliente. En una besuguera se mete al horno con el aceite que se doró; al cabo de un rato, se saca, se baña con vino blanco y se mete al horno por espacio de una hora. El jugo que hubiere soltado la carne se mezcla, en una sartén, con un poco de mantequilla y vino blanco. Se hierve. Colóquese la carne en una fuente, decórela al gusto y vierta sobre ella el jugo preparado en la sartén.

Carne almendrada

Ingredientes

Para 4 personas:

1/2 kilo de carne

100 gramos de almendra tostada

1 yema de huevo duro

Leche

Aceite y sal

Córtese en filetes un trozo de carne, cuidando no separarlos totalmente, es decir: deberán quedar al modo de las hojas de un libro. Se salan. En el mortero, se machaca la almendra pelada y tostada y, luego, se mezcla con la yema de un huevo duro y un poco de leche. Con esta pasta se rellena la carne y se enrolla, atándola con un hilo para que no pierda la forma. Después de pasarla por harina, se sofríe en aceite caliente en una cacerola. Se añade más leche y se mete al horno hasta que esté a punto. Es un plato exquisito y de fácil preparación. Si se hace en cocina de carbón o de leña, procúrese que ésta no sea de pino, laurel o eucalipto para evitar que transmita su sabor a la carne.

Carne asada

Ingredientes

Para 6 personas:

1 kilo de redondo para asar

1 cebolla grande

2 dientes de ajo

1 vaso pequeño de vino blanco

Perejil

Aceite y sal

Una hora antes de preparar este plato, se adoba la carne con ajo y sal. En el momento de prepararla, se ata con hilo fuerte, al objeto de que no pierda la forma, y se dora en una sartén con aceite caliente. Carne y aceite, se pasan a una cacerola. Se agrega cebolla, ajo y vino blanco y se deja cocer, removiendo de cuando en cuando para que no se pegue. Cuídese especialmente este detalle, por lo que deberá añadir caldo si fuera preciso. Cuando esté a punto, se retira la carne y se deja enfríar, se quita el hilo y se corta en rodajas finas. La salsa de la cocción se pasa por un pasapuré y se hierve lentamente para que quede jugosa. Se mezclan las rodajas de carne con la salsa, se dan unos hervores y se sirve caliente acompañada de patatas fritas u otra guarnición.

Carne con aguardiente

Ingredientes

Para 6 personas:

1 kilo de carne de ternera

1 pocillo de aceite

1 vaso de vino blanco

1 copa de aguardiente

Especias

Manteca

Aceite y sal

Limpia, cortada en trozos y adobada con ajo y sal, se fríe la carne en abundante aceite, hasta que esté bien dorada. Se agregan especias al gusto, un vaso de vino blanco y una copa de aguardiente. Se deja hervir, cuidando de añadir agua o caldo cuando lo necesite, hasta que esté completamente cocida. Finalmente, se coloca en una fuente de barro honda, en la que previamente se echó manteca y se calienta a fuego manso. Sírvase con ensalada o con patatas fritas.

Carne con salchichas

Ingredientes

Para 6 personas:

1 kilo de carne (tapa, babilla o solomillo)

10 salchichas

1 cebolla

1 copa de vino blanco

Puré de patata

Guisantes cocidos

Caldo

Aceite y sal

Con un cuchillo de punta fina, se hacen cuatro o cinco incisiones en el trozo de carne y se introducen en ellas las salchichas. Se sala y saltea en aceite caliente, hasta que la carne esté dorada y forme superficialmente una especie de costra. Se agrega una cebolla cortada en grandes trozos y se deja hacer. Cuando la cebolla esté en sazón, se añade caldo y una copa de vino blanco y se prosigue la cocción hasta que esté a punto. Se aparta la carne a una fuente y la salsa, pasada por el pasapuré, se vierte a una salsera.

Se sirve presentándola así: en el centro de una fuente se pone la carne en rodajas, cabalgando unas sobre otras. Alrededor, se disponen una especie de coronas, hechas con puré de patata, rellenas de guisantes cocidos y pasados por la sartén con grasa de freir las salchichas.

CARNES

Carne de pecho estofada

Ingredientes

Para 6 personas:

750 gramos de carne de pecho
1 cebolla
1 tomate
1 ramo de perejil
1 pocillo de vino blanco
Patatas, alubias, guisantes...
Ajo
Aceite y sal

Una vez adobados los trozos de carne, se disponen en una cacerola con aceite, vino blanco, cebolla, perejil, tomate y especias al gusto. Se cuece a fuego moderado, cuidando que no se seque, por lo que será preciso, probablemente, añadir caldo de vez en cuando. Cuando esté tierna la carne, se agregan patatas, alubias, guisantes... u otras legumbres, según el gusto de cada uno, previamente cocidas.

Carne de ternera al horno

Ingredientes

Para 6 personas:

750 gramos de carne de ternera
500 gramos de patatas
2 tomates
1 cebolla
1 cucharada de manteca
Medio pimento
Sal
Pimentón
Aceitunas
Pimienta

Se limpia la carne y se mecha con las aceitunas, sazonándola a continuación con sal, pimienta y pimentón. Se coloca en una asadera, rodeándola con las patatas que se habrán lavado y pelado previamente. Se corta la cebolla, el tomate y el pimiento en tajadas y se disponen sobre la carne, agregándole pedacitos de manteca (o aceite si se desea) y un cucharón de caldo para que no se seque. Cocínese en horno a temperatura moderada.

Carne en salsa de vino

Ingredientes

Para 4 personas:

4 filetes o chuletas de 200 gramos cada una
1 cebolla
1/2 vaso de vino tinto
1 ramo de perejil
Manteca
Harina
Pimienta negra
Sal

Las chuletas, o filetes, que para el caso es lo mismo, se pasan en la sartén con manteca muy caliente hasta que estén dorados. Se sacan a una cacerola y se cubren con la siguiente salsa: en la manteca que quedó en la sartén, que no deberá estar quemada, se echan dos cucharadas de harina y se doran hasta que presenten un cierto color oscuro. En ese momento se agrega agua caliente, vino tinto, perejil, cebolla, sal y pimienta. Se dan unos hervores. Se mezclan carne y salsa, y se cuece lentamente hasta que aquélla esté tierna y en su punto. Cuide que la salsa quede bien ligada.

Carne estofada

Ingredientes

Para 4 personas:

600 gramos de carne en trozos
1 pocillo de aceite
1 pocillo de caldo
1 pocillo de vino blanco
1 cebolla
Sal

Disponga en una cacerola la carne, el aceite, el caldo, el vino y la cebolla, todo en crudo. Póngalo a cocer, a fuego moderado, rellenando con agua, si fuere preciso. Cuando esté en sazón, saque la cebolla, pásela por la pasapuré y agréguela de nuevo con el caldo de la cacerola. Revuelva, deje que dé unos hervores más y sirva muy caliente.

Carne guisada

Ingredientes

Para 4 personas:

1/2 kilo de carne en trozos
1 cebolla
Perejil
Ajo
Manteca y sal

En una cacerola con cebolla, manteca, perejil, ajo y sal se dispone la carne, partida en trozos de regular tamaño. Se deja hacer lentamente, añadiendo agua o caldo de vez en cuando para evitar que se seque. Necesita unas tres horas de cocción. Media hora antes de terminar la preparación, se incorporan algunas patatas nuevas, pequeñas, enteras y pasadas por la sartén. Se rectifica de sal y, cuando esté a punto, se sirve caliente.

Carne mechada

Ingredientes

Para 6 personas:

1 kilo de carne
Varias tiras de jamón
Varias tiras de tocino
1 cebolla
1 zanahoria grande
2 dientes de ajo
1 tomate
1 pocillo de vino blanco
Aceite y sal

Con un cuchillo de punta fina, o con una aguja de mechar, se introducen en la carne las tiras de jamón y de tocino. Así mechada, se dora en una sartén con aceite muy caliente, añadiendo, después, cebolla, zanahoria y ajo en trozos grandes. Cuando esté frito todo, se incorporan el tomate y el vino blanco y se prosigue la cocción hasta que la carne esté tierna. Se aparta la carne a una fuente y, a la salsa que queda, se le agrega una cucharada de harina tostada y un poco de caldo; se hierve y se pasa por el chino. Se vierte la salsa por encima de la carne y se sirve, acompañada de patatas pequeñas hervidas.

Carne minera

Ingredientes

Para 6 personas:

1 kilo de carne
1 pimiento verde
1 yema de huevo
1 vaso de vino blanco
1 hoja de laurel
Caldo
Harina
Aceite y sal

En una cacerola se fríe cebolla y se rehoga en ella la carne partida en trozos. Se agrega pimiento verde picado, sal, laurel y un poco de harina, y se rehoga bien. Procúrese que el aceite sea abundante. Cúbrase de agua, o mejor de caldo, y déjese hacer despacio. Momentos antes de retirar la cacerola del fuego, se deslíe una yema de huevo en un vasito de vino blanco y se vierte sobre la carne y se siguen dando unos hervores. Para aumentar el plato, puede acompañarse de patatas fritas.

Carne rellena

Ingredientes

Para 6 personas:

750 gramos de carne de tapa o falda
50 gramos de carne picada
1 cebolla
1 vaso de vino blanco
Perejil
Pimienta
Aceite y sal

Prepárese la carne adecuadamente para ser rellenada, en forma de filete grande, delgado y bien aplastado. Se adoba con ajo y, al cabo de un rato, se dispone sobre ella el perejil, la carne picada, el huevo duro, trozos de pimiento, jamón, sal y pimienta. Se enrolla y ata con hilo fuerte, cuidando de cerrar bien los extremos, y se dora en una sartén con aceite caliente. Una vez dorada, se prosigue la preparación igual que se indicó para la carne asada.

Cochinillo asado

Ingredientes:

1 cochinillo de 1 mes escaso
5 dientes de ajo
1 vaso de vino blanco
Orégano
Laurel
Sal

Es un plato que, en los últimos años, está adquiriendo carta de «tradicional» en la Navidad asturiana. Preparado el cochinillo, limpio, lavado y seco, se unta con un poco de manteca ablandada, sal, ajo y orégano. Esta operación debe realizarse tanto por el interior como por el exterior del animal. Debe reposar, así, varias horas. Se coloca en una cacerola de barro honda, en la que se habrán echado unas ramitas de laurel, sin hojas, y el vino blanco. Se mete al horno y se asa a fuego manso, lentamente, regándolo con su propio jugo a medida que vaya haciéndose. Pínchelo de vez en cuando, lo que facilita el asado y la formación de la corteza exterior crujiente. Sírvase en la propia fuente, muy caliente, y acompañado de una buena ensalada de lechuga, tomate y cebolla.

Cordero asado al horno

Ingredientes

Para 6 personas:

2 kilos de pierna de cordero
3 dientes de ajo
1 ramo de perejil
1 copa de brandy
Orégano
Aceite y sal

El cordero asado fue siempre plato importante en Asturias, compitiendo en calidad y exquisito paladar con las mejores preparaciones de nuestro vecino Reino de León. En los últimos años, concretamente a partir de 1944, se está extendiendo la costumbre, iniciada en el Concejo de Quirós, de prepararlo «a la estaca» según una receta facilitada por Antón Viejo, emigrante en la Argentina, y que, según parece, trajo de la Patagonia. Este es el origen de la llamada Romería del Cordero, que se celebra el primer domingo de julio en el Alto de la Cobertoria (Quirós).

Elija una pierna de cordero tierna, límpiela de sebo y tendones y adóbela con sal, ajo, perejil y orégano machacados en el mortero. Déjela reposar en este adobo de dos a cuatro horas. Pasado este tiempo, colóquela en una fuente de barro, riéguela con un poco de aceite muy caliente y métala al horno. Procure, de vez en cuando, darle vueltas para que dore por todos los lados, a la vez que la baña en su propio jugo. A media cocción conviene agregarle una copa de brandy o de vino blanco, con lo que conseguirá un mejor asado y más agradable paladar. Suele tardar unas dos horas abundantes en estar a punto. Sírvalo trinchado en una fuente. Acompáñelo de una buena ensalada de lechuga.

Chuletas de cerdo

Ingredientes

Para 6 personas:

12 chuletas
2 dientes de ajo
1 rama de perejil
1/2 cucharada de orégano
Pimentón
Aceite y sal

Prepare un adobo con aceite, ajo, perejil, orégano, sal y pimentón, machacado todo en el mortero. Unte con él las chuletas y déjelas reposar por espacio de una hora como mínimo. Fríalas en aceite caliente, hasta que ofrezcan un apetitoso color dorado.

Chuletón de ternera a la parrilla

Ingredientes:

1 buen chuletón de ternera por persona
Ajo
Pimientos
Zumo de limón
Aceite y sal

Para tener éxito con este plato se requiere:

1. Disponer de unas buenas chuletas de excelente ternera o buey cebón, de unas dos pulgadas de grosor, cortadas del lomo alto. 2. Preparar una parrilla sobre fuego de leña de roble; nunca de pino, laurel o eucalipto.

Supuestos estos condicionamientos, procédase así:

Pónganse a macerar las chuletas, durante unos minutos, con un poco de aceite, ajo machacado y zumo de limón. Seguidamente, ásense en una parrilla, cuidando de darles vueltas de cuando en cuando para que pasen bien por ambos lados. Rocíense con aceite para evitar que resulte demasiado secas. Si la operación se efectúa bien, deberán quedar doradas por fuera y muy jugosas en el interior. Antes de retirarlas de la parrilla se rectifican de sal. Para servirlas a la mesa se disponen en una fuente caliente, acompañadas de una guarnición de pimientos asados enteros, limpios de piel y semillas.

Cachopo *(página 153)*

Filetes de ternera al uso de Cornellana

Ingredientes

Para 6 personas:

6 filetes de buen tamaño

6 cortezas de pan frito

1/2 taza de caldo

Ajo

Harina

Aceite, manteca y sal

Preparados los filetes y adobados con ajo y sal, se saltean a fuego vivo en manteca muy caliente. Aparte, en otra sartén, se fríen en aceite cortezones de pan, procurando que sean del mismo tamaño que los filetes. Ambos, filetes y cortezones, se disponen en una fuente y se bañan con una salsa formada con el sobrante de freír los filetes, harina y media taza de caldo. Se servirá muy caliente.

Filetes de ternera al uso de Tineo

Ingredientes

Para 6 personas:

6 filetes de ternera de unos 150 gramos cada uno

2 huevos batidos

1 vaso de leche

Pan rallado

Aceite y sal

Prepárese un batido de huevo y leche y déjense remojar en él los filetes, que habrán de estar limpios de nervios, lavados y secados con un paño. Después de un cuarto de hora de remojo, se sacan, se salan, se pasan por pan rallado y se fríen en aceite caliente.

Filetes empanados tradicionales

Ingredientes

Para 6 personas:

1 filete grande por persona (150 gramos)

2 huevos batidos

Ajo

Pan rallado

Aceite y sal

La sencilla ejecución de este plato requiere una esmerada preparación inicial de los filetes, que han de estar limpios de nervios, ligeramente aplastados y convenientemente sazonados con ajo machacado. Después de reposar media hora, se salan, se rebozan en huevo batido y pan rallado y se fríen en aceite no excesivamente caliente. Generalmente se sirven acompañados de patatas fritas, ensalada de lechuga y tomate u otra guarnición similar.

Lacón relleno

Ingredientes:

1 lacón
100 gramos de jamón
3 zanahorias
1/2 cebolla
2 cebollitas
1 rama de perejil
1 cuarterón de vino blanco
2 huevos duros
Caldo
Sal

Se quita la piel a un lacón con cuidado de no estropearla. La carne que se obtenga de él se pica junto con el jamón, una zanahoria, un poco de cebolla y perejil, y huevos duros. Con aguja e hilo se cose por un lado la piel del lacón, que habrá de quedar a modo de saco. Se rellena con todo lo picado, se termina de coser y se dispone en una cacerola con grasa, dos cebollitas enteras, un cuarterón de vino blanco, caldo, sal y dos zanahorias.

Se tapa bien la cacerola y se deja cocer. Se sirve junto con la salsa, previamente tamizada.

Lechazo asado a la brasa

Ingredientes

Para 10 personas:

1 lechazo de unos 5 kilos
1 cabeza de ajos
Grasa de tocino
Sal

Se parte el lechazo en cinco trozos y después de frotarlos con ajo abundante, se espolvorean con sal. Prepárese un buen fuego con leña de roble y cuando haya formado brasa, coloque la parrilla y, sobre ella, el lechazo. Al empezar a dorarse rocíelo con pequeñas cucharaditas de grasa de tocino, dándole vueltas para que pase bien por todos los lados. Sírvalo en fuente de barro caliente, acompañado con ensalada del tiempo.

Lomo de cerdo a la crema

Ingredientes:

1 cinta de lomo de cerdo
Medio litro de nata líquida
Mantequilla
Sal
Pimienta

Se corta el lomo en rodajas, un día antes de su elaboración, que se adoban con sal y pimienta negra molida.

Se fríen en mantequilla, vuelta y vuelta; se incorpora la nata y prosigue la cocción hasta que la salsa quede suficientemente espesa.

Ha de procurarse especial atención en que el preparado no pegue en el fondo de la sartén o cacerola; por eso conviene, de vez en cuando, agitar suavemente.

Se sirve acompañado de una guarnición de legumbres o de patatas fritas.

Lomo de cerdo a lo probe

Ingredientes

Para 6 personas:

1 kilo de lomo de cerdo
Vinagre
Aceite y sal

Se limpia y corta en pedazos, se adoba con sal y vinagre y se deja en maceración varias horas. Se fríe en aceite y se sirve acompañado de patatas fritas.

Lomo de cerdo adobado

Ingredientes

Para 6 personas:

1 kilo de lomo de cerdo
Ajo
Perejil
Orégano
Pimentón
Aceite y sal

En muchísimos pueblos asturianos es tradicional invitar a los allegados y familiares a la llamada «comida o cena del gochu»; es decir, a la comida o cena en que «se prueba» el cerdo sacrificado días antes. Por regla general, el menú consiste en:

Sopa de hígado (*sopes de fégadu*).
Pote, fabada o paella.
Lomo de cerdo (*adobu*).
Arroz con leche.
Café, copeo y... partida a la brisca.

De todos estos platos se dan recetas en los capítulos correspondientes. Aquí hablaremos del *adobu*.

Comienza la preparación de este plato cortando el solomillo en filetes, a los que se adoba con aceite, ajo, sal, orégano y pimentón bien mezclados en el mortero. Después de reposar una hora en el adobo, se fríen en aceite caliente y se sirven acompañados de patatas fritas y pimientos asados.

Lomo de cerdo con castañas

Ingredientes

Para 6 personas:

1 kilo de lomo de cerdo
1 1/2 kilo de castañas
1 vaso de sidra o vino blanco
Manteca y sal

Es un plato de antigua tradición asturiana muy indicado para la Navidad.

Preparación del lomo: Una vez limpio y deshuesado, se asa en el horno, debiendo quedar dorado por fuera y jugoso por dentro. Para ello es suficiente espolvorearlo con sal, mojarlo con manteca derretida y meterlo al horno en una fuente de asar. De vez en cuando se riega con su propia salsa y, cuando esté dorado, se le quita la grasa que soltó y se baña con la sidra. Se deja reposar, reservando la sidra y la salsa anterior para preparar el jugo que luego se dirá.

Preparación de las castañas: Pueden presentarse enteras o en puré. Ambas formas se preparan igual. Después de peladas, se escaldan unos minutos en agua hirviendo; se les quita la piel interior y se ponen en una cacerola ancha con agua que las cubra, sal y mantequilla. Se cuecen. Ya cocidas, se les escurre el agua para que se conserven enteras. En el centro de una fuente se dispone el lomo cortado en rodajas; alrededor, las castañas y todo ello se baña con el jugo formado con la salsa y la sidra de asar el lomo.

Lomo de cerdo con leche

Ingredientes

Para 6 personas:

1 kilo de lomo
1/4 litro de leche
Perejil
Ajo
Sal

Se adereza el lomo con ajo y sal, dejándolo reposar así una dos horas. Luego, junto con la leche, se coloca en una tartera a fuego fuerte, cuidando de darle vueltas de vez en cuando y de rociarlo con la leche o jugo que queden. Ya en su punto, se sirve bañado en su propio jugo y acompañado de patatas salteadas adornadas con perejil.

Medallones de ternera a la asturiana

Ingredientes

Para 6 personas:

1 kilo de carne de babilla

Tiras de tocino

1 cebolla

3 dientes de ajo

1 ramo de perejil

1 vaso de sidra

1 cucharada de harina

1 taza de guisantes cocidos

1 pimiento

Caldo

Aceite y sal

En una tartera con aceite se dora cebolla picada muy fina y, después, se añaden los ajos y el perejil. Sobre estos ingredientes se vierten un culín de sidra natural y se continúa la cocción hasta que desaparezca casi toda la sidra. En ese instante se agrega la harina y, ya bien dorada, el caldo, los guisantes cocidos y la sal.

Aparte, se hacen los medallones y después de mecharlos con tiras de tocino, se pasan por la sartén. Se disponen en la tartera y se cuecen con la salsa, mantener algo más de media hora. Se sirven acompañados de pimientos asados.

Pecho de carnero con nabos

(El recetario consultado, que data de 1905, avisa lo siguiente: Los nabos tiernos dicen muy bien con el carnero. Si a un guisado de carnero se le acompaña con puré de nabos, éste debe mezclarse con un par de cucharadas de crema espesa.)

Ingredientes

Para 6 personas:

12 trozos de pecho de carnero

1 cebolla

2 zanahorias

1 hoja de laurel

2 tazas grandes de caldo

2 nabos

Pimienta

Manteca y sal

En el fondo de una cazuela se colocan rodajas de cebolla; sobre ellas, los trozos de carnero, las zanahorias picadas y el laurel. Se rocía con una taza de caldo y se cuece a fuego suave hasta que la salsa desaparezca casi por completo. En ese instante se adereza con sal y pimienta, se moja con otra taza de caldo y se prosigue lentamente la cocción unas dos horas más. Cuando esté tierno, se retira de la cazuela y la salsa de la cocción se pasa por un pasapuré.

Aparte, se doran en manteca los nabos hechos tajadas. Se disponen, luego, en el fondo de una fuente de barro; sobre ellos, los trozos de carnero y, finalmente, se baña todo con la salsa. Se dan unos hervores más y se sirve caliente en la misma fuente.

Rollo de carne

Ingredientes

Para 6 personas:

600 gramos de ternera picada

150 gramos de jamón

3 cucharadas de pan rallado

2 huevos

1 vaso pequeño de vino blanco

1/2 cebolla

Aceite y sal

Bien picados la carne y el jamón, se mezclan con tres cucharadas de pan rallado y un huevo batido. Se amasa todo, se forma el rollo y se reboza en huevo batido y pan rallado. En una sartén con aceite caliente se dora el rollo; se coloca, después en una besuguera rociándolo por encima con vino blanco y el aceite de dorarlo. Se cubre con rajas de cebolla y se mete al horno. Estará en su punto cuando al clavarle un palillo, éste salga limpio.

Rollo de carne a la importancia

Ingredientes

Para 6 personas:

300 gramos de magro de ternera

300 gramos de magro de cerdo

150 gramos de jamón

50 gramos de tocino de jamón

3 huevos

1 cebolla

Perejil

Harina

Aceitunas

Aceite y sal

Picar en crudo las carnes, el jamón, el tocino, el perejil y las aceitunas. Amasar con dos huevos batidos y sal y dar a esta masa la forma de rollo. Pasarlo por harina y rebozar con huevo y pan rallado. Freír el rollo en manteca o aceite y, después, cocerlo en agua o caldo a la que se añadió cebolla rehogada y un poco de harina tostada.

Rollos de carne a la moderna

Ingredientes:

1 filete por persona
1 loncha de jamón o tocino veteado
Cebolla
Tomate
Zanahoria
Caldo
Aceite y sal

Preparados los filetes, se sazonan con sal. Sobre cada uno se dispone una loncha de jamón, se enrollan y amarran con hilo fuerte y se saltean en una sartén con aceite y cebolla. Cuando estén dorados, se pasan a una cacerola con tomate, zanahorias y caldo y se hierven hasta que estén tiernos. Ya en su punto, se apartan los rollos, se les quita el cordel y se sirven bañados con su salsa, pasada por el tamiz.

Aves y caza

Liebres, conejos y perdices *(páginas 176, 180, 186)*

Si no es muy abundante la literatura gastronómica, por lo que se refiere a volatería y caza, en Asturias, la documentación sobre su historia, como demostrarán los ejemplos que desgranamos, es abrumadora.

Ya por una donación al monasterio de Corias, datada en el año 1100, sabemos de la importancia que en nuestra región tenían los útiles de caza, al incluirse en dádiva tan importante seis canes sabuesos y diez venablos con sus vocinas. A partir de este dato, ocultando entre leyenda y tradición al rey Fabila, la documentación, insistimos, se vuelve inabarcable. Dentro de las monterías asturianas, tema tan bien tratado por el maestro Juan Uría Ríu, de feliz recuerdo, y en el que contamos con buen aparato documental, el Coto de Pajares lleva la mejor parte. De su importancia habla ya la *Carta de venta de la Villa de Pajares hecha por don Pedro Alonso de Escalante a don Alonso Enríquez, almirante de Castilla*. El documento, todavía inédito, que se custodia en el Archivo Histórico nacional, lleva fecha de 1423. En este mismo Archivo hemos dado con otro preciado documento del año 1642. El título es sobradamente elocuente: *Auto sobre que fueran para el Rey los conejos del Coto de Pajares*.

También es tema para poetas que, desde el romancero, enmarcan ya buen número de obras en una escena de caza:

—«*A cazar va el caballero,*
a cazar como solía;
los perros lleva cansados,
el falcón perdido había.
En una rama más alta,
viera estar una infantina;
cabellos de su cabeza
todo el roble cabrían.»

Y ya no digamos de los bablistas. Bruno Fernández Cepeda, clérigo y poeta del siglo XVIII, por citar un caso, decía así:

—«*También tenemos gallines,*
pavos, palombos a manta;
capones, gansos, coríos;
y d'animales de caza
hai la llebre en cualquier matu,
la perdiz, en cualquier bardia,
la arcea en cualquier regón,
el tordu en cualquier rimada,
la corniz en cualquier sucu,
la torcaz en cualquier rama,
el glayu en cualquier camín
y el picu en cualquier furaca.
Y de les aves del mar
tópense en cualquier regata
el caraván, el coríu,
el cuervu marín, la garza,
el gansu, la gallineta,
el mazaricu, la gacha,
el oliancu, el estornín,
el corrín de l'Irlanda.

...

Si ye de caza mayor
en cualquier fondigonada
hai xabalinos tan grandes
ques puestos ena palanca,
apuxen por sostenelos
homes de bona puxanza.
Hai oso y angunu entr'ellos
que los caxellos abrasa:
les abeyes bien lu piquen,
pero con tou ño escarma.
¿Y quien ver qué entamu tien
el malditu de la trampa
para comeios la miel?
Con el caxellu s'abraza,
y sufriendo los guixones,
ya d'esta que lu taraza

en focicu, ya de l'otra
que lu pica na garganta,
aquella nun corvión,
aquest'otra nuna yarga,
vase gufando hacie el ríu,
y elli el caxellu se zampa,
y afogaes les obeyes,
la miel (¡mal bregón!) se papa.
Destos hai munchos, señor,
y unes besties son tan braves,
que si s'agarren d'un árbol
danguna vez y se enfaden,
coles uñes nun instante
como un paliquín lu esgañen.
Yanquei tiren con dos bales,
¿piensa qué marcha? Non marcha,
que vien a buscar el tiru
del fogón pela llapada.
Del robezu más gustosa
y segura ye la caza:
pelos cerros y les sierres
enes pigurutes anda,
y lixeru com'el vientu
sin tocar al suelu, salta,
salvando los percipicios
y sorbiendo les distancies.
Esguilando pales peñes,
tien que andar el que los caza,
más en el aire que en tierra;
y cuandu con elli enllana,
amecha i un par de bales,
y taraminga i la llama;
y el animal arrollando
por una cuesta emprunada,
a picos picañis bien
fasta dar ena llanada.
Non falten llobos y corcios
y otra mucha cafarnaya
de veraos y llebratos,
que los eros nos abrasan...»

Tras estos testimonios ya no pecamos de exagerados si para final afirmamos que Asturias es una de las regiones más completas de España en cuanto a volatería y caza se refiere. Del valor de estos platos seguidamente le daremos cuenta.

Consejos tradicionales

• Los animales de caza se dividen, tradicionalmente, en caza de pelo (ciervo, corzo, jabalí, conejo, liebre, etc.) y caza de pluma (perdiz, codorniz, faisán, urogallo, etc.).

• La carne de los animales de caza tiene menos grasa que la de los domésticos; favorece la formación de la sangre, y bien preparada, es de fácil digestión.

• Brillat Savarin recomendó colgar la caza hasta que ofrezca los primeros indicios de putrefacción; de este modo se consigue «de forma natural» que esté más tierna.

• Reglas para distinguir los animales jóvenes de los adultos:

1. El pollo joven tiene el plumón largo y sedoso y la piel fina y ligeramente rosada.
2. El pavo joven tiene las patas negras y finas y los espolones cortos; es más fina la carne de pava.
3. El capón joven tiene una vena saliente al lado del estómago.
4. La perdiz joven tiene las patas de color claro y la parte inferior del pico tierna y fácil de doblar.
5. Los conejos y las liebres jóvenes tienen entre las coyunturas de las patas delanteras un bulto del tamaño de una lenteja.
6. El pichón joven tiene el vientre y la espalda de tono rosado, así como el cuello y las patas gruesas.

• Para reblandecer las carnes, en Asturias se prepara el siguiente adobo: 2 litros

172

de suero de mantequilla, 2 cebollas bien troceadas, 3 zanahorias, 2 hojas de laurel, clavo y granos de pimienta. Para la caza fresca basta con dejar la pieza una noche en este adobo.

• Para blanquear la carne de conejo basta con ponerle en una cacerola con agua fría y calentar hasta que hierva; se saca el conejo y se introduce en otra cacerola con agua fría, donde permanece por espacio de una hora.

• Antes de guisar piezas de caza o volatería que no sean frescas conviene desplu-marlas, vaciarlas y rociarlas con zumo de limón.

• El relleno de fabes resulta exquisito para toda clase de volatería.

• Las carnes de caza adquieren un sabor exquisito cuando se las frota con cebolla antes de introducirlas en la sartén o en el horno.

• Cuando la carne de pollo o gallina es extremadamente dura, se disuelve en leche un poco de bicarbonato y se añade un poco de vino blanco, se vierte en la cacerola que lo contenga y así se reblandece.

VALOR NUTRITIVO DE AVES Y CAZA

Cada 100 gramos contienen	Hidratos de carbono	Proteínas	Grasas	Kilo-calorías
Aves de caza	—	13	3	79
Ciervo..	—	16	3	93
Conejo..	—	20	2	99
Conejo en salsa	0,32	20	5,7	133,4
Gallina de caldo	—	20	13	200
Ganso...	—	15	20	230
Pato..	—	15	14	194
Pollo en salsa..............................	0,85	10	15,3	181
Pollo frito	—	15	4	107

Arceas al gusto de Doña Elvira

(La arcea es el nombre que en muchas zonas asturianas dan a la becada)

Ingredientes

Para 4 personas:

4 arceas
8 rajas de tocino
1/2 vaso de vino blanco
2 cucharadas de nata de leche
1 cucharada grande de harina
Zumo de un limón
Manteca, caldo, sal
Tostadas de pan frito

Se limpian quitándoles plumas y tripas, aunque dejando en su interior los menudillos (hígado, molleja, corazón...); después se soflaman para eliminar posibles parásitos; por último, se lavan al chorro de agua y se secan con un paño. Se salan y envuelven con dos rodajas de tocino y bien atadas con hilo fuerte se doran en una cazuela con manteca fresca caliente. Ya doradas y algo tiernas, se separan a un plato y se reservan. En la manteca que quedó en la cacerola se deshacen los menudillos, fritos con las aves, y se añade la harina, el vino blanco, el caldo y el zumo de limón. Cuando la salsa esté desleída se echan en ella las arceas partidas en trozos y se prosigue lentamente la cocción. Se sirven dispuestas en una fuente sobre tostadas de pan frito y cubiertas con la salsa, a la que momentos antes se agregó la nata.

Capón con berza

Ingredientes

Para 4 personas:

1 capón de 1 kilo
6 lonchas de tocino o de jamón
4 hojas de berza o de lombarda
Aceite, especias, sal

Después de desplumado, limpio, sazonado y frito el capón, se recubre con lonchas de tocino o jamón y se envuelve externamente con hojas de berza. Se ata bien con hilo fuerte, se dispone en una cazuela con agua y especias al gusto y se cuece a fuego moderado hasta que esté a punto. Antes de terminar la cocción conviene rectificar de sal.

Capón guisado

Ingredientes

Para 4 personas:

1 capón de 1 kilo
1 cebolla grande
150 gramos de nabo en trozos
2 ramas de perejil
Aceite, sal, especias

Se corta el capón, que ya estará dispuesto y limpio, en trozos medianos, y se fríen éstos con manteca o aceite en una cazuela. Se añade después cebolla finamente picada, trozos de nabo, perejil, especias y agua; se cuece a fuego moderado hasta que esté tierno, rectificando de sal a media cocción, si fuere necesario.

Capón relleno asado

Ingredientes

Para 4 personas:

1 capón de 1 kilo
100 gramos de jamón cortado en trozos
50 gramos de ciruelas pasas remojadas
100 gramos de castañas pilongas
2 vasos de vino rancio
Manteca, aceite, orégano, sal

El día anterior a la preparación del capón se prepara un relleno con jamón, ciruelas y castañas pilongas cocidas, sofrito todo en manteca y rociado con vino blanco. Desplumado, limpio y salado el capón, se rellena con el preparado anterior y, cosidas todas las aberturas, se dispone en una fuente honda, o en una pavera, con aceite, orégano, un poco de vino rancio, y se mete al horno. A medida que se asa, suelta jugo, y se baña con él. Bien asado, se trincha, se coloca en el fondo de la fuente el relleno y sobre él los trozos obtenidos.

Codornices asadas

Ingredientes

Para 4 personas:

1 vaso de vino blanco
4 codornices
1/2 kilo de patatas pequeñas
4 lonchas de tocino salado
Manteca de cerdo
1 cebolla
Ajo, pimiento, perejil

La papayuela, nombre que en muchas zonas rurales asturianas dan a la codorniz, fue antaño ave frecuente en nuestros prados y sembrados: «*La corniz en cualquier sucu*», como apuntamos en la introducción. En la actualidad, debido a lo incontrolado de su caza, prácticamente ha desaparecido de nuestra región. Entre la copiosa documentación consultada, relativa a la preparación de esta ave, elegimos la siguiente: Después de desplumadas, soflamadas y limpias, se untan las codornices por dentro con manteca de cerdo y se las rellena con una loncha muy fina de tocino salado. Aparte se prepara un sofrito de cebolla muy picada, ajo, pimiento y perejil. Se agrega este sofrito a las codornices, dispuestas ya en una cacerola, se las riega con el vino blanco y se cuecen a fuego lento. Se preparan en el centro de una fuente rodeadas de patatas pequeñas fritas.

Conejo asado

Ingredientes

Para 6 personas:

1 conejo de 1 1/2 kilo
2 dientes de ajo
1 cebolla grande
1 tomate
1 cucharada grande de harina tostada
1 hoja de laurel
1 trozo de limón
1 patata grande
Caldo, aceite, sal

Conviene que el conejo, una vez despellejado y limpio, se deje orear al sereno al menos durante una noche. Para prepararlo se trocea en pedazos medianos que se fríen en una cazuela con aceite caliente hasta que estén dorados. Aparte, en una sartén, se fríen la cebolla menuda, el tomate y una cucharada de harina tostada; se añade caldo, laurel y limón; se dan unos hervores y se agrega a la cazuela donde está el conejo frito. Se sazona con sal y se cuece a fuego lento. Junto con el conejo se cuece también una patata grande que se machacará en el almirez con los dientes de ajo. Ésto, agregado a la salsa, servirá para espesarla. Antes de servir a la mesa se quitan la hoja de laurel y el limón.

Conejo con nueces o avellanas

Ingredientes

Para 6 personas:

1 conejo de 1 1/2 kilo
2 dientes de ajo
100 gramos de nueces o avellanas
Miga de pan
Especias a gusto
Caldo
Aceite, sal

En una cacerola, o fuente honda de barro, se dispone el conejo, que el día anterior se habrá limpiado y puesto al sereno, y se fríe en aceite muy caliente. Después se añade la suficiente cantidad de caldo, se sazona con sal y se cuece a fuego moderado. En un mortero se machacan ajos, nueces o avellanas, miga de pan y especias, formando una especie de salsa que se agrega al conejo cuando esté casi hecho. Se prosigue la cocción hasta que todo esté a punto.

Conejo de monte

Ingredientes

Para 6 personas:

1 conejo de 1 1/2 kilo
1 cebolla
200 gramos de guisantes tiernos
Caldo
Manteca, sal, ajo

Conejo guisado *(página 178)*

Es sobradamente conocido que este conejo es muchísimo más sabroso que el criado en casa.

Se recomienda prepararlo así: después de aireado una noche, ya adobado, se corta en trozos siguiendo las uniones de los huesos siempre que sea posible. Se dora en manteca de vaca y se dispone en una cacerola o fuente de barro. En la misma manteca de dorar el conejo se fríe cebolla para, seguidamente, agregarle los guisantes tiernos. Se da a todo unas vueltas, se agrega un poco de caldo y se vierte esta mezcla sobre el conejo que continuará su cocción a fuego moderado hasta que esté a punto.

Conejo guisado

Ingredientes

Para 6 personas:

1 conejo de 1 1/2 kilo
1 cebolla grande
3 dientes de ajo
1 vaso de vino blanco o tinto
Aceite, sal, especias al gusto

Igual que en el caso anterior, se trocea el conejo siguiendo las uniones de los huesos y se fríe en aceite caliente. Tanto los trozos de conejo como el aceite de freírlos se disponen en una cazuela con ajos, cebolla picada, especias y vino. Se agrega el caldo o agua precisos y se deja cocer a fuego lento. Como el conejo está adobado desde el día anterior, probablemente no necesite sal durante la cocción; pero si la necesitase, se añadirá cuando esté a medio cocer. Poco antes de servirlo, y con objeto de espesar la salsa, se fríe el hígado del conejo y se machaca en el almirez con un poco de caldo. Se agrega a la salsa y se dan unos hervores.

Gallina a la Tía Tuca

Ingredientes

Para 6 personas:

1 gallina
3 pimientos pequeños
3 tomates
1 cebolla
1 vaso de vino blanco
1 litro de leche
1 limón
50 gramos de manteca
Sal, pimienta

Limpie muy bien la gallina y córtela en trozos de regular tamaño. Ponga la manteca en una cacerola al fuego y dore en ella los trozos de gallina; sazone con sal y pimienta y agregue la leche. Limpie los pimientos y tomates de piel y semillas, píquelos finamente al igual que la cebolla y añádalo todo a la preparación anterior cuando empiece a dar los primeros hervores. Reduzca el fuego, agregue el vino blanco y el zumo de limón y mantenga una cocción moderada hasta que todo esté en su punto. Sírvase con una guarnición de guisantes cocidos y salteados con manteca.

Gallina con arroz

Ingredientes

Para 6 personas:

1 gallina de 1 1/2 kilo

6 pocillos de arroz

100 gramos de tocino

1 tomate

Manteca de cerdo, sal, azafrán

En una cacerola con manteca de cerdo se saltea la gallina, que se habrá limpiado, troceado y adobado una media hora antes, junto con unos trozos de tocino. Una vez dorada se agrega agua y se cuece a fuego moderado hasta que esté suficientemente blanda. En otra cacerola se prepara el arroz pasándolo por un poco de manteca y añadiéndole el agua precisa, tal como se indica en las recetas correspondientes. Cuando el arroz esté a media cocción se agregan los trozos de gallina, el tocino y el tomate picado, el azafrán y parte del caldo o salsa. Se rectifica de sal y se prosigue la cocción, debiendo quedar el arroz bien cocido y suelto.

Gallina con fabes

Ingredientes

Para 6 personas:

1/2 kilo de gallina

1/2 kilo de fabes de la granja

300 gramos de jamón

1/2 cebolla

1 diente de ajo

1 rama de perejil

Aceite, pimienta, sal

Limpia la gallina, adobada y cortada en trozos medianos, se dora en una cacerola con aceite muy caliente. Se agrega agua y se cuece hasta que esté blanda. En otra cacerola se preparan las alubias, que habrán estado en remojo desde la noche anterior, como si fueran estofadas, con su aceite , cebolla, ajo y perejil, con la diferencia de que en este caso en vez de agua se utilizará parte del caldo donde se coció la gallina. Cuando las alubias ya estén casi cocidas se agrega la gallina, los trozos de jamón pasados por la sartén, un sofrito de cebolla y el pimentón. Se termina la cocción a fuego lento y, después de reposar un rato, se sirve muy caliente.

Gallina en pepitoria a la ovetense

Ingredientes

Para 6 personas:

1 gallina de 1 1/2 kilo
6 cebollas pequeñas enteras
2 tazas de caldo
1 ramo de perejil
1 cucharada de harina
Zumo de un limón
2 yemas de huevo
Manteca, sal, pimienta

Se corta la gallina en trozos y se escaldan éstos en agua hirviendo durante 3 minutos. Se sacan, escurren y se ponen en la cacerola con mantequilla, un ramo de perejil y las cebollitas enteras. Se deja rehogar todo y, después de añadir una cucharada de harina, se moja con dos tazas de caldo y se sazona con sal y pimienta. Déjese cocer y en cuanto esté la gallina hecha se saca y coloca en una fuente. Redúzcase la salsa, cuélese y líguese con dos yemas de huevo. Antes de que hierva viértase sobre los trozos de gallina junto con el zumo de un limón

Jabalí al horno

Ingredientes

Para 8 personas:

3 kilos de pierna de jabalí
4 cebollas
250 gramos de tocino
3 dientes de ajo
1 botella de vino blanco
Aceite
Sal

La pierna de jabalí, adobada durante 48 horas con ajo y sal, se envuelve en tocino y se dispone en una rustidera, junto con la cebolla picada. Se baña con aceite y asa al horno moderado durante unas tres horas.

Ha de rociarse con vino blanco de vez en cuando, cuidando siempre que no se seque la carne.

Se sirve acompañada con una buena ensalada de lechuga, tomate y cebolla.

Liebre con fabes

Ingredientes

Para 6 personas:

1 liebre
1/2 kilo de fabes de la granja
1 cebolla
3 dientes de ajo
1 rama de perejil
1 vaso de vino blanco
1 pimiento encarnado
Aceite, sal, pimentón

Después de puestas a remojo las alubias, se preparan estofadas con su aceite, cebolla, ajo y perejil. Pueden cocerse con agua con con caldo. Aparte se prepara la liebre guisada, que se agregará a las alubias cuando éstas se encuentren casi cocidas. Se termina la cocción a fuego moderado, se deja reposar y se sirve en fuente de barro.

Liebre con verdura

Ingredientes

Para 6 personas:

1 liebre
1 repollo grande (1/2 kilo) o equivalente cantidad de berza
2 cebollas
1 vaso de vino blanco
1 rama de perejil
Manteca de cerdo
Sal, ajo, tomillo

Se pica menudo el repollo y, después de lavado, se pone a cocer, destapado, con agua y sal. Al cabo de una media hora escasa se escurre, se añade una cucharada de manteca de cerdo y agua hirviendo, continuando la cocción hasta que esté muy tierno. Esta segunda etapa debe realizarse con la cacerola tapada. Ya cocido, se escurre y se reserva. Aparte se prepara la liebre como si fuera guisada. Cuando esté a punto se coloca sobre la verdura y se baña todo con la salsa de la liebre, previamente pasada por el tamiz. Se hierve lentamente para que la verdura tome la salsa y, si se precisa, se rectifica de sal o se añade agua

(o caldo) para que el preparado no quede muy espeso. Se sirve colocando los trozos de liebre en el centro de una fuente y alrededor la verdura.

Liebre en salsa de vino tinto

Ingredientes

Para 6 personas:

1 liebre
4 cebollas pequeñas
1 botella de vino tinto
50 gramos de manteca o grasa
50 gramos de tocino fresco salado
1 diente de ajo
2 hojas de laurel
4 cucharadas de harina
1 ramo de perejil
Sal, pimienta negra

Después de limpia la liebre y serenada, se parte en trozos, que se colocan bien dispuestos en una fuente honda. Se les agrega un ramito de perejil, 4 cebollitas pequeñas, 2 hojas de laurel, pimienta negra, sal, 1 diente de ajo y, finalmente, vino tinto hasta que queden bien cubiertos todos los pedazos. Se tapa con un plato y se deja reposar hasta el día siguiente. En una tartera se echan dos buenas cucharadas de grasa y pedacitos de tocino fresco salado; cuando esté bien caliente se agregan 4 cucharadas de harina, revolviendo y dejando tostar hasta que esté color de chocolate. En ese instante echan la liebre y todo lo demás (vino, cebolla, perejil...) con que reposó. Se mezcla bien para evitar la formación de grumos, se añade agua o caldo si es preciso y se deja hervir a fuego regular hasta que esté tierna (2-3 horas). La salsa debe estar negra y espesa. Si se desea puede añadírsele los hígados y el corazón fritos y machacados en el mortero.

Liebre guisada

(La lliebre y su cría, el llebratu, fueron otrora pieza muy abundantes en Asturias; pero hoy, debido a su excesiva caza, se encuentra en vías de extinción.)

Ingredientes

1 liebre
2 o 3 dientes de ajo
1 cebolla
100 gramos de jamón
1 vaso de vino blanco
Manteca de cerdo
Sal, especias al gusto

Degollada, pelada y serenada la liebre, se parte en trozos por las uniones de los huesos y, sin lavarlos, se fríen en manteca de cerdo. Colóquese todo (liebre y manteca) en un puchero con ajos, cebolla en trozos, especias, sal, vino blanco o tinto. Añádase, si se precisa, un poco de agua o caldo y déjese cocer. Aparte se fríen los hígados y el corazón, machacándolos luego en el mortero, para desleírlos finalmente con el caldo del guisado. Esto debe hacerse un poco antes de sacar el preparado del fuego.

Pájaros a la asturiana

Ingredientes

2 pájaros por comensal
1 vaso de vino blanco
1 huevo batido
Manteca, harina, sal

Tradicionalmente, en Asturias se preparan así: una vez desplumados, pasados por la llama y limpios, se les da una vuelta en la cacerola con manteca y sal. Cuando hayan tomado color se les añade un poco de harina, vino blanco, huevo batido y agua o caldo. Luego que den un hervor se rectifica de sal y, ya a punto, se sacan y se sirven con su salsa dispuestos sobre cortezones de pan frito.

Palomas torcaces al uso de Cabrales

Ingredientes

Para 4 personas:

4 palomas
50 gramos de manteca de cerdo
1 cebolla grande
2 dientes de ajo
Sal, perejil, caldo

Se despluman y soflaman a la llama de alcohol; después de limpias se estofan con manteca de cerdo, sal, ajo, perejil..., teniendo la precaución de utilizar caldo en vez de agua para la cocción. Cuando estén a medio hacer se agrega bastante cantidad

Fabes con liebre *(página 180)*

de cebolla picada fina y los menudillos, también fritos, machacados en el mortero. Se termina de cocinar y se sirven, bañadas con su salsa, en cazuela de barro.

Pato asado al horno

Ingredientes

1 pato

200 gramos de tocino de jamón

Ajo, sal

Desplumado, limpio y adobado, se recubre el pato con lonchas de tocino; se ata con hilo fuerte y se dispone en una fuente de barro. Introducido en el horno, se le irá dando vueltas de vez en cuando para que se haga por todos los lados, a la vez que se le baña con el propio jugo que suelte. Ya asado, se trincha y se sirve.

Pato con nabos

Ingredientes

Para 6 personas:

1 pato

50 gramos de manteca de cerdo, de vaca o tocino

1 cebolla

1/2 kilo de nabos

1 taza de vino blanco

1 taza de caldo

1 ramo de perejil

1 hoja de laurel

Ajo, sal

El día anterior a su preparación se adoba el pato con vino blanco, ajo y sal. En una tartera se caliente la manteca y en ella se fríe cebolla muy picada y después, cuando esté dorada, el pato. Se retira éste y se agregan a la cebolla el perejil picado, el laurel y los nabos cortados en rodajas o trocitos. Se da unas vueltas a todo esto y, añadiéndole el vino blanco y el caldo, se une el pato de nuevo a ello, dejando cocer a fuego moderado durante un par de horas, cuidando de rectificar de sal y de caldo. Se sirve colocando el pato en el centro de la fuente y rodeándolo con los nabos. Por encima se vierte la salsa después de pasarla por el pasador.

Pavo asado con castañas

Ingredientes

Para 7 u 8 personas:

1 pavo de unos 2 kilos

250 gramos de magro de cerdo en picadillo

1/2 kilo de castañas cocidas

100 gramos de manteca de cerdo

1 cucharada de harina

1 vaso pequeño de caldo

Sal, pimienta

Comienza la preparación de este plato exigiendo una adecuada limpieza, vaciado y sazonado del pavo, quedando así apto para recibir el siguiente relleno: Se cuecen las castañas, previamente peladas. Después de cocidas se les quita la piel interior, cuidando de no deshacerlas, y se unen con el picadillo de cerdo; se rehogan con manteca y con la harina, caldo, sal y pimienta y se forma el relleno. Con él se completa el pavo y, cosidas las aberturas con hilo fuerte, se unta bien de manteca y se mete al horno rociándolo a menudo con su propio jugo y, si precisa, rectificando de sal y agua. Un pavo de buen tamaño necesita, aproximadamente, unas dos o tres horas de cocción.

Pechugas de gallina de la tía Generosa

Ingredientes

Para 4 personas:

1 pechuga de gallina

1 huevo

1 cebolla

1 tomate

2 zanahorias

1 vaso de vino blanco

1 rama de perejil

Aceite, sal, pan rallado

Quitados huesos y piel a las pechugas, se cortan éstas en lonchas anchas y finas, se machacan con la mano del almirez, se sazonan con sal, y después de envolverlas en huevo batido y pan rallado, se fríen en aceite caliente. Ya fritas, se disponen en una fuente.

Aparte se elabora la siguiente salsa: en una cacerola con aceite se pone cebolla, perejil, tomate y zanahorias, todo bien picado. Se sofríe y añade harina; se dora ésta y se agrega vino blanco, dejándolo hervir un rato. Se pasa finalmente por un tamiz y

se mezcla con un caldo preparado con la piel y huesos de la pechuga y un poco de jamón añejo. Salsa y caldo mezclados, se vierten por encima de las pechugas fritas y se sirve.

Pechugas de pollo

Ingredientes

Para 4 personas:

8 filetes de pechuga

1 huevo batido

1 taza de leche

Pan rallado

Aceite, sal

Cortadas las pechugas en filetes, se las sazona con sal y se disponen durante 4 horas en una adobo compuesto con huevo batido y leche. Transcurrido ese tiempo, se sacan, se pasan por pan rallado y se fríen. Deben servirse caliente acompañadas de patatas fritas, salsa de tomate, etc.

Perdices con castañas

Ingredientes

Para 2 personas:

1 perdiz
3 cebollitas pequeñas
100 gramos de castañas asadas
50 gramos de manteca
1 taza pequeña de caldo
1/2 vaso de vino rancio
2 salchichas
Sal, tomillo, pimienta

Limpia la perdiz y serenada, se corta en trozos y se fríe en una cazuela con manteca muy caliente. Una vez que haya tomado color, se añade las cebollas y, cuando ésta esté dorada, se agrega el caldo, el vino, la carne de las salchichas (previamente pasadas por la parrilla), las castañas asadas, sal y pimienta. A fuego moderado se termina la cocción.

Perdices estofadas

Ingredientes

Para 4 personas:

2 perdices
100 gramos de jamón en trozos
1 cebolla grande
2 cucharadas de manteca cocida
1 taza mediana de aceite
1 rama de perejil
1 cucharada de pan rallado
Agua, ajo, sal, pimienta

Dispuestas adecuadamente las perdices, es decir, desplumadas, destripadas, soflamadas y limpias, se colocan en una cacerola con manteca y aceite muy caliente. Al presentar buen color de fritura se les agrega cebolla, jamón, pan rallado, sal y pimienta negra. Cuando la cebolla esté dorada, se añade un poco de agua y se prosigue la cocción hasta que estén blandas. Se presentan en una fuente bañadas con su salsa, previamente pasada por el tamiz.

Perdiz con verdura

Ingredientes

Para 6 personas:

2 perdices partidas en trozos
1 repollo de 1,5 kilos o cantidad equivalente de berza
2 cebollas
1 vaso de vino blanco
Manteca de cerdo
Sal
Ajo
Perejil

Prepárese el repollo o la berza como se indica en la receta Liebre con verdura. Se guisan las perdices de modo análogo a lo explicado allí para el caso de la liebre. Finalmente se unen verdura y perdices, terminando la cocción como se aconseja en la receta citada.

Perdiz montañesa con chocolate

Ingredientes:

1 perdiz

1 pocillo de vino blanco

1 pocillo de caldo

1 cebolla cortada en cascos grandes

1/3 de onza de chocolate

Aceite, sal, ajo

Constituyó una agradable sorpresa para nosotros desempolvar una receta que aconsejara un determinado tipo de perdiz y no, como en principio pudiera pensarse, una especial forma de guiso. En efecto, se trata aquí de la famosa perdiz de montaña, o perdiz pardilla, de tamaño menor que la común y que, dada su gran resistencia, se adapta extraordinariamente a las condiciones climáticas de la montaña astur.

Después limpia, adobada con ajo y sal y serenada, se coloca la perdiz en una cacerola junto con el vino, el caldo, la cebolla y el chocolate muy raspado. Se tapa la cacerola y se cuece. Con los menudillos de la perdiz (hígado, corazón, mollejas...) bien fritos, la cebolla que coció con ella y una rebanada de pan frito, todo machacado en el mortero, se hace una salsa y se pasa por el tamiz. Se vierte en la cacerola, se revuelve un poco y, con la tapa puesta, se prosigue la cocción unos hervores más.

Pichones con guisantes y escarola

Ingredientes

1 pichón por comensal

50 gramos de manteca

1 cebolla

1/2 vaso de vino blanco

1/2 vaso de caldo

Sal

Guisantes, escarola o, en su defecto, lechuga

Preparados y limpios, se cortan los pichones en varios trozos, se sazonan con sal y se saltean en una sartén con manteca caliente y se pasan a una cacerola. En la misma manteca que dejaron los pichones se fríe la cebolla y cuando esté dorada se agregan los guisantes y la escarola. Después de dar unas vueltas al sofrito se vierte sobre los pichones, se añade caldo y vino blanco, dejando cocer por espacio de unas 2 horas.

Pollo al ajillo

Ingredientes

Para 4 personas:

1 pollo

6 dientes de ajo

1 copa de vino blanco

Sal, perejil, aceite

En primer lugar, debe desplumarse el pollo, limpiarlo de tripas y menudillos y después flamearlo. Por último, se parte en trozos pequeños, se lavan y se sazonan con abundante ajo, dejándolos reposar por espacio de una hora. Pasado este tiempo, se limpian de ajo los trozos de pollo, se sazonan con sal y se fríen en aceite muy caliente y se disponen en una fuente de barro. En el aceite sobrante se doran unas rodajas finas de ajo. Cuando ofrezcan bonito color se vierten, junto con el aceite muy caliente, sobre el pollo. Se introduce en el horno para que tome un poco más de color y se sirve en la misma cazuela. Muchas personas tienen la costumbre de espolvorear el pollo con perejil antes de meterlo al horno. Es importante que el pollo esté jugoso y, a la vez, seco, lo que parece un poco contrasentido. Por eso se aconseja bañarlo con el aceite sobrante de freír el ajo.

Pollo al gusto de Libardón

Ingredientes

Para 4 personas:

1 pollo de 1 kilo
100 gramos de jamón en trozos pequeños
100 gramos de tocino
1/2 cebolla
1 vaso de vino blanco
50 gramos de manteca
Sal

En una sartén se disponen los trozos de jamón, de tocino, unos cascos de cebolla y los trozos de pollo, dejando que todo se rehogue, pero sin llegar a dorarse. En ese momento se traslada todo a un puchero, se baña con agua y vino blanco, se sazona con sal y se deja cocer a fuego lento. Cuando el ave esté tierna se saca del puchero, poniendo cuidado de no deshacer los trozos. Estos, colocados en una cacerola con manteca caliente, se dorarán a fuego vivo hasta que ofrezcan un apetitoso color.

Pollo asado

Ingredientes

Para 4 personas:

1 pollo
75 gramos de tocino
3 dientes de ajo
1 copa de brandy
Aceite
Sal
Cebolla

Después de haber limpiado y soflamado el pollo, se le sazona con ajo y sal, dejándolo reposar algo más de media hora. Se cubren las pechugas con las lonchas de tocino y se ata todo bien para dar al pollo una forma bonita. Seguidamente se le dora en aceite o manteca calientes, añadiéndole unas rajas de cebolla cuando ya esté bien dorado. Se coloca la cacerola a un lado de la lumbre, se rocía con la copa de brandy y se termina la cocción a fuego suave. Conviene darle vueltas a menudo para que se pase igualmente por todos los lados. Una vez a punto, se saca el pollo y con lo que quedó en la cacerola se hace una salsa (conviene añadir un poco de agua y vino blanco) que después de tamizada se servirá en salsera aparte.

Pollo con jamón y verdura

Ingredientes

Para 4 personas:

1 pollo pequeño

8 lonchas grandes de jamón

75 gramos de manteca o aceite

1 ramo de perejil

8 hojas de verdura

Pan, sal, salsa de tomate, queso rallado

Una vez bien limpio el pollo, se parte en cuatro trozos y se cortan los huesos salientes y las puntas de las alas. Se sala y sofríe en manteca de cerdo o aceite hasta que esté dorado. Se aparta y se cubren los trozos con lonchas de jamón y después con hojas de verdura cocida, colocándolos en una fuente de horno. En el aceite sobrante de dorar el pollo se fríe pan y se machaca, junto con perejil y almendras (éstas no son precisas) en un almirez. Se incorpora esta pasta y el aceite a los trozos de pollo, se cubre con salsa de tomate, se recubre con queso rallado y se mete al horno. Una vez hecho y en su punto se servirá muy caliente.

Pollo en salsa

Ingredientes

1 pollo de 1 kilo

100 gramos de jamón

1 cebolla

1 cucharada de harina

Sal, ajo

Después de limpio y sazonado con sal y ajo, se parte el pollo en 4 o 6 trozos que se doran en la sartén con manteca caliente, y después se pasan a una cacerola. En la manteca sobrante se fríen una cebolla y los trozos de jamón. Cuando adquieren buen color se agrega una cucharada de harina, se mezcla y se vierte sobre el pollo. Seguidamente se añade agua muy caliente hasta dejar la salsa relativamente espesa y se rectifica de sal. Cuece a fuego moderado hasta que esté a punto.

Pollo rebozado

Ingredientes

Para 4 personas:

1 pollo de 1 kilo

150 gramos de manteca

1 cucharada de harina

2 cucharadas de leche

1 huevo

Sal

Patatas

De un pollo, limpio y adobado, obtendremos unos 6 trozos que, dorados en una sartén con manteca muy caliente, se apartan a una fuente. Aparte, en una taza o plato hondo, se prepara una pasta con una cucharada de harina y 2 de leche. Cuando esté homogénea se agrega un huevo y se bate todo junto hasta que ofrezca el aspecto de una crema. Se sazona con sal. Con esta pasta se bañan los trozos de pollo y se fríen en manteca caliente hasta que adquieran color dorado. Se sirven dispuestos en el centro de una fuente acompañados de patatas fritas.

Despojos

Manos de cerdo guisadas *(página 201)*

Contra los despojos hubo prevenciones. Es más, autores notables de tratados de gastronomía, reputados hoy como clásicos, hacen silencios notorios o se limitan a citar tal o cual plato con la apostilla categórica de «platos para gentes modestas». Contamos, sin embargo, con importantes testimonios, aparte de una tradición asturiana nunca rota, que nos pueden inducir a esfumar, de una vez por todas, esa infundada mala nota. Desgranamos algunos.

Por los días de Felipe IV, un cocinero lego de los Jerónimos hizo famosos los callos, a tal extremo que, cuentan los *Avisos Históricos*, la flor y nata de la Corte pujaba por asistir a las meriendas que tenían lugar en la huerta conventual. Se cuenta, igualmente, de la gran afición de Isabel II por este plato; su cocinero no encontró mejor halago que bautizar su receta con el nombre de «callos isabelinos». También fueron famosos los callos del venerable restaurante Lhardy, de la madrileña Carrera de San Jerónimo; aparecían en su minuta una vez por semana. Un comensal de excepción narraba así su peripecia gastronómica:

«Fui invitado a una *soirée* gastronómica del viejo Lhardy y en ella tuve ocasión de saborear los callos más exquisitos que han salido de res vacuna y de cocina internacional... Era tan incitante y deslumbrador el tono colorado de salsa iluminada con pimentón y tan seductor el olor que exhalaban comestibles desde la concavidad del "totum revolutum", tan risueña, satisfecha y beatífica la faz del eminete cocinero... que, sin darnos cuenta, nos servimos dos veces y repetimos otra. Desde entonces son para mí el plato favorito y lo recomiendo a los amigos.»

Más... ¿Qué decir de las manos de ternera? Bástenos con recordar la descripción de Cervantes:

«Lo que realmente tengo —dijo el ventero a Sancho— son dos uñas de vaca que parecen manos de ternera, o dos manos de ternera que parecen uñas de vaca; están cocidas con sus garbanzos, cebolla y tocino, y a la hora de ahora están diciendo: ¡Cómeme! ¡Cómeme!»

Ni que decir tiene que el glotón escudero las encontró de perlas y que embauló casi por completo el contenido de la olla. Las recetas de despojos en Asturias no cuentan con tanto respaldo literario. Acaso, ni falta que les hace. Sin embargo, como demostrará el apretado recetario que sigue, desde hace mucho tiempo vienen haciendo las delicias de medio mundo.

Consejos tradicionales

• Los callos exigen, en exceso, limpieza. Conviene dejarlos en remojo, cambiándolos el agua repetidas veces, frotándolos con limón y vinagre y manejándolos como si se estuviera lavando. Para esta operación ha de emplearse cepillo.

• El mejor hígado es el de ternera o cerdo; el de vaca o buey resulta duro. Ha de freírse a fuego vivo y nunca con salsa para que no se endurezca; por la misma razón no debe salarse en crudo.

• También requieren gran limpieza las manos de ternera, vaca o cerdo. En la actualidad, al igual que los callos, suelen expenderse ya limpias.

• Las mollejas deben ponerse a remojo en agua fresca para que suelten la sangre. Se les da luego un hervor, 5 minutos aproximadamente, y se les limpia de telillas, sebos, etc.

• Los sesos se disponen en agua fría, la que se cambiará varias veces, hasta que salgan completamente limpios; se les introduce, luego, en un poco de agua caliente, con lo que ya podrá desprenderles las telillas que los envuelven.

• La lengua se conoce que está bien cocida cuando se atraviesa fácilmente con una aguja.

• Los riñones han de ser muy frescos. Los mejores son los de ternera, pues los de vaca tienen un sabor demasiado fuerte.

VALOR NUTRITIVO DE LOS DESPOJOS

Cada 100 gramos contienen	Hidratos de carbono	Proteínas	Grasas	Kilo-calorías
Hígado de ternera	4	20	4	137
Hígado de vaca frito	2,7	23	16,5	225
Riñones	—	17	7	135
Sesos	—	12	6	105
Vísceras en general	—	16	7	140

Callos asturianos

(Los callos constituyen uno de los platos más populares y extendidos en nuestra región. Algunos pueblos, como sucede en Noreña el 12 de diciembre, hasta tienen su Fiesta de los Callos. Oviedo es otro ejemplo: inaugura su «temporada oficial de callos» el 19 de octubre, día del **desarme***).*

Ingredientes

Para 8 personas:

2 kilos de callos	
1 mano de vaca	
2 manos de cerdo	
1 cebolla	
150 gramos de chorizo	
150 gramos de jamón	
3 dientes de ajo	
1 cucharadas de salsa de tomate	
1/2 vaso de vino blanco	
50 gramos de manteca de cerdo	
Sal	
Pimienta	
Guindilla	
Perejil	

Aunque en la actualidad ya se adquieren limpios los callos, no por eso dejamos de insistir en lo imprescindible de su limpieza, pues , entre otras cosas, en ella radica el éxito de su preparación. Ya limpios, se cortan en trozos más bien grandes y se disponen en una cacerola con agua fría. Se hierven durante 10 minutos a fuego fuerte y, pasado ese tiempo, se retiran bien escurridos a otra cacerola, donde de nuevo cubiertos con agua fría y sazonados con un diente de ajo, cebolla, perejil y sal, se cuecen hasta que estén bien tiernos. En ese punto se retiran y reservan sin aprovechar el agua de la cocción. En otra cacerola con poca agua se disponen las manos de cerdo y de vaca, previamente limpias y troceadas. Se cuecen y una vez cocidas se les añaden los callos, revolviendo para que todo mezcle bien. Debe cuidarse que la salsa ya esté relativamente espesa. Aparte, en una sartén, con manteca, se dora la cebolla. Cuando esté a punto, se agregan el chorizo, el pimentón, el jamón y la guindilla; se rehoga un poco y se baña con unas cucharadas del caldo donde están los callos y vino blanco, dejándolo dar unos hervores. Seguidamente se vierte este guiso sobre los callos y las manos, se rectifica de sal y se prosigue lentamente la cocción hasta que estén suficientemente espesos, pero no secos. Si fuere preciso se rectifica con agua. Se retiran y dejan enfriar. Se sirven al día siguiente de la preparación.

Advertencias: Los callos deben servirse siempre muy colorados, muy calientes y un poco picantes. Conviene vigilarlos durante la cocción, pues «agarran» con facilidad al fondo de la cazuela.

Callos con salsa de tomate y setas

Ingredientes

Para 8 personas:

2 kilos de callos
2 cebollas
6 cebollas pequeñas
4 cucharadas de setas picadas
5 cucharadas de salsa de tomate
1 diente de ajo
Zumo de limón
Caldo
Perejil
Especias al gusto
Manteca
Sal

Cuézanse los callos como se indica en la receta anterior, con la única variante que, en este caso, no se desaprovecha el agua de la cocción. En una cacerola con manteca caliente se fríen cebolla picada y las cebollas pequeñas. Cuando presenten color dorado se le agregan las setas picadas, un poco de harina y caldo de los callos. Se cuece esta salsa durante unos 10 minutos, se sazona con sal, especias, salsa de tomate y se vierte sobre los callos. Continúa la cocción hasta que la salsa quede relativamente espesa. En el acto de servirlos se les alegra con un poco de perejil picado y zumo de limón.

Filetes de hígado empanados

Ingredientes

Para 6 personas:

12 filetes medianos de hígado de ternera
1 huevo
Pan rallado
1 diente de ajo
Aceite
Sal

Después de hechos los filetes, se sazonan con sal y ajo, se pasan por huevo batido y pan rallado y se fríen en aceite caliente hasta quedar bien dorados. Se sirven acompañados de patatas fritas, salsa de tomate, ensalada de lechuga, etc.

Frituras de sesos

Ingredientes:

1 sesada
2 claras de huevo
Cebolla
Perejil
Ajo
Aceite
Vinagre
Sal

Todos los preparados de sesos exigen que éstos se limpien y cuezan antes. Para limpiarlos se ponen un rato en agua tibia con el fin de que suelten la sangre; después se les quita la telilla que los circunda y, finalmente, se dejan en agua fresca hasta que vayan a cocerse. Para cocerlos se les pone en agua limpia con unas gotas de vinagre, sal, ajo y perejil. Cuando empiece el primer hervor se retiran a un lado y se dejan cocer lentamente una media hora escasa. Cocidos los sesos, se parten en trozos y, pasando cada uno por la masa que se indica seguidamente, se fríen en aceite muy caliente hasta que ofrezcan un bonito color dorado.

Preparación de la masa: en un plato se baten las claras de huevo a punto de nieve. En otro, por separado, se hace una masa de harina con agua templada y sal, debiendo quedar muy ligera. Júntanse entonces las claras con la harina y se vuelve a batir todo.

Hígado al ajillo

Ingredientes

Para 4 personas:

750 gramos de hígado de ternera
5 dientes de ajo
Aceite
Guindilla
Sal

Fríanse en aceite caliente el ajo, picado menudo, y la guindilla. Cuando esté dorado el ajo, se agrega el hígado partido en trozos pequeños y salados, revolviendo bien para que pase todo por un igual. Sírvase caliente.

Hígado con patatas fritas

Ingredientes

Para 6 personas:

800 gramos de hígado de ternera
1 cebolla
Patatas
Manteca o grasa
Perejil
Sal

En una sartén se pone manteca o grasa y, cuando esté caliente, se le echa la cebolla picada. Al estar la cebolla medianamente dorada, se incorpora el hígado partido en trozos pequeños, se revuelve y fríe hasta que esté tierno. Ya en su punto, se sirve, presentándolo en el centro de una fuente adornado con patatas fritas redondas y pequeños ramos de perejil.

Hígado de cerdo al modo de Tarna

Ingredientes

Para 4 personas:

1/2 kilo de hígado
200 gramos de grasa
1 cebolla
2 vasos de vino blanco
Pimentón
Sal

197

Derretida la grasa en la sartén, se incorpora la cebolla picada dejándola cocer y ablandar en ella, pero con cuidado de que no se queme. Se trasladan, después, cebolla y grasa a una cacerola y se mezclan con vino blanco, pimentón y sal y se pone al fuego. Después de dar unos hervores, se añade el hígado partido en trozos y se continúa la cocción a fuego moderado hasta que quede bien cocido, pero no duro. Sírvase muy caliente.

Hígado encebollado

Ingredientes

Para 4 personas:

750 gramos de hígado
2 cebollas
3 dientes de ajo
1 rama de perejil
1/2 hoja de laurel
Aceite
Pimentón
Sal

En una sartén con aceite caliente, se doran la cebolla, los ajos y el perejil. Esta operación debe realizarse a fuego moderado. Un poco antes de que la cebolla esté dorada, se agrega el laurel y se sazona con sal. En otra sartén se fríe el hígado, partido en trozos pequeños, durante unos 7 minutos. Se agrega la cebolla, se mezcla todo bien y, seguidamente, se sirve. Puede acompañarse con patatas fritas o con un arroz blanco.

Lengua de ternera o vaca en salsa

Ingredientes

Para una lengua:

1 vaso de vino blanco
1 cebolla
1 ramo de perejil
2 cucharadas de harina
1 huevo
1 cucharada de vinagre
Manteca fresca
Sal

La primera operación que exige un preparado de lengua es su limpieza y posterior eliminación de la piel que la recubre. Para ello, después de lavarla al chorro del grifo, se le cuece en agua abundante durante unos 10 minutos, pasado ese tiempo, se le quita el pellejo con relativa facilidad.

Ya despellejada, se la pone a cocer en agua nueva, a la que se añade vino blanco, cebolla, perejil y sal. Cuando está muy tierna, cualidad que se aprecia si se deja atravesar fácilmente con una aguja, se saca, se trocea y se sirve acompañada de la siguiente salsa: en una cacerola se mezclan dos cucharadas de manteca y dos de harina; poco a poco, se agrega parte del caldo de cocer la lengua, antes pasado por un tamiz, se revuelve y cuece hasta que forma una crema relativamente espesa. Poco antes de servirla, se mezclan en una taza una yema de huevo, un poco de caldo y una cucharada de vinagre, se mezcla bien y se incorpora a la crema anterior, con cuidado de que no se «corte» el huevo. Lengua y salsa se ofrecerán aparte.

Lengua en salsa verde

Ingredientes:

1 lengua
1 cebolla
1 diente de ajo
2 cucharadas de perejil picado
Miga de pan mojada en vinagre
Huevos duros
Aceite
Sal
Pimienta

En una cacerola con aceite se fríen la cebolla y la lengua, que previamente se habrá limpiado, despellejado y cocido. Aparte, en un almirez, se machacan un diente de ajo y miga de pan mojada en vinagre, se deslíe con una cucharada de caldo de cocer la lengua y se vierte sobre ella. Se agregan después, el perejil, la sal y la pimienta y se prosigue la cocción. Se sirve adornada con huevos duros partidos por la mitad.

Lengua escarlata

Ingredientes:

1 lengua de vaca
50 gramos de sal de nitro
(nitrato de potasio)
2 kilos de sal común
1 cebolla
1 ramo de perejil
4 granos de pimienta negra

Se limpia y despelleja la lengua como se indicó en la receta anterior. Después se pincha con una aguja gruesa varias veces y, seguidamente, se golpea sobre una tabla con un mazo de madera. Deberá quedar muy flexible. Así preparada, y dispuesta en una fuente, se frota por todas partes con sal de nitro durante 5 minutos y, luego, durante otros 5 minutos, con sal común. Se la deja reposar 8 días cubierta con el resto de la sal. Transcurrido ese tiempo, se saca de la sal, se limpia y se la desala en agua fría durante 1 hora. Después se cuece en abundante agua con un ramo de perejil, una cebolla y unos granos de pimienta. Según vaya disminuyendo el agua se agrega más, cuidando siempre que la lengua no quede al descubierto. Debe dársele vueltas cada cuarto de hora. Tardará en cocer unas 4 horas. Ya cocida, y fría, puede consumirse cuando se desee.

Lengua rebozada

Ingredientes:

1 lengua
1 cebolla
Perejil
Huevo
Pan rallado
Manteca
Sal
Pimienta

Ya cocida la lengua, como se indicó en recetas anteriores, se corta en rodajas finas; se rebozan éstas en huevo y pan rallado mezclado con perejil y se fríen en manteca o aceite caliente. Se sirven adornadas con ramos de perejil.

Lengua rellena

Ingredientes:

1 lengua
100 gramos de jamón
50 gramos de tocino
1 copa de jerez
1 diente de ajo
5 cebollas pequeñas
Laurel
Orégano
Tomillo
Harina
Aceite
Sal

Se despelleja la lengua, después de cocerla durante 10 minutos, y se mecha con tiras de jamón y tocino. Se ata y fríe en aceite hasta que presente color dorado. Se introduce luego en una cacerola con agua, jerez, tomillo, orégano, laurel, ajo, cebollas y sal y se cuece hasta que esté muy tierna. Se saca y se deja enfriar. El caldo que quedó de la cocción se pasa por el colador y se cuece con un poco de harina tostada. Se parte la lengua en rodajas, se espolvorea con perejil picado y se cubre con la salsa anterior. Sírvase enseguida.

Manos de cerdo estofadas

Ingredientes

Para 6 personas:

6 manos de cerdo
2 cebollas grandes
3 dientes de ajo
1 vaso de vino blanco
Guindilla, laurel, pimentón
Aceite
Sal

En primer lugar, se procederá a lavarlas y cocerlas adecuadamente. Para ello, se procurará dejarlas limpias de pelos y uñas, lavarlas después en agua mientras se frota con un poco de limón y, por último, cocerlas en una cacerola con agua, sal, cebolla, ajo, laurel y un chorro de vino blanco, hasta que estén tiernas.

Ya cocidas, se trasladan a otra cacerola con aceite, cebolla, un diente de ajo, pimentón, una taza del caldo de cocerlas y otro poco de vino blanco. Se cuecen a fuego moderado todos estos ingredientes, durante unas dos horas, poniendo especial cuidado en remover de cuando en cuando, para que no agarren al fondo. Si la salsa está demasiado líquida se espesa añadiendo un poco de harina desleída en caldo. Al gusto del cocinero o de los comensales se sazonará con la guindilla precisa.

Manos de cerdo guisadas

Ingredientes

Para 6 personas:

6 manos de cerdo partidas a la mitad
2 cebollas
3 dientes de ajo
1 vaso de vino blanco
150 gramos de chorizo
150 gramos de jamón
Perejil, laurel
Aceite
Sal

Se lavan y cuecen las manos como se indicó anteriormente, atándolas para que no se deshagan ni deformen. Se procurará que queden muy tiernas y la salsa o caldo un poco espeso. Una vez cocidas, se retiran la cebolla, el laurel, el perejil y el ajo. Aparte, en una sartén, se prepara un guiso a base de cebolla picada, chorizo y jamón, se agrega al pimentón y la guindilla que se desee y se vierte todo sobre las manos y su caldo; se mueve para que mezcle bien y se siguen dando unos hervores. Rectificando la sal si es preciso. Deberán servirse muy calientes.

Manos de cerdo rebozadas

Ingredientes

Para 6 personas:

6 manos de cerdo partidas a la mitad
2 cebollas
2 dientes de ajo
1 vaso de vino blanco
Laurel
Perejil
Huevo
Pan rallado
Aceite
Sal

Se lavan y cuecen las manos de cerdo igual que en casos anteriores. Se procurará atarlas bien, antes de cocerlas, para evitar que se deformen o se deshagan durante la cocción. Una vez cocidas, se las retira de la cacerola donde cocieron y se las deja enfriar. Ya frías se las reboza en huevo batido y pan rallado, friéndolas seguidamente en aceite muy caliente. Puede acompañarse con salsa de tomate un poco picante, o con patatas fritas.

Manos de cordero con fabes

Ingredientes

Para 6 personas:

8 manos de cordero

1/2 kilo de fabes de la granja

1 cebolla

1 zanahoria

2 dientes de ajo

Perejil

Pimentón

Mantequilla

Sal

Bien limpias las manos de cerdo, se escaldan en agua caliente, se las vuelve a limpiar si es preciso y, finalmente, se las cuece durante 10 minutos, en abundante agua. A continuación, se las pasa a una cacerola con agua fría, unos trozos de cebolla, un diente de ajo, perejil y sal. Se pone todo a hervir hasta que estén bien tiernas. Aparte, en una cazuela u olla de barro, se cuecen las alubias con cebolla, zanahoria, ajo y pimentón, todo en crudo; se añadirá, también, un poco de mantequilla.

Cuando las alubias estén ya casi cocidas, se agregarán las manos de cordero, prosiguiendo la cocción hasta que todo esté a punto y rectificando finalmente de sal.

En algunos pueblos cercanos a León sirven este preparado vertiendo por encima de las alubias mantequilla derretida, mezclada con perejil muy picado, un poco de pimienta fina y pan rallado. En otros, es usual preparar las fabes con manos de cerdo o de vaca.

Manos de ternera a la aldeana

Ingredientes

Para 6 personas:

3 manos de ternera

200 gramos de tocino

1 chorizo

2 cebollas

1/2 kilo de fabes de la granja

Aceite

Sal

Limpias y escaldadas las manos, partidas después en trozos, se disponen en una cazuela con agua, tocino, fabes previamente remojadas , chorizo y cebolla en trozos grandes. Se cuece bien y se sazona con sal. En una sartén, se fríe un poco de cebolla y luego se machaca con una tostada de pan frito. Todo esto se agrega al preparado anterior y se prosigue la cocción hasta que las manos estén muy tiernas y las fabes blandas, pero enteras.

Callos asturianos *(página 195)*

Manos de ternera estofadas

Ingredientes

Para 6 personas:

4 manos de ternera
1 cebolla grande
2 dientes de ajo
1 vaso de vino blanco
Perejil
Laurel
Harina
Aceite
Sal

Lo primero que debemos hacer es limpiar, escaldar, cocer y deshuesar las manos de ternera. Después, se cortan en trozos y se disponen en una cazuela con vino blanco, agua, cebolla, ajo, sal, aceite, perejil y laurel. Se cuece todo a fuego manso. Si se desea espesar la salsa, se añade una cucharada de harina desleída en el propio caldo de la cocción.

Manos de ternera rebozadas

Ingredientes

Para 6 personas:

3 manos de ternera
3 huevos
200 gramos de harina
2 cebollas
2 limones
Perejil
Laurel
Pimienta negra
Cerveza
Aceite
Sal

Se limpian y cuecen en abundante agua con cebolla, sal, laurel y unos granos de pimienta. Cuando estén tiernas se escurren, se les quita los huesos y se dejan reposar con un poco de zumo de limón. En una fuente honda, se mezclan harina, yemas de huevo y un poco de cerveza, se bate hasta formar una pasta y a la que se incorporarán las claras batidas a punto de nieve. Los trozos deshuesados de las manos se rebozan en la pasta anterior y se fríen en manteca o aceite muy caliente. Se sirven adornados con perejil picado.

Menudillos de cordero

Ingredientes

Para 6 personas:

1 kilo de menudillos
1 vaso de vino blanco
1 taza de caldo
1/2 kilo de patatas
Perejil, laurel, pimienta
Manteca y sal

Se cortarán los menudillos en pedazos pequeños, rehogándolos en manteca de cerdo y harina. Después se agregará el caldo y el vino blanco junto con la sal y las especias. Se deja cocer hasta que estén a punto y se sirven con patatas por encima.

Mollejas con arroz

Ingredientes

Para 6 personas:

1 kilo de mollejas
1 cebolla
1 zanahoria
50 gramos de jamón cocido
250 gramos de arroz
50 gramos de manteca
Orégano
Pimienta
Queso rallado
1 vaso de vino blanco
Salsa de tomate
Aceite y sal

La preparación de este plato comienza con la limpieza de las mollejas; se dejan luego, hervir durante unos 10 minutos en agua y sal y se escurren y prensan. A continuación, se pone en una cacerola un poco de aceite y una cucharada de manteca y se doran las mollejas, agregando más tarde la cebolla, la zanahoria, el jamón picado, la salsa de tomate, el vino blanco y el caldo. Se deja cocinar todo a fuego lento durante unos 3/4 de hora. Aparte se cocina el arroz en caldo y se echa, una vez terminada la cocción, queso rallado y un poco de manteca. Rellene con este arroz seis moldecitos y déjelos así durante un cuarto de hora para que tomen la forma, desmoldándolos luego en una fuente. Coloque las mollejas alrededor de estas porciones de arroz, cubra todo con la salsa sobrante y sirva muy caliente.

Mollejas de ternera al modo de Noreña

Ingredientes

Para 6 personas:

1 kilo de mollejas
3 huevos duros
1/2 kilo de patatas pequeñas
Zumo de limón
Caldo
Harina
Perejil
Mantequilla y sal

En primer lugar habrá que preparar las mollejas. Se limpian, dejándolas en remojo hasta que suelten la sangre; después se escaldan en agua hirviendo durante 3 minutos y, pasándolas por agua fría, se limpian totalmente de sebo y nervios. Posteriormente, se cuecen con agua, cebolla, sal y perejil. Después de cocidas y cortadas en trozos de regular tamaño, se envuelven en harina y huevo y se fríen. Aparte, se hace una salsa con mantequilla, un poco de harina, zumo de limón y caldo. Se pone un punto de sal y se vierte por encima de las mollejas. Se adorna o acompaña este plato con huevos duros y patatas cocidas.

Morros guisados

Ingredientes

Para 6 personas:

1 morro
2 cebollas
1 zanahoria
1 tomate
1 hoja de laurel
1 ramo de perejil
Pimienta
Nuez moscada
Harina
Huevo
Pimentón
Caldo
Aceite
Sal

Los morros han de estar bien limpios y cocidos. Para ello, se sumerjen en agua hirviendo unos minutos, se raspan los bordes negros que tengan y se frotan mucho con sal y vinagre. Se cuecen en agua abundante con una cebolla, zanahoria y granos de pi-

mienta. Como son muy duros, tardarán bastante en cocer, por lo que esta operación es aconsejable hacerla el día anterior de su preparación. Ya cocidos, se cortan en pedazos pequeños, se fríen rebozados en harina y huevo y se disponen en una cazuela. En el aceite y una cucharada de harina, se agrega el tomate y, por último, el caldo y el pimentón. Se hierve todo un poco Con este guiso, pasado por un pasapuré, se bañan los morros, se añade un poco de guindilla si se desea y nuez moscada, prosiguiendo lentamente la cocción hasta la hora de servirlos.

Orejas de cerdo

Ingredientes:

Orejas de cerdo
Cebolla
Vino blanco
Ajo
Laurel
Perejil
Pasta para freír
Aceite
Sal

Cocidas, como si fueran manos de cerdo, se las deja escurrir y enfriar. Se las parte por la mitad y cada mitad se divide en cuatro partes. Se pasa cada trozo por una pasta de freír preparada al objeto, se fríen en aceite muy caliente y se sirven con perejil frito.

Pimientos rellenos de manos de cerdo

Ingredientes:

6 pimientos enteros asados

6 manos de cerdo

1 cebolla

1 huevo

Vino blanco

Caldo

Pan rallado

Perejil

Aceite

Sal

Las manos de cerdo, muy limpias, cuecen en agua con sal, unos cascos de cebolla, ajo y perejil. Enfrían y se deshuesan.

Aparte se prepara un sofrito con la cebolla y se incorporan la carne de las manos de cerdo y un poco de pan rallado, el perejil y el huevo batido hasta formar un conjunto espeso. Con él se rellenan los pimientos asados.

Se disponen los pimientos rellenos en una cacerola y se bañan con una salsa elaborada con cebolla, pimiento, perejil y vino blanco. Se añade un poco de caldo y cuece todo a fuego manso durante unos 5 minutos.

Rabo de buey con patatas

Ingredientes:

1 rabo de buey

1 cebolla

1 1/2 kilo de patatas

Ajo

Laurel

Pimentón

1/2 vaso de vino blanco

Aceite

Sal

Se parte el rabo en trozos pequeños, se sazonan con ajo y sal y se fríen en aceite caliente en una cacerola. Cuando presenten color dorado, se agrega cebolla, ajo, perejil, y pimentón agua y vino blanco. Se cuece hasta que estén tiernos. Se retiran y dejan reposar, para preparar las patatas al día siguiente. Cuando interesa presentarlos, se hierven y en ese momento se agregan las patatas, se cubren con agua caliente si hiciera falta, se rectifica de sal y prosigue la cocción hasta que las patatas estén tiernas. Después de unos minutos de reposo, se sirven.

Rabos de cerdo

Ingredientes:

Rabos de cerdo
Puré de guisantes o de alubias
Cebolla
Vino blanco
Laurel
Perejil
Ajo
Sal

Se cuecen los rabos del mismo modo que las manos de cerdo, con cebolla, perejil, ajo, laurel, sal, agua y vino blanco. Después se disponen en una fuente cubiertos con puré de guisantes o alubias, desleído con un poco de caldo de la cocción.

Riñones al jerez

Ingredientes

Para 6 personas:

1 kilo de riñones
1 cebolla pequeña
3 dientes de ajo
50 gramos de jamón en trozos
1 vaso de jerez
Perejil
Pimienta
Manteca
Aceite y sal

La preparación de riñones exige una esmerada limpieza de los mismos. Para ello aconsejamos estos dos procedimientos:

a) Eliminadas las fibras y telillas que los recubren, se cortan en pequeños trozos y se humedecen con zumo de limón. Se colocan pequeñas porciones en un colador de agujeros grandes y se sumerjen repetidas veces en agua hirviendo.

b) También quedan muy limpios si, después de partidos, se rehogan en una sartén con un poco de aceite o manteca y, luego, se dejan escurrir en un colador de agujeros grandes.

En una sartén, con aceite y manteca a partes iguales, se rehogan los trozos de jamón y se doran la cebolla, el ajo y el perejil. A continuación se agregan el jerez y los riñones, se sazona con sal y pimienta y se hierve todo durante unos 8 minutos. Se sirven con patatas fritas, arroz blanco, huevos fritos...

Riñones caseros

Ingredientes

Para 6 personas:

1 kilo de riñones
2 cucharadas de cebolla picada
1/2 vaso de vino tinto
1/2 vaso de caldo
Perejil
Harina
Pimienta
Manteca o grasa
Sal

Se limpian los riñones como se indicó en la receta anterior. Luego, en una cacerola, se pone una cucharada de grasa o manteca cocida y en ella se rehoga la cebolla.

Cuando empiece a dorar, se agregan el perejil, media cucharada de harina y, después de darle unas vueltas, el caldo, el vino, la pimienta y la sal. Se mezclan los riñones, en trozos, con el preparado anterior y se cuecen hasta que estén a punto.

Ropa vieja de Santillán

Ingredientes

Para 6 personas:

750 gramos de carne en trozos
2 chorizos
1/2 kilo de patatas
1 cebolla
Vino blanco
Caldo de cocido
Aceite
Sal

Las patatas, el chorizo y la carne deberán picarse en trozos de regular tamaño y se agregarán, sazonados de sal, a la cebolla ya dorada en aceite caliente. Se dan unas vueltas a todo esto, se añade pan rallado y se cubre con vino blanco y caldo del cocido. Cuece a fuego moderado hasta que esté tierno y a punto. Se sirve en cazuela de barro.

Salpicón de sesos

(Los sesos más aconsejables son los de ternera, aunque también se obtienen buenos preparados con los de buey, vaca y cerdo. Antiguamente se consideraba peligroso comer sesos de algunos animales. Así, Ruperto de Nola, en su Libro de Guisados, Manjares y Potajes, escrito en 1529, aconseja en una exquisita preparación de gato asado lo siguiente: «cortarle la cabeza, y echarla a mal porque no es para comer; que se dice que comiendo de los sesos podría perder el seso y juicio el que lo comiese»)

Ingredientes:

1 sesada
2 huevos duros
1 tomate
Limón
Perejil
Aceite
Sal

La limpieza y cocción inicial de los sesos es imprescindible en toda preparación de los mismos.

Se procede así: se ponen a remojo durante 20 minutos, para que suelten la sangre, se escaldan y se les quita la telilla que los envuelve y se dejan unos minutos en agua fría. Luego, se disponen en una cazuela con agua fría, cebolla, ajo, perejil y sal y se cuecen durante una media hora escasa. Ya cocidos y partidos en trozos, se mezclan con aceite, sal, tomate, huevo duro y zumo de limón. Se adornan con perejil menudo.

Sesos con tomate

Ingredientes:

1 sesada
2 tomates
1 diente de ajo
Aceite
Sal

Limpios y cocidos los sesos, según se explicó anteriormente, se cortan en rebanadas finas, se fríen en aceite y se reservan. En el aceite sobrante de la fritura, se disponen los tomates en trozos, el ajo partido y la sal. Cuando el tomate esté casi cocido, se le añaden los seos y durante un momento se dan unos hervores para que tomen el gusto.

Pastas y masas

Pastas asturianas

Utilizamos el término para significar, de la mano del Diccionario de la Lengua Española, la «masa trabajada con manteca o aceite y otras cosas, que sirve para hacer pasteles, hojaldres, empanadas, etc.». Pensamos que ésta es la denominación más antigua, la que corresponde al contexto de este capítulo, por más que, a partir del siglo XVIII, ya toma carta de ciudadanía otra acepción: «masa de harina de trigo, de que se hacen fideos, tallarines y otras que sirven para sopas». Aunque contamos con testimonios literarios anteriores, como los de Bartolomé Torres Naharro y Mateo Alemán, en verdad, la extensión de las pastas en su segundo significado no se hace general hasta los días de Carlos III, que trae de Nápoles, al lado de inútiles consejeros, importantes cocineros napolitanos. En regiones como Cataluña y Baleares ya tenían por estos días inmersos en su tradición tales platos. En Asturias, acaso por la penuria de harinas de trigo, la importancia de este tipo de pastas, hasta fechas cercanas, es mínima. No pasó lo mismo con las empanadas y empanadillas, de las que contamos con abundantes testimonios documentales. Además, para la elaboración de sus rellenos, de tierra, mar y aire, contamos con productos de primera calidad, por más que alguien innominado llegara a afirmar que es invención de pueblos pobres. Las más convincente de las respuestas nos la obsequia el semipiterno dicho popular:

«¡Qué cosa tan excusada
pie de cerdo en empanada!»

Todavía hoy, por tierras de Tineo, al disponer el horno familiar para la hornada de la semana, ya está aliñada la empanada con jamón , chorizos y torreznos, todo bien encebollado en la sartén. Es entonces cuando las mujeres, fieles al paso de la tradición, invocan a los Santos protectores del lar con formulillas como éstas:

*«Al glorioso San Justo para que a lo poco
vuelva muncho.»*

*«San Froilán, que saque buen pan y
florezca dentro y fuera.»*

*«San Vicente, que lo acreciente; San
Pantaleón, que lo saque bon.»*

Son una muestra, estas invocaciones, de la práctica asturiana del *enformar* que con tanta nostalgia relata Palacio Valdés en el capítulo V de *La novela de un novelista*. Y como en la Asturias montuosa, en la Asturias capitalina y marinera, con ingredientes que van desde la humilde sardina, pasando por el salmón y la liebre y alcanzan el bonito y la volatería. Lo mismo sucedía con las empanadillas...

Consejos tradicionales

• Quedan más lustrosas las empanadas si, a media cocción, se untan con huevo batido, clara y yema, o solamente yema.
• Para cortar pasta, se moja el cuchillo en agua fría.
• La levadura en polvo ha de mezclarse siempre con ingredientes secos, nunca líquidos, pues perdería toda su fuerza.
• La pasta de empanadillas, como es neutra, sirve para pastelería.
• Para refinar las masas de las empanadas, ha de gramarse con manteca, huevo o aceite impregnado del sabor del guiso.
• Si secara la empanada, introdúzcale, por un agujero central, manteca de cerdo y caldo.

213

• Recomienda el autor del *Tratado del arte de trinchar*: «Las tortas, timbales, empanadas y otras pastas grandes rellenas, se sacan a la mesa con la tapa sobrepuesta; si estuviese pegada, se le da un corte alrededor y se levanta poniéndola en otro plato; se sirve del relleno añadiendo un pedazo de pasta; si el relleno fuese de piezas enteras, como codornices, pajaritos, etc., se trinchan en un plato y se sirven del modo dicho; si son medianas, en pedazos chicos a lo largo y ancho o desde el medio a la circunferencia como los hojaldres.

VALOR NUTRITIVO DE LOS MARISCOS

Cada 100 gramos contienen	Hidratos de carbono	Proteínas	Grasas	Kilo-calorías
Aceite	—	—	99	884
Ajo	11,2	4,72	—	64
Cebolla	3,8	1,6	—	21,6
Harina de maíz	74	8	1,2	360
Harina de trigo	74	10	1,2	360
Huevo	—	11,58	8,7	125
Perejil	—	3,2	0,6	17
Pimiento rojo	4,1	1,8	—	21
Pimiento verde	2,8	1,14	—	15,9
Tomate	9	1	—	40

Boroña

(Es éste uno de los platos más característicos de Asturias, cuyo recuerdo despierta multitud de añoranzas en nuestros emigrantes cuando aquí, en nuestra tierra, su cena pueblerina consistía en un platu de castañes y, como postre, llechi y boroña).

Ingredientes:

1 kilo de harina de maíz
Agua
Sal

Se dispone harina en una fuente y, poco a poco, se le agrega agua templada en la que se disolvió sal, a la vez que se trabaja para formar una masa espesa y homogénea que no se pegue a los dedos. Una vez amasada, debe reposar una hora escasa. Se unta con aceite un molde (antes se usaban latas de las llamadas «de dulce») y en él se coloca la pasta, se cubre con hojas de castaño o de berza y se mete al horno hasta que esté bien cocida. Antiguamente, cuando existían cocinas de leña (*llares*) se preparaba un buen rescoldo, o rescaldar, con leña de haya, abedul o roble.

Se mezclaban las brasas con ceniza y con ellas se cubría la boroña envuelta en hojas de berza. Tardaba toda la noche en «hacerse».

Boroña preñada

Ingredientes:

1 kilo de harina de maíz
Chorizos
Jamón
Tocino
Agua
Sal

Plato típico de la Pascua asturiana y que hoy, alterando un poco la costumbre, cada vez se impone más en las romerías y espichas. Se prepara la pasta como para la boroña normal, con la única variante de que al introducirla en el molde se disponen en su interior trozos de jamón y de tocino y chorizos. Aunque normalmente se preñe la boroña con los ingredientes citados, también hemos visto hacerlo con sardinas arenques desmenuzadas y pasadas por la sartén y, en otros casos, con sardinas a la plancha limpias de piel y espinas.

En algunos pueblos próximos a los ríos Nalón y Narcea fueron muy solicitadas las boroñas preñadas con truchas.

PASTAS Y MASAS

Empanada

Parece ser que el origen de la empanada, sin duda muy remoto, se debió al intento de buscar solución a, problema de llevar reunidos «pan y plato». La realización de la empanada requiere, por tanto, dos procesos: preparación de la pasta y preparación del relleno. Damos seguidamente algunas recetas para la ejecución de la pasta.

A.-Ingredientes:

800 gramos de harina
200 gramos de manteca
30 gramos de levadura
1 huevo
Agua
Sal

Se dispone la harina en una fuente, se hace un hoyo en el centro y se agrega, a medida que se trabaja, agua con sal y levadura disueltas. Se añade la manteca sin dejar de trabajar la masa, hasta conseguir una preparación fina y compacta que no se pegue a los dedos. Cubierta con un paño, se dispone la pasta durante una hora en lugar próximo al fuego para conseguir que aumente considerablemente de volumen. Se extiende, después, con un rollo. Con una parte de la masa se forra un molde, sobre él se vierte el relleno, se cubre con la otra parte de la pasta, se cierran los bordes, se decora con sobrantes de pasta, se pincela con huevo batido y se cuece a horno moderado hasta que ofrezca un apetitoso color dorado.

B.-Ingredientes:

1 kilo de harina
3 huevos
Agua
Sal
Vinagre
750 gramos de mantequilla

Se calienta ligeramente agua con sal y un poco de vinagre. Se dispone la harina en una fuente, se hace un hoyo en el centro y en él se echan dos yemas de huevo y el agua necesaria para formar una pasta corriente. Se amasa bien con la mano y a cada poco se le dan golpes sobre la mesa. Estará a punto cuando forme una especie de pequeñas «vejigas». Se estira con el rollo, se coloca sobre ella la mantequilla y se dobla como si fuera un pañuelo. Se vuelve a estirar con el rollo y vuelta a doblar como en el caso anterior. Esta operación debe repetirse 3 veces. Se pone la mitad de la pasta, una vez extendida, en un molde, se agrega el relleno y se cubre con la otra mitad de la pasta. Se cierran los bordes, se adorna y, después de darle un baño con yema de huevo, se mete a horno moderado para que resulte cocida, pero no quemada.

Empanada de sardinas *(página 221)*

C.-Ingredientes:

1 kilo de harina
7 huevos
750 gramos de manteca fresca
Leche
Sal
1 cucharada de azúcar

Pasta de hojaldre (Ver receta correspondiente en Postres)

En una cacerola se mezclan los huevos, la leche, la sal, el azúcar y la manteca, batiendo mucho estos ingredientes en un lugar próximo al fuego. Ha de formar un conjunto homogéneo y ligeramente templado. Se dispone la harina en una fuente y, poco a poco, se le agrega este preparado, a la vez que se va trabajando la masa y se añade un poco de levadura. Ya amasada, se deja fermentar durante varias horas cubierta con un paño en sitio caliente. Se estira finamente, con el rollo; se forma la empanada en un molde y se introduce a horno moderado después de barnizarla con yema de huevo.

Empanada de anguila

(Un verdadero artífice de empanadas de anguila, colungués, nos habla del origen romano de esta preparación. Según sus datos, los romanos que poblaron nuestras tierras consideraron excelente la calidad de las anguilas asturianas.)

Ingredientes:

Masa para empanada
750 gramos de anguila
1 cebolla
1 tomate
1 diente de ajo
Azafrán
Zumo de limón
1 copa de brandy
Aceite
Sal

Se prepara la masa de empanada como se indicó en recetas anteriores, aunque en este caso los expertos aconsejan utilizar la de hojaldre. En una sartén se fríe la cebolla, cuando esté dorada se agrega el ajo y el tomate y se sazona con sal y un poco de azafrán. Una vez pasados estos ingredientes, se añade la anguila, previamente pelada, limpia de espinas y salada, se riega con zumo de limón y brandy y se deja cocer hasta que esté tierna. Se saca todo de la sartén y se deja enfriar. Con este relleno se completa la empanada, que después de cerrada y barnizada con yema de huevo se introduce en el horno y cuece hasta que esté a punto.

Empanada de bonito

Ingredientes:

Masa para empanada
500 gramos de bonito
1 cebolla
1 pimiento
1 tomate
1 huevo duro
Aceite
Sal

Se prepara la masa de empanada, siendo preferible la de hojaldre. En una sartén se fríe la cebolla y el pimiento. Cuando estén dorados se agrega el tomate y se sazona con sal. Por último, se añade el bonito, previamente cortado y frito, y se cuece con la salsa durante unos 10 minutos. Se saca y deja enfríar. Ya frío, se mezcla con un huevo duro picado y con este relleno se completa la empanada. Se cierra, pincela y cuece como en casos anteriores.

Empanada de carne

Ingredientes

Para el relleno:

1/2 kilo de carne
1 cebolla
2 pimientos
Aceite
Sal

Se prepara la carne, partida en trozos pequeños, como si fuera guisada (Ver receta correspondiente). Ya fría, se rellena con ella la empanada y se continúa igual que en ejemplos anteriores.

Empanada de lomo y jamón

Ingredientes

Para el relleno:

300 gramos de lomo de ternera
100 gramos de jamón
100 gramos de tocino
1 cebolla
2 huevos
1/2 pimiento
Manteca
Sal
Caldo

En una sartén se rehoga con manteca el lomo, el jamón y el tocino, todo ello partido en trozos pequeños. Se agrega la cebolla, previamente frita, y el pimiento, también frito. Se revuelve bien y se mezcla con las yemas de huevo, sal y un poco de caldo, dando después unos hervores hasta que la carne esté tierna. Se deja enfríar y se rellena la empanada.

Empanadas de manos de cerdo

Ingredientes

Para el relleno:

2 patas de cerdo delanteras
1 cebolla
1 diente de ajo
1 copa de vino blanco
Laurel, especias al gusto
Sal

Limpias las manos de cerdo, se preparan como se explicó en Manos de cerdo guisadas. Se les extraen todos los huesos y se prepara la empanada según el procedimiento general. Algunas personas prefieren endulzar previamente las manos. Para ello las pasan por un poco de almíbar, echan luego las especias y, ya frías, preparan la empanada.

Empanada de picadillo

Ingredientes:

500 gramos de masa de empanada
1 kilo de picadillo de carne
2 huevos cocidos
2 chorizos
Pimientos asados
1 huevo
Aceite
Sal

En una sartén con aceite caliente sofríe el picadillo; se suman los chorizos picados, los huevos cocidos y los pimientos y se entremezcla todo muy bien.

Se engrasa una fuente de horno y en ella se dispone una capa de la masa de empanada, sobre ella se coloca el relleno y se cubre con el resto de la masa cerrando bien los bordes.

Se pinta con huevo batido y se perfora ligeramente con un tenedor para, de seguido, cocer en horno durante unos tres cuartos de hora.

Empanada de pichones

Ingredientes

Para el relleno:

3 pichones
100 gramos de manteca
100 gramos de jamón
1 cebolla
1 rama de perejil

Después de limpios y sazonados los pichones, se parte en cuatro trozos, que se irán dorando en la sartén con manteca caliente y colocando en una cazuela. En la manteca de dorar los pichones se van pasando los trocitos de jamón, que se colocarán en la cazuela anterior, y después se dora la cebolla. Cuando esté, se le agrega el perejil picado y se vierte todo por encima de los pedazos de pichón.

Si se precisa, se añade un poco de agua o caldo, dejándolo cocer a fuego moderado hasta que los pichones estén tiernos y en su punto. Se coloca una capa de hojaldre sobre un molde; encima de ella se ponen los trozos de pichón y el jamón; sobre éstos, la salsa, cubriendo finalmente con otra capa de hojaldre. Se hace un reborde con la misma pasta y se unta por encima con yema de huevo batido y se mete al horno hasta que esté a punto.

Empanada de pollo

Ingredientes

Para el relleno:

1/2 kilo de pollo
50 gramos de manteca
75 gramos de jamón
1 cebolla
1 cucharada de harina
Ajo
Sal

Se prepara el pollo, una vez limpio y partido en trozos pequeños, como se explica en la receta **Pollo en salsa**. Se deja enfríar y se deshuesa. Es aconsejable añadir a la salsa un tomate frito y algunas tiras de pimientos asados o fritos. Se completa la empanada con este relleno y se prepara en la forma acostumbrada.

Empanada de sardinas

Ingredientes

Para el relleno:

1/2 kilo de sardinas
1 cebolla
1 tomate
1 pimiento
1 copa de vino blanco
1 diente de ajo
1 huevo duro
Aceite
Sal

Después de limpias y escamadas, se quita la piel a las sardinas. En una sartén se fríen la cebolla, el pimiento y el ajo; cuando esté dorado se agrega el tomate y el vino blanco y se sazona con sal. Se deja enfríar y ya frío, se mezcla con un huevo duro muy picado . Con parte de este picadillo se rellenan las sardinas, que se irán colocando sobre la masa de la empanada; se cubren con el resto de la fritura y se termina de fabricar la empanada. Se cierra y barniza en la forma acostumbrada y se mete al horno hasta que esté bien cocida.

PASTAS Y MASAS

Empanadillas

Ingredientes:

3 cucharadas de aceite deshumado
6 cucharadas de leche
1 cucharada de vino blanco
Harina
Levadura
Sal

En un recipiente hondo se disponen el aceite deshumado, la leche y la sal, batiéndolo todo mucho hasta formar una especie de líquido espeso o crema. Se añade la levadura y, después, poco a poco, la harina revolviendo y trabajando la pasta hasta conseguir una masa muy fina. Se extiende con el rodillo, se vuelve a apelotonar y se deja reposar un rato envuelta en un paño. Finalmente se extiende de nuevo en el rodillo y se forman las empanadillas con el relleno que se desee (carne, pescado, embutido, crema...). Se meten al horno o se fríen en abundante aceite.

Torta de maíz

Ingredientes:

1/2 kilo de harina de maíz
Agua
Sal

Dispuesta la harina en una fuente, se le agrega, poco a poco, agua templada en la que previamente se disolvió la sal. Se trabaja hasta formar una masa que no se pegue a los dedos y se deja reposar una

media hora cubierta con un paño ligeramente húmedo. Se toman, después, porciones del tamaño de un puño y se aplastan sobre un paño colocado en la mesa, dejándolas muy finas. Se cuecen colocándolas sobre la chapa de la cocina o se fríen en aceite muy caliente. La torta de maíz, o rosca, es un plato típico de nuestra región. Recién hecha, y caliente, es exquisita tomándola con leche, y muchas personas, aún hoy, la utilizan para acompañar sardinas arenques pasadas por la chapa.

Salsas

Salsas *(página 227-233)*

Si bien los estudiosos de la gastronomía han dado a las salsas, tiempo atrás, el calificativo de plato accidental, como muy pronto pasamos a demostrar, su importancia, sin embargo, nos las colocan en lugar de distinción. Para el primer apartado, desde los días de Hernán Núñez, aporta sobrados argumentos al refranero, auténtico termómetro de la ciencia popular. He aquí algunas muestras:

«No hay mejor salsa que el hambre.»
«A buenas ganas, huelgan las salsas.»
«Buena gana de comer, rica salsa es.»

En la misma idea abunda la expresión «Vale más la salsa que los perdigones», que tantas veces hemos escuchado en el sentido de que en algunas cosas tiene más valor lo accesorio que lo principal. Y es que en muchos casos el término no tiene otro significado que el de «cualquier cosa que da gracia o amenidad a una cosa o persona». Quejábanse, en cierta ocasión, a Caréme, unos muy distinguidos cortesanos en razón de que las viandas por él preparadas resultaban tan apetitosas que de tanto comer se cogían serias indigestiones. El cocinero regio se limitó a contestar: «Mi oficio es halagar vuestro apetito, no regularlo». Su secreto, pues, estaba en las salsas, como a las claras nos viene a significar la conocida frase de «en su propia salsa», que en culinaria tiene el significado de encontrar un plato rodeado de todas aquellas circunstancias que más realzan lo típico y característico que hay en él. Con las anteriores observaciones no pretendemos ganar para Asturias todo el elenco de recetas que recogemos. Las hay, ciertamente, asturianas y en todo estamos dispuestos a respaldarlas documentalmente; también las hay foráneas, pero que la fuerza del uso y de los años las fue arrimando para siempre a platos netamente asturianos.

Consejos tradicionales

• Nunca conviene confeccionar las salsa con mucha antelación; desmerecen de una buena mesa. Si cayera en ese pecado culinario, no debe recalentarlas a fuego directo, sino al baño maría, sin que lleguen a hervir.

• La salsa blanca puede utilizarse para ligar y espesar purés.

• Si la mayonesa se cortara, deslía una yema de huevo en otro plato, bátala suavemente y agréguela al contenido anterior. Ya unida, se dispone nuevamente en aceite y se sigue revolviendo dejando caer el aceite lentamente.

• Si la salsa mayonesa resultara espesa, se le adiciona un poco de leche.

• A la salsa mayonesa se le puede incorporar bechamel, puré de tomate, pimientos morrones finamente picados, etc.

• No siempre se presentan en salsera. Algunas salsas tiene el destino de cubrir las viandas.

• Para las conchas de pescado se elabora la bechamel con agua de cocer pescado, un poco de manteca y especias a gusto.

• Un poquito de azúcar dará a la salsa del asado un hermoso brillo.

• Las salsas claras logran color amarillo mediante la adición de un poco de extracto de carne.

• En las salsas que se preparan al baño maría no debe utilizar batidor de madera, sino de alambre, para mezclar el huevo y el líquido.

VALOR NUTRITIVO

Cada 100 gramos contienen	Hidratos de carbono	Proteínas	Grasas	Kilo-calorías
Aceite	—	—	100	927
Ajo	—	4,5	0,2	21
Azúcar	100	—	—	394
Cebolla	3,8	1,6	—	21,6
Clara de huevo	—	11,37	—	45,5
Leche	5	3,5	3,5	66
Harina	74	11	1	370
Huevo...	—	7	6	84
Manteca	—	1	80	724
Mantequilla.................................	—	1	83	775
Mayonesa.....................................	5	1	52	509
Pimiento rojo..............................	4,1	1,8	—	21
Pimiento verde	2,8	1,14	—	15,9
Yema de huevo............................	—	13,4	16,38	201

Chimichurri para asados de cordero

Ingredientes:

Media taza de aceite
1 taza de agua
Media taza de vinagre
2 pimientos morrones
2 guindillas
3 dientes de ajo
1 cucharada de orégano
1 cucharada de perejil
1 cucharada de pimentón dulce
1 hoja de laurel picada
1 cucharadita de sal

Mezclar muy bien todos los ingredientes en una batidora y desmenuzarlos hasta homogeneizar la mezcla.

Embotellar e introducir en el frigorífico o en sitio muy fresco. Esta mezcla debe prepararse el día antes de su consumo y batirse periódicamente para que se complementen aromas y sabores.

Salsa asturiana

Ingredientes:

125 gramos de mantequilla
140 gramos de harina
2 litros de leche
100 gramos de jamón crudo
1 rama de especias
Sal

Disponga estos ingredientes en una cazuela y hiérvalos durante 30 o 40 minutos a fuego moderado. Tamice la salsa obtenida y sírvala. No falta quien aconseja añadirle zumo de limón.

Salsa bechamel

Ingredientes:

2 cucharadas de aceite
1 cebolla
1 diente de ajo
2 cebolletas
1 hoja de laurel
1 rama de perejil
1/2 vaso de caldo
1/2 vaso de vino blanco
1/2 cucharadita de harina
Sal, zumo de limón

No por su origen ni por su tradición podemos considerar asturiana a esta salsa; no obstante, la incluímos aquí debido a la importancia que actualmente tiene en la preparación de muchos platos asturianos.

En esto seguimos el consejo de la Condesa de Pardo Bazán: «Cada nación tiene el deber de conservar lo que la diferencia, lo que forma parte de su ser peculiar, por lo que la base de nuestra mesa tiene que reincidir en lo español; lo que no quita en nuestra cocina moderna existan demostraciones de guisos o platos extranjeros adaptados a nuestra índole.»

En una cacerola se calientan mantequilla y harina hasta obtener una pasta consistente que se cuece durante 7 u 8 minutos. Apartada del calor, se deslíe en 2 litros de leche y, vuelta de nuevo al fuego, se le da un hervor, a la vez que se le revuelve. En seguida se añaden el jamón, las especias y la sal, continuando la cocción a fuego moderado durante 25 minutos más.

Salsa bechamel de nata y caldo

Ingredientes:

1 cucharada grande de manteca
1 cucharada grande de harina
1/2 taza de nata
1/2 taza de caldo
Sal

Mezcle bien manteca, harina y nata déjelas cocer a fuego moderado durante unos minutos. En cuanto se forme una pasta homogénea y consistente, agregue el caldo y sazone con sal. Revuelva bien y prosiga la cocción, lentamente, hasta que la salsa esté suave.

Salsa de avellanas para merluza

Ingredientes:

50 gramos de avellanas
1 rama de perejil
1 diente de ajo
1 taza de caldo
1 copa de vino
Pan tostado
Sal

En un almirez se machacan todos los ingredientes sólidos. La pasta obtenida se deslíe con el caldo y el vino, se hierve unos minutos y se sirve.

Salsa de crema

Ingredientes:

200 gramos de manteca
2 cucharadas de harina
2 ramas de perejil
2 cebolletas pequeñas
1 vaso de nata o leche
Sal

Esta salsa resulta exquisita para acompañar patatas, rodaballo, bacalao, etc. Se fríen en una cacerola manteca, harina, perejil y cebolleta muy picados. Ya en su punto, se agregan la nata o la leche, se sazona con sal y remueve bien para formar una mezcla homogénea, hirviéndola, después, durante un cuarto de hora.

Salsa de huevo para pescado

Ingredientes:

Los de la salsa bechamel
2 huevos
1 ramo de perejil
Zumo de limón

Prepárese una bechamel tal como se indica en la receta correspondiente y, en el momento de retirarla del fuego, añádala los

SALSAS

huevos cortados en pequeños trozos, el perejil muy picado y el zumo de limón.

Salsa de mantequilla

Ingredientes:

1 cucharada de mantequilla

1 cucharada de harina

1 cucharada de azúcar

1 taza de leche

Bien derretida la mantequilla en una sartén, se le añaden azúcar y harina. Lentamente, y agitando, se agrega a esa mezcla la leche; sin dejar de revolver se continúa calentando, hasta que hierva.

Salsa de manzana

Ingredientes:

1 kilo de manzanas agrias

115 gramos de azúcar

Cáscara de limón rallada

Limpias de piel y corazón, y partidas en pequeños trozos, se ponen las manzanas en una cacerola con agua fría y se hierven lentamente hasta que estén blandas. Se añade el azúcar y se prosigue la cocción durante unos minutos más para, después, retirarlas del fuego a la vez que se agrega un poco de cáscara de limón rallada. Esta salsa puede servirse caliente o fría, indistintamente.

Salsa de menudillos

Ingredientes:

Despojos de una ave: cuellos, puntas de alas, hígado, corazón y mollejas

3 tazas de caldo

1 cucharada de cebolla picada

2 cucharadas de harina

Sal

Hiérvanse los despojos en abundante agua, de la que se tomarán, una vez cocidos, 3 tazas grandes. Ese caldo se mezcla con todos los ingredientes cocidos y picados, se añaden cebolla, harina y sal y se prosigue la cocción durante varios minutos más.

Salsa de pan para aves de caza asadas

Ingredientes:

1 taza de miga de pan blanco remojada en leche

1 cucharada de manteca fresca

Sal

Pimienta

Durante unos tres cuartos de hora cuézase la miga de pan con la leche y sazónese con sal y pimienta. Cuando la salsa tenga la consistencia de unos puches, añádase la manteca, mézclese todo bien y sírvase en una salsera.

Salsa de perejil

Ingredientes:

2 ramos de perejil

2 cucharadas de miga de pan

1/2 taza de caldo

1 diente de ajo

Vinagre

El perejil picado menudo se une con el pan, previamente mojado en vinagre, y la mezcla se machaca en el mortero. Agréguese caldo hasta formar un puré ligeramente espeso. Aunque no es de rigor, hay quien gusta añadir un diente de ajo picado a esta salsa, que generalmente se utiliza en cocidos.

Salsa de pimiento

Ingredientes:

1 cucharadita de miga de pan

1 cucharada de cebolla muy picada

1/2 cucharada pequeña de pimiento dulce

1/2 taza de caldo

Aceite

Sal

Remójese en aceite de buena calidad la miga de pan y con el caldo forme una especie de puré claro. Añada sal, cebolla y pimiento dulce; mézclelo todo bien y sírvalo.

Salsa de tomate

Ingredientes:

1/2 kilo de tomates

Aceite

Sal

Limpios los tomates de piel y semillas, se pican en trozos pequeños y se fríen, a fuego lento, en aceite caliente. Se sazona con sal y se continúa la cocción hasta que ofrezcan el aspecto de un puré.

Salsa de vinagre

Ingredientes:

1 patata

1 corteza de pan tostado

Caldo

Vinagre

Sal

Cocida la patata, se reduce a puré y se deslíe con un poco de caldo. Añádase una corteza de pan remojada en vinagre y majada en el mortero con parte del puré. Revuélvase y, ya conseguida una salsa homogénea, sírvase.

Salsa del pobre

Ingredientes:

1 cebolla pequeña

2 dientes de ajo

1 cucharada de harina

1 taza de caldo

Manteca

Perejil

Laurel

Se pasan por manteca caliente las cebollas y el ajo picados. Cuando presenten buen color, se añade harina, se maja con caldo y se sazona con sal, perejil picado y laurel. Bien revuelto todo, se cuece durante 15 o 20 minutos y se sirve con o sin zumo de limón.

Salsa espesa

Ingredientes:

2 cucharadas de manteca

2 cucharadas de harina

1 rama de perejil

1 yema de huevo

Agua o caldo

Sal

Caliente en una cacerola harina y manteca, revuelva hasta que todo se halle bien mezclado, pero no ennegrecido. Añada agua o caldo y perejil, sazone con sal y espese la salsa con una o más yemas de huevo.

Salsa mayonesa

Ingredientes:

2 yemas de huevo

1/4 litro de aceite fino

Zumo de limón

Sal

Vinagre

En un recipiente hondo mezcle con una cuchara las yemas de huevo y sazone con una pizca de sal. Seguidamente incorpore, poco a poco y sin dejar de revolver, el aceite, añadiendo de cuando en cuando algunas gotas de limón. Habrá obtenido una buena salsa si al terminar de incorporar el aceite consigue una preparación consistente, espesa y bien mezclada.

Salsa para anguilas

Ingredientes:

2 cucharadas de harina

1/2 taza de caldo

1/2 taza de vino blanco

1 ramo pequeño de perejil

1 yema de huevo

Zumo de limón

Aceite

Se rehogan en aceite dos cucharadas de harina, a las que después se agregan el caldo, el vino blanco y el perejil. Cuézase a fuego moderado y espésese la salsa con una yema de huevo y zumo de limón.

SALSAS

Salsa para carne

Ingredientes:

1 cucharada de harina
1 taza de caldo
Manteca
1 vaso pequeño de vino blanco

Deslía en manteca un poco de harina, removiendo la mezcla puesta al fuego hasta que tome un color moreno. Añada el caldo y hierva, durante 10 minutos, al tiempo que agita. En el momento de verter la salsa sobre la carne, agréguele el vino blanco.

Salsa para pescado

Ingredientes:

1 cucharada de manteca
1 ramo de perejil
1 taza de caldo
1 cucharada pequeña de orégano
Harina
Sal

Hierva durante unos minutos los ingredientes citados a fin de conseguir una salsa ligeramente espesa. Viértala sobre pescado frito o asado, dispuesto sobre rebanadas de pan tostado.

Salsa polesa

Ingredientes:

2 pimientos rojos
1 casco de cebolla
1/2 taza de caldo
1 huevo duro
Vinagre
Sal

Una vez asados en el horno los pimientos, limpios de piel y semillas, se pican en trozos muy menudos. Se les añade caldo, cebolla muy picada, sal, un poco de vinagre y la yema de un huevo duro desmenuzada. Resulta una salsa muy sabrosa y de fácil preparación.

Salsa rosa

Ingredientes:

Salsa mayonesa
Salsa de tomate o ketchoup
1 copa de brandy
1 copa de zumo de naranja

Mezclar la salsa mayonesa con la salsa de tomate o el ketchoup hasta conseguir un ligero color sonrosado; incorporar el brandy y el zumo de naranja.

Esta salsa acompaña muy bien a pescados y mariscos.

Salsa rubia

Ingredientes:

2 cucharadas de aceite o manteca
1 cucharada de harina
2 tazas de caldo
Cebolla
Sal
Pimienta

Se rehogan en manteca, o aceite, harina y cebolla; se deslíe la mezcla con caldo y se sazona con sal y una pizca de pimienta. Después de hervir durante unos minutos se sirve sin pasar por el colador.

Salsa verde

Ingredientes:

1 cucharada de aceite
2 cucharadas de harina
2 tazas de caldo
2 ramos de perejil
1 diente de ajo
1 cucharada de vino blanco
Sal

En un mortero se machacan perejil y ajo, previamente picados; en una sartén honda se dora la harina en aceite caliente y se agregan el caldo, la sal, el vino blanco y la pasta obtenida en el mortero, ligeramente disuelto en caldo. Se cuece todo durante unos minutos y se sirve.

Salsa vinagreta

Ingredientes:

1/2 cebolla
1 diente de ajo
1 ramo de perejil
1/2 pimiento rojo
1 huevo duro
2 cucharadas de aceite
Vinagre
Sal

Se pican, muy finos, el ajo, la cebolla, el perejil y el pimiento y se disponen en una salsera. Se agregan aceite y vinagre hasta cubrir los ingredientes; se sazona con sal y se revuelve bien. Al servir esta salsa se le incorpora un huevo duro muy picado.

SALSAS

Sidra asturiana

Sidra y quesos asturianos

Si la sidra fue definida por el clásico *Diccionario de Autoridades* como «cierta bebida de zumo de manzanas, acre y que causa embriaguez», destacando en cierta medida lo negativo de sus cualidades, lo cierto es que esta bebida, hoy, es altamente estimada no sólo en Asturias sino también fuera de nuestra región.

Sus excelentes propiedades diuréticas, complementadas con un escaso índice de etanol y, a la vez, ensalzadas con un toque de ácido frescor, hacen de la sidra una bebida alegre, vivaz e incluso medicinal. Pues, como escribía Vital Aza:

«Esta bebida es tónica, sedante, febrífuga, diurética y laxante».

Pero aún hay más. Aparte de su emblemático carácter de asturianía, la sidra fue desde siempre compañera de buenos guisos al parque complemento indispensable de multitud de comidas entre las que destacan las elaboradas a base de pescados o mariscos. Así nos lo cuenta Francisco González Prieto, «*Pachu'l péritu*»:

«Pos compangando' ntoncia con mariscu,
pongo por casu oricios o llagosta,
fabes con tucu, arbeyos con tomates,
un bebedor tal cual que non sea oriscu,
vasu tras vasu, píllala a so costa,
y dimpués echa andar a cuatro pates».

La presencia de zumos ácidos (limón, naranja, etc) y de vino es muy frecuente en la culinaria española desde tiempos antiquísimos. La práctica totalidad de recetarios españoles, desde el siglo XVI hasta nuestros días, es abundosa en fórmulas donde los zumos agrios, el vino y el vinagre son ingredientes básicos; la sustitución de éstos por sidra o vinagre de sidra debió ser una tentación en la que se tardó en caer, pero que, una vez sucumbidos en ella, se adueñó de fogones y obradores con fuerza singular.

Nuestra historia de la sidra, utilizada como condimento, es relativamente reciente. Y aunque en el primer cuarto de este siglo ya se vislumbran algunos intentos de aplicación a la cocina, el verdadero auge empieza a detectarse a partir de 1950.

Si el siglo XIX señaló el nacimiento de la tradicional fabada, al siglo XX, que ahora acaba, le corresponde el honor de la consagración definitiva de la «cocina asturiana de la sidra».

Consejos tradicionales

• Una mezcla caliente de mosto de manzana y azúcar facilita la expectoración en procesos gripales.

• Un buen vaso de mosto de manzana es remedio eficaz para casos de estreñimiento.

• La sidra natural aumenta la acidez gástrica y limpia y perfuma la boca.

• La sidra, tomada en dosis moderadas, facilita la digestión. Su carácter ácido facilita la acción de la pepsina gástrica.

• Las propiedades diuréticas de la sidra facilitan la eliminación del ácido úrico. Resulta beneficiosa en casos de gota y de reumatismo.

• Sidra caliente con azúcar alivia catarros y gripes. De ahí el refrán asturiano: «*Al catarru, dai col xarru; y si está muy agarrau, dai sidra calentau*».

• Las mujeres lactantes no deben tomar sidra: dicen que «se corta» la leche.

• Las mujeres, cuando están en menstruación, no deben entrar en los lagares durante la «mayada» o el corchado de la sidra. Esta, según se dice, se vuelve espesa y con mal aspecto y sabor («*fila*»).

LA SIDRA ASTURIANA

237

• La sidra «con secante» (abundancia de taninos) es astrigente. Resulta útil en casos de de diarrea.

• Se dice que 1 litro de sidra, desde el punto de vista nutritivo, equivale a 125 gramos de fruta, 125 gramos de carne, 2 huevos o medio litro escaso de leche.

• La presencia de un ramo de laurel en un lagar es señal de apertura de tonel. Anuncia espicha.

• La sidra debe corcharse en Luna Menguante y en días frescos. La «nube» y la «turbonada» estropean la sidra.

• El vinagre de sidra es el mejor aliño para una buena ensalada.

CARACTERÍSTICAS DE LA SIDRA NATURAL ASTURIANA

	Valores que oscila	Valor medio
Densidad a 15 °C........................	0,9996 - 1,0052	1,0024
Grado alcohólico..........................	5,35 - 6,65	6
Extracto seco..............................	19,170 - 32,670	25,92
Acidez total	2,40 - 4,20	3,30
Acidez fija	1,432 - 3,947	2,69
Acidez volátil	0,31 - 1,813	1,06
Cenizas.....................................	1,64 - 2,71	2,175
Azúcares red..............................	0,515 - 7,32	3,92
Materias tánicas	0,522 - 1,985	1,253
Materias pécticas	0,126 - 0,864	0,495
pH...	2,95 - 3,61	3,28

Adobo de cerdo en salsa de sidra

Ingredientes:

8 filetes de lomo de cerdo

1 vaso de sidra

Aceite

Pimienta, sal

Se salpimentan los filetes y fríen, vuelta y vuelta, en aceite. Se colocan en una fuente de horno y cuecen con la sidra durante unos 20 minutos (10 minutos por una cara y otros 10 por la otra). Se sirven acompañados de una ensalada de lechuga o, si se pretende hacer más abundante el plato, con patatas fritas y pimientos rojos asados.

En el apartado de pescados se ofrece también otra receta de besugo a la sidra. Las que figuran aquí, ligeramente diferentes, complementan a aquella.

Besugo en cazuela a la sidra (I)

Ingredientes:

1 besugo de 1 1/2 kilo

1 cebolla

3 dientes de ajo

1 vaso grande de sidra natural

Zumo de limón

Perejil

Aceite

Sal

Harina

Reposa el besugo unos 15 minutos, escamado y eviscerado, en un suave baño de zumo de limón. Después se trocea en trozos grandes que, salados y pasados por harina, fríen (vuelta y vuelta) en aceite.

Se trasvasan a una cazuela de barro y se cubren con un sofrito de de cebolla, ajo y perejil al que se incorporó la sidra.

Cuece todo a cazuela tapada durante unos 20 minutos y se sirve, muy caliente, en el mismo recipiente.

Hay quienes gustan de añadir, momentos antes de llevarlo a la mesa, unas almejas, gambas o langostinos.

Besugo en cazuela a la sidra (II)

Ingredientes:

2 besugos de 750 gramos

3 cebollas

1 vaso de sidra

1 vaso pequeño de vino blanco

Salsa de tomate

Cebolla

Perejil

Aceite

Sal

Se elabora una salsa con la cebolla frita en aceite y la salsa de tomate. Con ella se bañan los besugos, limpios, partidos y dispuestos en cazuela, incorporando también el vino y la sidra. Se sazona con sal y cuece todo a fuego medio hasta que el besugo esté a punto.

Se sirve en la misma cazuela acompañado, si se desea, de patatas panadera mezcladas con la salsa.

Bonito a la plancha regado con sidra

Ingredientes:

1 rodaja grande de bonito por persona

Medio vaso de aceite

Medio vaso de sidra

Ajo

Sal

Las rodajas de bonito, sazonadas con ajo y sal, asan en plancha o parrilla de forma que se vayan haciendo suavemente. De vez en cuando, primero por una cara y después por la otra, se riegan con la mezcla de aceite y sidra preparada previamente.

Se sirven en fuente plana acompañadas de una ensalada de lechuga, cebolla y tomate aliñada con sal, aceite y vinagre de sidra.

Caballa a la aldeana

Ingredientes

Para 4 personas:

2 caballas grandes

1/2 botella de sidra

Vinagre de sidra (un poco)

Media hoja de laurel

1 ramo de perejil

Zumo de limón (un poco)

Para la salsa:

2 cucharadas de mantequilla

2 cucharadas de azúcar

3 manzanas

Media botella de sidra

Las caballas, evisceradas y limpias al chorro de agua fría, se disponen en fuente de horno y cuecen durante unos 10 minutos a horno fuerte en la sidra aromatizada con el perejil, laurel y zumo de limón.

Aparte, se funde la mantequilla y se agrega el azúcar; cuando la mezcla esté caramelizada se incorporan las manzanas en trozos y la sidra. Cuece durante un cuarto de hora y se pasa por el chino.

Esta salsa, servida en salsera, acompaña al pescado que se ofrece, escurrido y caliente, en fuente aparte.

Chopa a la sidra *(página 244)*

Cabeza de merluza a la sidra

Ingredientes

Para 6 personas:

3 cabezas de merluza
3/4 kilo de patatas
1 cebolla grande
3 dientes de ajo
1 tomate
6 langostinos
12 almejas
1 rama de perejil
Aceite
Sal
1 vaso de sidra
Caldo de pescado

En cazuela de aluminio con aceite fríen suavemente la cebolla y el ajo picados; cuando están dorados se incorporan las patatas, en trozos medianos, y el perejil con la sidra y el caldo precisos hasta cubrirlas.

Cuece todo a fuego no muy fuerte y a media cocción se añaden las cabezas de merluza, partidas en trozos grandes, el tomate cortado en láminas y los langostinos. Prosigue la cocción hasta lograr el punto y momentos antes de servir se incorporan las almejas, hirviendo todo hasta que abran.

Conviene «colorear» el guiso con pimentón o azafrán al gusto.

Cazuela de pixín (rape)

Ingredientes

Para 6 personas:

1 kilo de pixín (rape) en medallones
12 almejas
6 langostinos
4 espárragos
2 dientes de ajo
1 cebolla
1 vaso grande sidra
Aceite
Caldo de pescado
Sal
Harina

Los medallones de pixín, enharinados, fríen, vuelta y vuelta, en aceite; después se disponen en cazuela de barro.

En el aceite de la fritura doran la cebolla y el ajo, picados; se agrega la sidra y el fumet de pescado y da todo unos hervores.

Con esta salsa, pasada por el pasapurés, se bañan los medallones de pixín, se suman los langostinos y las almejas y cuece todo en horno mediano–fuerte durante unos 10 minutos.

En el momento de servir se decora el plato con espárragos.

Nota: Hay personas que gustan de añadir tomate, o puré de tomate, a la salsa; otras colorean y sazonan con azafrán.

Combinado de frutas y sidra

Ingredientes:

2 manzanas
2 plátanos
2 peras
1 naranja
2 botellas de sidra
1 copa de licor de manzana
Azúcar
Zumo de limón

Las frutas, peladas, limpias de corazones y pepitas, y cortadas en trozos pequeños, maceran durante hora y media en azúcar, zumo de limón y licor de manzana.

Se agrega la sidra, mezclando bien, y se sirve bien frío.

Chicharros a la espalda

Ingredientes

Para 4 personas:

2 chicharros (jureles) de 1 kilo
Aceite
Sidra
Vinagre de sidra
Ajo
Sal

Los chicharros, eviscerados y limpios, se asan a la plancha. A medio asado se abren en dos mitades, a lo largo, y se les quita la espina; prosigue después el asado hasta que estén a punto.

Aparte, en aceite, se fríe el ajo picado muy menudo. Cuando esté dorado, y fuera del fuego, se añaden la sidra y el vinagre.

Con esta salsa se bañan los chicharros y se sirve de inmediato.

Chicharros del cantil a la sidra

Ingredientes:

1 kilo de chicharros (jureles) medianos
1 cebolla grande
2 dientes de ajo
1 vaso de sidra
Aceite
Perejil
Sal

Se confecciona un pisto con la cebolla, el ajo y el perejil, muy picados.

En una fuente de horno se dispone una capa de este pisto; encima, una de chicharrinos limpios y eviscerados; encima, otra de pisto..., y así sucesivamente hasta terminar con una capa de pisto. Se baña con la sidra y cuece en horno medio hasta que el pescado esté a punto.

Chopa a la sidra

Ingredientes:

1 chopa (sargo) grande
1 cebolla
3 dientes de ajo
8 almejas
4 langostinos
1 vaso de sidra
Aceite
Perejil
Sal

La chopa, limpia y eviscerada, se coloca en cazuela de barro sin quitarle la cabeza.

Aparte se prepara un sofrito con la cebolla, ajo y perejil picados; se incorpora la sidra y cuece todo junto unos minutos.

Se suma esta salsa a la chopa, se agregan los langostinos y cuece todo a fuego mediano hasta que esté a punto. Unos minutos antes de servir se añaden las almejas y se espera a que abran completamente.

Si la salsa fuere escasa se añadirá caldo (fumet) de pescado.

Chopa con oricios y sidra

Ingredientes:

1 chopa de 2 kilos (o 2 chopas de 1 kilo)
4 cebollas
3 pimientos
3 dientes de ajo
Los corales de 1 kilo oricios
1 vaso de sidra
Fumet de pescado
Aceite
Sal

Cebollas, ajo y pimientos, muy picados, doran en aceite dispuesto en cazuela de barro o de aluminio; se añaden la sidra y el fumet de pescado y da unos hervores hasta que la salsa quede ligada. Se incorpora el pescado, limpio y en trozos grandes; se suman los corales de los oricios y cuece a fuego mediano hasta que esté a punto. Se sirve en la misma cazuela.

Ensalada de langosta

Ingredientes:

1 langosta de 500 gramos
1 vaso de sidra
Media lechuga
1 manzana
Salsa mayonesa (o rosa)
Zumo de limón
Sal

Cuece la langosta en agua con sidra y sal; se desmenuza la carne de patas y tronco y la cola se corta en lonchas finas.

En una fuente, cuyo fondo se forró con una juliana de lechuga mezclada con la carne de la langosta, se disponen las lonchas de la cola cabalgando unas sobre otras y bañadas con la mayonesa o la salsa rosa.

Se sirve muy fresca adornando la fuente con una corona de rodajas de manzana regadas con zumo de limón.

Lenguado a la sidra

Ingredientes

Para 4 personas:

2 lenguados de 1 kilo
100 gramos de mantequilla
12 almejas
1 vaso grande de sidra
Zumo de limón
1 manzana
Sal
Aceite
Harina

Se trocea el lenguado en filetes que, sazonados con sal y pasados por harina, fríen, vuelta y vuelta, en aceite muy caliente.

Se disponen en fuente de horno bañados con la sidra y el zumo de limón; se suma la mantequilla derretida y las almejas formando corona y cuece todo en horno medio durante unos 10 minutos. Se sirve acompañado con rodajas de manzana fritas.

Lubina a la sidra

Ingredientes

Para 6 personas:

2 kilos de lubina
2 cebollas
3 dientes de ajo
1/2 kilo de tomate
18 almejas
12 langostinos medianos
1 vaso de sidra
Aceite
Perejil
Sal

Se doran la cebolla y el ajo, picados, en aceite; se añade el tomate, en trozos pequeños, y el perejil y rehoga todo junto. Después se incorpora la sidra y cuece todo durante unos minutos.

Los trozos de lubina, enharinados, se fríen, vuelta y vuelta, en aceite; se disponen en una cazuela de barro y se bañan con la salsa anterior previamente pasada por el pasapuré. Se suman los langostinos y se cuece todo a fuego suave. Momentos antes de servir se agregan las almejas.

Nota: Si la salsa quedara espesa, o el pescado se secara durante la cocción, se añadirá un poco de caldo de pescado.

Llámpares (lapas) en salsa verde

Ingredientes:

2 kilos de lapas
2 cebollas
3 dientes de ajo
2 cucharadas de harina
1 vaso de sidra
Aceite
Sal

Las llámpares exigen inicialmente una cuidada limpieza. Para ello se mantienen durante una hora en agua con sal, después se lavan repetidas veces en agua hasta que suelten la arena.

En una cazuela se prepara una salsa marinera según costumbre. Resulta aconsejable pochar la cebolla en el aceite, añadir después ajo y perejil machacados en el mortero, incorporar la harina y la sidra y dejar que el conjunto hierva unos minutos.

Se agregan las lapas a la salsa y se prosigue el hervor. Cuando despeguen de sus conchas se sirven de inmediato.

Merluza importante

Ingredientes

Para 4 personas:

4 troncos de merluza de 250 gramos
8 langostinos
12 almejas
2 manzanas
1 cebolla
2 dientes de ajo
2 ramas de perejil
Harina
Fumet de pescado
Sidra
Aceite
Sal

Con la cebolla, ajo y perejil, dorados en aceite, se prepara una salsa tipo marinera a la que se suma sidra y caldo de pescado al gusto.

En una fuente de horno se disponen los troncos de merluza y las manzanas enteras, vaciadas de corazones; se baña con la salsa anterior y cuece todo en horno no muy fuerte, junto con las almejas.

Aparte, en agua con sal, cuecen los langostinos.

En el momento de servir se disponen los ingredientes saliendo en cascada de las manzanas.

Sabadiegos de Noreña

Ingredientes:

6 chorizos sabadiegos de Noreña

1 botella de sidra

Patatas

Aceite, sal

En una cazuela con sidra cuecen los chorizos sabadiegos hasta que estén bastante desengrasados y blandos. Esta operación debe hacerse a fuego no muy fuerte y pacientemente.

Cuando estén bien cocidos, se sacan, escurren y se disponen en fuente de barro acompañados de patatas fritas gruesas.

Nota: Antiguamente los sabadiegos eran unos chorizos elaborados con carnes de baja calidad, vísceras y grasa, destinados como condimento de guisos y potajes propios de los sábados (de ahí su nombre) de vigilia. Su uso estaba permitido por las disposiciones eclesiales.

En la actualidad los «sabadiegos de Noreña» son de excelente calidad y gozan de gran aceptación popular.

Salsa de manzanas y sidra

Ingredientes:

2 manzanas

1 vaso de sidra

1 copa de licor de manzana

1/2 litro de agua

Harina

Las manzanas, partidas en trozos, cuecen con pieles y corazones en el agua y la sidra hasta que el líquido quede reducido aproximadamente a su mitad.

Se pasa por el chino y si la salsa quedara un poco ligera se añade con una cucharada de harina.

Sardinas en salsa

Ingredientes

Para 6 personas:

18 sardinas

2 cebollas medianas

2 zanahorias

Media hoja de laurel

1 vaso mediano de sidra

Aceite

Harina

Sal

Evisceradas y limpias, se cuecen las sardinas durante tres minutos en agua con sidra, media cebolla en casquetes, zanahoria en trozos, laurel y sal.

Aparte, en cazuela con aceite, se doran el resto de las cebollas y la zanahoria en rodajas; se añade la harina (1 o 2 cucharadas) y un poco de caldo de cocción y hierve todo unos minutos.

Se incorporan las sardinas y se prosiguen los hervores unos minutos más sirviéndose en la misma cazuela.

Nota: Si la salsa saliera espesa, se aligera con más caldo de cocción.

Quesos

Queso Gamonedo *(página 254)*

El Principado de Asturias es, probablemente, una de las mayores manchas queseras de Europa y, sin lugar a dudas, la región o Comunidad Autónoma que ofrece un mayor índice en la relación «quesos artesanales/número de habitantes».

Tres son los factores que condicionan nuestra realidad quesera: una especial **climatología** húmedo-templada que, a su vez, se diversifica en variados microclimas característicos de zonas concretas; un **suelo fértil**, garantía de abundosos y nutricios pastizales, base de una incuestionable riqueza ganadera traducida en productos cárnicos y lácteos de calidad singular; y, por último, una **geografía accidentada** –alternancia de mar y montaña– que obliga al establecimiento de núcleos de población muy definidos en sus costumbres, folklore y modos y medios de alimentación. Todo ello explica el hecho de que Asturias cuente con una opulencia tal de quesos artesanos cuyo número supera la treintena.

La importancia de los quesos asturianos supuso, y supone, en muchos casos el soporte económico principal de familias y municipios. Algunos, como el cabrales o el casín, tiene historia comercial que se remonta a siglos pasados y siempre unida a actividades de exportación a otras regiones españolas, naciones europeas e, incluso, países hispanoamericanos. Otros ven reducido su mercado al propio municipio de origen, siendo su producción muy escasa y, por tanto, incapaz de abastecer a todo el comercio regional.

Tres zonas, la oriental, la central y la occidental, definen el mapa quesero asturiano. La primera tiene como más representativo al *cabrales*; la segunda, al *casín* y al *afuega'l pitu*; la tercera, al *genestoso o xinestosu*.

Quesos de la zona oriental

Cuatro subzonas, con su microclima, ganadería y artesanía características, definen la riqueza quesera de la comarca. Los municipios de Ponga y Amieva, en el desfiladero de Beyos, elaboran el *queso de Beyos* (o *Veyos*), más bien tierno y con cierto aroma ahumado.

Cabrales, en el corazón de los Picos de Europa y a la sombra del Naranjo de Bulnes, elabora el famoso *cabrales*; «el más logrado de los quesos españoles», como lo definió Julio Camba. Es un queso fermentado, de fuerte olor y sabor ligeramente picante. También a la sombra de Los Picos, Onís y Cangas de Onís producen otra variedad de quesos fermentados, el *gamonedo* (o *gamonéu*), menos veteado y fuerte que el anterior.

Las dos Peñamelleras, la Alta y la Baja, en límites con Cantabria y también en zonas de montañas, pregonan su *queso de Peñamellera*; variedades de pequeño tamaño, cilíndricos y aplastados y de sabor relativamente fresco.

Por último, Llanes, municipio con destinos de mar, se caracteriza por una quesería de variedades frescas y pasta blanda y cremosa. Son, por ejemplo, los quesos de *Porrúa*, de *Vidiago*, de *Pría*, de *Piedra*, etc.

Quesos de la zona central

El *afuega'l pitu*, que es genérico en toda Asturias, cobra aquí singular significación, especialmente en los municipios de Pravia, Grado, Salas, Riosa y Morcín. En este último destaca asimismo el llamado *afuega'l pitu roxu de trapu*, que en su elaboración incorpora pimentón dulce o mezcla de dulce y picante según el particular gusto del elaborador. El queso de *afuega'l pitu* es fresco, blando y ligeramente ácido y en cierto modo un poco pegajoso al paladar (de ahí su nombre). La forma del blanco es semiesférica o troncocónica; la del rojo, semiesférica. El queso *casín*, propio de los municipios de Caso y Sobrescobio, es uno de los más antiguos en la tradición quesera asturiana. Son quesos cilíndricos, planos, muy curados y mantecosos; el sabor es fuerte y picante.

La zona central asturiana elabora también unos quesos fermentados, de pasta blanda y cremosa, complementada en algunos casos con licores, cuyo aroma y sabor es siempre fortísimo. Son especialidades localizadas en comarcas muy concretas, como el de *Urbiés* (Mieres), el de *tarreña* y el de *vexiga* (Jomezana y Tuzia); el de *fuente* (Teverga y Proaza); el de *bota* (Proaza y Quirós); el de *masera* (Teverga) y el *quesu l'odre* (Somiedo).

Quesos de la zona occidental

El queso de *Genestoso* (o *xinestosu*) es el más tradicional de la comarca, elaborado en Cangas del Narcea; es un queso de pasta semidura, no demasiado curado, que recuerda un poco a las variedades manchegas. En la zona de Los Oscos, de vieja tradición quesera, se elaboran unos quesos –el *queso de Oscos*– análogos a los gallegos de teta; en la actualidad se ha perdido bastante esta tradición que, de algún modo, ha sido recuperada en Grandas de Salime.

Consejos tradicionales

• Los quesos blandos se conservan bien en sitio fresco o en la parte baja del frigorífico. Conviene guardarlos en caja cerrada, pero no hermética.

• Los quesos azules y los de olor fuerte deben envolverse en papel de aluminio. No conviene que estén cercanos a alimentos que absorben fácilmente los olores.

• El plástico no suele ser buen envolvente de quesos; lo más aconsejables es el papel de aluminio o el papel de estraza.

• Si guarda quesos en las tradicionales queseras de madera y tapa de cristal, cuide de colocar un terrón de azúcar con ellos; absorberá la humedad.

• No congele los quesos sobre todos si son curados. Los tiernos, aunque mal, admiten la congelación; para ello utilice bolsas herméticas.

• La presencia de «verdín» en la parte externa del queso supone siempre una alteración del mismo. Debe eliminarse rápidamente aunque no influya en el sabor.

• Algunos quesos fermentados, como el Cabrales, pueden presentar en su corteza algunos «gusanillos». Es un defecto consecuencia de la acción de ciertos insectos o sus larvas. Aunque no influya en su sabor, ese queso debe ser rechazado, al menos, en principio.

• Asegúrese que la superficie del queso no ofrece señales de putrefacción o de reblandecimiento. El tacto y el olfato son los mejores consejeros.

• Decía Brillant-Savarin que «un postre sin queso es como una hermosa, tuerta». Y apostillaba Briffault: «El queso es el complemento de una buena comida y el suplemento de una mala».

• Si en su comida ofreció algún plato confeccionado con queso, evítelos en el postre.

• Los quesos deben servirse antes de las frutas y siempre acompañados de pan. «Queso sin pan es como un jardín sin flores».

VALOR NUTRITIVO DE ALGUNOS QUESOS ARTESANALES

Variedad	Grasa absoluta	Grasa en extracto seco	Proteínas	Kilo-calorías
Afuega'l pitu (blanco)....................	20,7	41,2	21,7	273
Afuega'l pitu (rojo)	22,8	40,7	24,3	302
Beyos	37,7	51,0	27,0	450
Cabrales..................................	28,0	45,0	24,2	348
Casín	36,0	52,1	25,0	424
Gamonedo	30,2	44,8	26,2	375
Genestoso.................................	34,3	52,8	24,6	405
Peñamellera	33,0	52,7	24,5	395
Urbiés...................................	—	—	24,8	100
Vidiago	24,3	43,6	23,8	320

Cachopo de venado en salsa de Gamonedo

Ingredientes

Para 4 personas:

8 filetes de venado
4 lonchas de jamón serrano
100 gramos de queso en lonchas
Para la salsa:
Mantequilla
Queso de Gamonedo
1 tacita de nata
1 tacita de caldo de carne
Aceite
Sal

Con los filetes de venado y los ingredientes citados se elaboran los cachopos (San Jacobo) que, rebozados en huevo y pan rallado, se fríen en abundante aceite. Aparte se prepara la salsa fundiendo el queso en la mantequilla, incorporando después el caldo y la nata y dejando enfríar hasta que quede espesa.

Con esta salsa se bañan los cachopos y caliente todo en horno fuerte durante breves instantes.

Canapés de Cabrales

Ingredientes

150 gramos de queso de Cabrales
50 gramos de mantequilla
Media copa de oloroso andaluz
2 manzanas

Mezclar el queso con la mantequilla y el vino hasta conseguir una pasta homogénea que se extiende en capa fina sobre rodajas de manzana.

Como es lógico, la manzana puede sustituírlas por trozos de pan tostado.

Entrecot al Cabrales

Ingredientes

300-400 gramos de entrecot de ternera
Queso de Cabrales
Mantequilla
Harina
Nata
Aceite
Brandy
Sal

El entrecot, enharinado, se fríe en mantequilla. En la grasa de fritura se dispone el Cabrales para que vaya fundiendo lentamente; su suma le brandy y se flamean. Seguidamente se añade la nata y se reduce la salsa a fuego suave hasta que espese.

Con ella se baña el entrecot dispuesto en plato llano. Acompañar con patatas fritas.

Cachopo de venado en salsa de Gamonedo *(página 254)*

Escalopes en salsa de Afuega'l pitu

Ingredientes

Para 6 personas:

18 escalopines de solomillo
200 gramos de queso afuega'l pitu blanco
50 gramos de mantequilla
200 gramos de champiñón
1/4 litro de nata líquida
1/4 litro de salsa española
1 copa de jerez
1 cucharada de harina

En una sartén dora la harina en la mantequilla, incorporando de seguido el jerez, la nata, la salsa española, el queso y el champiñón (en láminas) hasta que se reduzca convenientemente.

Con esta salsa se bañan los *escalopines*, fritos previamente «a la romana», y dispuestos en fuente.

Puede adornarse con patatas panadera y triángulos de pan fritos.

Frisuelos (fayueles) rellenos de crema de queso

Ingredientes:

Leche
Harina
Huevo
Levadurina
Sal
Para la crema:
Leche
Harina
Yema de huevo
Tres cucharadas de requesón
Azúcar

Con leche, harina, huevos, levadura y sal se confeccionan los frisuelos (*fayueles*) según receta descrita anteriormente.

Aparte, se prepara una crema pastelera (ver receta) a la que se incorpora el queso.

Se dispone un poco de esta crema encima de cada frisuelo y se enrosca el conjunto a modo de tubo. Se colocan los frisuelos en fuente plana y se bañan con una ligera capa de mermelada de manzana.

Fritos de queso de Cabrales

Ingredientes

150 gramos de queso
Cabrales no muy hecho
Harina
Leche
Mantequilla
1 huevo
Pan de centeno
Aceite
Sal

Con la leche, mantequilla y harina se elabora una bechamel según costumbre; se sala ligeramente y se suma el queso hasta formar una pasta homogénea que enfría hasta endurecer.

Con porciones de esta pasta, a modo de croquetas, se confeccionan los «fritos» que pasan por huevo y pan de centeno rallado y fríen en abundante aceite.

Gratinado de oricios y queso de Rozagas

Ingredientes

Para 4 personas:

Para el pisto:
1 cebolla
1 diente de ajo
1 tomate
1 rama de perejil
1 diente de ajo
1 copa de fino andaluz
Los corales de 24 oricios

Fríen la cebolla, el ajo y el perejil (muy picados), sumando el tomate cuando la cebolla esté bien pasada; da unos hervores y se deja enfriar. Se agregan los corales de los oricios y el vino andaluz procurando que todo entremezcle bien.

Con los ingredientes que se citan se elabora una bechamel según costumbre (ver receta).

En cazuela de barro se dispone el pisto de oricios, se cubre con la bechamel y gratina en horno fuerte. Se sirve en la misma cazuela.

Gratinado de setas, oricios y queso rojo del Aramo

Ingredientes

Para 4 personas:

400 gramos de setas
150 gramos de corales de oricios (cocidos y limpios)
150 gramos de queso rojo del Aramo (afuega'l pitu roxu de trapu)
2 dientes de ajo
1 rama de perejil
1 copa de fino andaluz
Mantequilla
Harina
Leche
Sal
Conchas de vieira

En una sartén con mantequilla o aceite saltean las setas, el ajo y el perejil; éstos finamente picados. Cuando las setas estén a punto se suman los oricios, revolviendo bien y se retiran.

Con la leche, harina y mantequilla se elabora una bechamel suave a la que se suman el vino y el queso, batiendo bien.

En el fondo de una concha de vieira se dispone una cucharada de esta bechamel; encima, un poco de revuelto de setas, y se cubre con más bechamel.

Se gratina en el horno y se sirve en las mismas conchas.

Huevos casinos

Ingredientes

Para 6 personas:

12 huevos cocidos
50 gramos de queso Casín
1 vaso de nata líquida
1 cebolla pequeña
Perejil

Cortar los huevos longitudinalmente por la mitad y extraer las yemas, que se mezclan con el queso, la nata, la cebolla y el perejil muy picados. Rellenar los huecos con esta pasta y disponer los huevos en fuente plana adornando con un fondo de lechuga y rodajas de tomate.

Ha de cuidarse que la masa del relleno quede espesa y homogénea; por eso la nata debe sumarse poco a poco.

Huevos rellenos de requesón

Ingredientes

Para 4 personas:

6 huevos cocidos
150 gramos de requesón
3 tomates
Aceite
Sal
hojas de lechuga

Se parten longitudinalmente los huevos en dos mitades; se extraen las yemas y se mezclan con el requesón, un poquitín de aceite y sal.

Con esta mezcla se rellenan los huecos dejados por las yemas, disponiendo el conjunto en fuente adornada con fondo de lechuga picada y rodajas de tomate en los bordes.

Noca al Gamonedo

Ingredientes

Para 4 personas:

1 noca (ñocla o buey) de 1 1/2 kilo aproximadamente
50 gramos de mantequilla
50 gramos de queso Gamonedo no muy hecho
1 copa de jerez
Un poco de cebolla muy picada
Un poco de perejil muy picado
Agua
Sal

Cuece la noca en agua con sal (si es posible, se prefiere el agua de mar) durante unos 20 minutos. Ya cocida y fría, se escoge la carne de cuerpo y patas que, desmenuzada, se mezcla con el resto de los ingredientes. El conjunto se dispone en el cascarón de la noca y se introduce en horno fuerte durante 2-3 minutos.

Se sirve en el mismo caparazón adornando con huevo duro muy picado.

Pastel de queso con frutas

Ingredientes:

100 gramos de queso afuega'l pitu blanco
300 gramos de requesón
6 huevos
125 gramos de mantequilla
75 gramos de harina
75 gramos de azúcar
250 gramos de frutas confitadas (muy picaditas)
Ralladura de 1 limón

En un bol, y usando espátula de madera, se mezclan bien todos los ingredientes citados (los huevos, lógicamente, han de estar batidos previamente) hasta obtener una masa ligera y esponjosa.

Esta masa se dispone en un molde engrasado con mantequilla y cuece todo en horno no demasiado fuerte durante unos tres cuartos de hora hasta que quede perfectamente cuajada (conviene hacer la prueba de la aguja de tejer).

Enfría y se desmolda, decorando después con frutas naturales o confitadas.

Pastel de setas y Cabrales

Ingredientes:

500 gramos de setas
75 gramos de queso de Cabrales
50 gramos de mantequilla
1 cebolla
1 vaso pequeño de nata líquida
6 huevos
1 copa de brandy
Sal

Rehogar la cebolla, muy picada, en la mantequilla e incorporar el Cabrales hasta que mezcle bien formando una salsa consistente y flambear con el licor. Rehogar las setas y sumarlas al preparado anterior; añadiendo después los huevos y la nata.

Todo ello, bien mezclado con la batidora, se dispone en un molde adecuado (de puding) engrasado con mantequilla y cuece al baño maría durante una hora y media (conviene hacer la prueba de la aguja de tejer).

Se enfría en frigorífico y desmolda pasadas unas 24 horas.

Patatas a la importancia

Ingredientes

Para 4 personas:

5 patatas grandes
50 gramos de jamón York
50 gramos de lonchas de queso cremoso de Los Oscos
Harina
Aceite
Caldo
Azafrán
Perejil
Ajo
1 huevo
Sal

Se cuecen las patatas, peladas y enteras, en agua con sal. Se enfrían y se cortan en rodajas de unos 5 mm de grosor. Se forman, a modo de emparedados, las piezas de freír disponiendo una rodaja de patata, una loncha de queso, otra de jamón y otra de patata; se pasa por harina y huevo y fríe en aceite caliente.

Se coloca todo en cazuela de barro y se suma una salsa marinera (verde) aromatizada con azafrán, cociendo a fuego manso hasta que la salsa esté suavemente espesa.

Se sirve, muy caliente, en la misma cazuela.

Entrecot al Cabrales *(página 254)*

Postre a la antigua

Ingredientes:

6 lonchas de queso de afuega'l pitu blanco y tierno

3 cucharadas de miel

Nueces limpias y molidas en trozos grandes

Disponer las lonchas de queso, no demasiado gruesas, en una fuente plana; bañar ligeramente con la miel y espolvorear con la nuez picada.

Sardinas con queso

Ingredientes

Para 6 personas:

2 docenas de sardinas

50 gramos de queso Genestoso rallado

50 gramos de mantequilla

1 huevo

Perejil

Pan rallado

Sal

Aceite

Se evisceran, desespinan y limpian las sardinas; secándolas después con un paño o papel absorbente. Aparte, se mezclan queso, mantequilla y perejil hasta formar una pasta homogénea que se extiende suavemente por el interior de cada sardina.

Se disponen dos sardinas, una contra la otra por su cara interior y se salan ligeramente; se rebozan en huevo y pan rallado,

friendo después en abundante aceite. Escurren en papel absorbente y se sirven acompañadas de ensalada de lechuga.

Setas a la crema de La Peral

Ingredientes

Para 4 personas:

500 gramos de setas grandes

1 vaso de nata líquida

50 gramos de queso de La Peral (azul)

1 copa de brandy

2 cucharadas de mayonesa

Mezclar la nata con el queso en una sartén y calentar hasta que se reduzca un poco; sumar el brandy previamente quemado y, una vez templada la salsa, incorporar la mayonesa.

Con esta salsa se bañan las setas, preparadas a la plancha, y el conjunto se sirve en fuente decorada al gusto.

Solomillo al queso Gamonedo

Ingredientes

Para 4 personas:

4 solomillos de 250 gramos
2 huesos de rodilla
1 cebolla
2 zanahorias
1 tomate
150 gramos de queso Gamonedo
1 vaso de nata líquida
1 vaso de Oporto

Preparar un caldo con los huesos, la cebolla, las zanahorias y el tomate. Debe partirse de unos 4 litros de agua y, mediante cocción lenta, reducirlos a medio litro escaso.

Aparte se mezclan la nata, el Oporto y el queso, cociendo a fuego lento. Cuando esté bien reducido se mezcla con el caldo para formar una salsa ligeramente espesa.

Con ella se bañan los solomillos fritos en aceite o, mejor aún, asados a la plancha o en parrilla.

Solomillo de ternera con queso de Pría

Ingredientes

Para 6 personas:

6 medallones gruesos de solomillo
1/4 litro de caldo de carne
200 gramos de queso ahumado de Pría
1 copa de marc de sidra
2 manzanas
Sal

En un cazo se reducen durante unos 10 minutos el caldo y el queso, removiendo de continuo con la espátula y cuidando que entremezclen bien; después se suma el marc de sidra previamente quemado.

Los medallones de lomo, salpimentados, se preparan a la plancha y se bañan con la salsa anterior. Se disponen en fuente de horno adornando con rodajas de manzana y se introducen a horno fuerte durante 30 segundos. Servir, muy caliente, en la misma fuente.

Sorpresas de queso valdesano

Ingredientes:

8 lonchas de queso valdesano no demasiado gruesas
1 huevo
Pan rallado
Salsa vinagreta
Lechuga
Endibias
Aceite

Las lonchas de queso, no demasiado gruesas y de forma cuadrada o circular, se pasan por huevo y pan rallado y se fríen en aceite; después escurren en papel absorbente.

Se sirven en una fuente sobre fondo de ensalada aliñada suavemente con una vinagreta.

Tabla de quesos asturianos

Ingredientes:

Queso de Afuega'l pitu blanco
Queso de Beyos
Queso de Peñamellera
Queso valdesano
Queso ahumado de Pría
Queso de Vidiago
Queso de Afuega'l pitu roxu del Aramo
Queso de La Peral
Queso de Gamonedo
Queso de Cabrales
Queso Casín

Se cortan las muestras de queso en trozos triangulares grandes y con un grosor de medio centímetro, y se disponen en fuente redonda plana (o en tabla circular de madera) colocándolos, precisamente, en el orden que se cita en los ingredientes.

Resulta muy llamativo si se disponen sobre un fondo de rodajas de manzana.

Tarta de queso

Ingredientes:

750 gramos de queso fresco Afuega'l pitu blanco
125 gramos de galleta tipo «maría»
100 gramos de mantequilla
3 huevos
250 gramos de azúcar
Pasas de Corinto
Mermelada o jalea al gusto

Las galletas, desmenuzadas, se mezclan con la mantequilla (previamente derretida) hasta formar una pasta que se dispone en el fondo de un molde previamente engrasado.

Huevos, queso y azúcar, bien homogenizados con la batidora, e incorporada a la masa las pasas de Corinto, se dispone encima de la pasta de galletas. Se hornea durante unos 45 minutos a horno medio y, ya fría la tarta, se desmolda y baña con una mermelada o jalea al gusto.

Tarta de queso y café

Ingredientes:

350 gramos de queso Peñamellera
100 gramos de azúcar
1 cucharada de café instantáneo
1 copa de licor (brandy, ron etc)
1/4 litro de leche entera
20 gramos de harina
30 gramos de azúcar

Mezclar bien el queso con el licor y el azúcar y el café instantáneo disuelto en el mismo licor o en un poco de agua o leche hasta conseguir una pasta homogénea que se deposita en molde apropiado y enfría durante unas 3-4 horas en congelador.

Un cuarto de hora antes de servirla, se saca del congelador esperando a desmoldarla en el mismo instante de llevarla a la mesa. Se presenta bañada con una salsa templada calentando al fuego la leche, la harina y el azúcar.

Tarta de queso y nuez

Ingredientes:

3 láminas de bizcocho
100 gramos de queso Afuega'l pitu blanco
150 gramos de requesón
250 gramos de nueces asturianas molidas con el rollo
400 gramos de mermelada de manzana
Almíbar

La mitad de la mermelada de manzana se mezcla con las nueces molidas y la otra mitad con el queso y el requesón.

Sobre una lámina de bizcocho se dispone una capa de mermelada y queso; se cubra con otra lámina de bizcocho y sobre ella la mezcla de nuez y mermelada; nueva capa de mermelada y queso y se finaliza, cerrando, con la tercera lámina de bizcocho.

Abrillantar con gelatina o mermelada. Decorar con medias nueces en la periferia.

Tortilla de queso

Ingredientes:

Por personas:
2 huevos
50 gramos de queso de Taramundi
Aceite

En una sartén con muy poco aceite se echa el queso, cortado en lonchas pequeñas y finas, hasta que empiece a fundir. En ese momento se incorporan los huevos batidos y se cuaja la tortilla como si fuera «a la francesa».

Se sirve acompañada de triángulos de pan frito.

Postres

Bartolos, casadielles y carballones *(páginas 276-277)*

En la aprobación de la obra de Juan de la Mata *Arte de la repostería*, tratado reputado como clásico en el arte de la dulcería, Domingo Fernández, Repostero Real, en gala de su oficio alarga los límites de su cometido al referirnos que «constituye Pensil hermoso, no menos agradable a la vista que al labio».

Estos términos nos sirvieron de pauta a la hora de alinear el capítulo dulcero de Asturias, de la Asturias del arroz con leche, de las casadielles, de los frixuelos, de las glorias, de las marañuelas, de las tartas o de las teresitas. Y es que a eso se reducen las características de nuestros postres: sabor insuperable y sobria presencia. En los últimos tiempos, autores ocasionales, basados acaso en la reciedumbre de nuestros platos fuertes, cuya personalidad nunca podremos deteriorar, han quitado importancia al capítulo de verdadera creatividad culinaria de Asturias. Grave pecado porque, lejos de barroquismos, los asturianos, en los escuetos términos de mezclar, batir, amasar, desmoldar, hornear y decorar, hemos significado la mejores e insobornables líneas de nuestra personalidad culinaria.

Las recetas que aquí recogemos, rescatadas unas de polvorientos archivos nacionales, pertenecientes alguna a viejos conventos asturianos y salvadas otras de venerables recetarios particulares, fieles todas a una rica tradición patria, pretenden ser únicamente apretada muestra de la sabrosa, nutritiva, variada y atractiva dulcería asturiana.

Consejos tradicionales

• Para que no se queme o arrebate un pastel en el horno se cubre éste con un papel untado por encima con manteca o con agua.

• La levadura para la fermentación puede sustituirse por cerveza.

• Para preparar la almendra molida se colocan las almendras en un cazo con agua fría, sobre el fogón, y una vez que se inicie el hervor se apartan y se les desprende la piel; se dejan airear durante dos o tres días, se meten un rato al horno y, antes de que se enfríen, se muelen.

• Para que suban pronto las claras, al batirlas se les agrega azúcar o un poco de sal.

• Para lograr claras a punto de merengue se baten las claras con azúcar hasta que estén en punto de nieve; se pone en un cazo azúcar a derretir y, cuando está a punto de caramelo, se echa a las claras sin dejar de batirlas; así se conservan mucho tiempo en buen estado.

• Todos los bollos quedan muy lustrosos si, a media cocción, se untan con huevo batido (clara y yema o solamente yema).

• Para cortar pasta se moja el cuchillo en agua fría.

• Para aromatizar flanes, natillas y otros preparados que se elaboren con leche se pone en ésta, al hervir, un trocito de hoja de laurel.

• Para que las galletas caseras no se pongan duras pronto, nada mejor que colocar dentro de la caja una manzana, que se renovará de vez en cuando. A falta de manzanas, una rebanada de pan tierno de dos dedos de espesor producirá parecidos efectos.

• Para que los buñuelos al freír no absorban mucho aceite se le echa a la pasta un chorro de vinagre de sidra.

• El merengue se sostiene con este procedimiento: después de batidas las claras de huevo a punto de merengue se azucaran, se siguen batiendo por unos minutos más y enseguida se les echa tres o cuatro gotas de vinagre; se baten de nuevo y ya no pierde su consistencia, aunque se deje hasta el día siguiente.

• Para cocer el hojaldre y bizcochos que no contengan manteca se necesita horno fuerte; flojo para cocer merengues.

• Al machacar almendras, se añade de cuando en cuando un poco de clara de huevo, para evitar que suelten el aceite.

• La masa de los bizcochos debe contener sal. La proporción tradicional es de 15 g. de sal por cada 500 g. de harina.

• A la hora de preparar el molde de los bizcochos, conviene embadurnarlos con aceite. No ha de hacerse con mantequilla, pues siempre contiene algo de agua, lo que provoca que algunas masas se peguen al molde. Por el contrario, se puede utilizar la mantequilla si la masa fuera aceitosa.

• Si el bizcocho se ha tostado demasiado, conviene esperar a que enfríe completamente antes de rallar la parte oscura.

• Si la pasta resultara demasiado pegajosa, por haberla amasado en exceso o por trabajar en una cocina muy caliente, déjelo en el refrigerador por espacio de media hora.

VALOR NUTRITIVO DE LOS POSTRES

Cada 100 gramos contienen	Hidratos de carbono	Proteínas	Grasas	Kilo-calorías
Almendras	10	15,87	40	504
Avellanas	10,8	13,5	48,5	533,7
Azúcar	100	—	—	394
Castañas crudas	30	21,96	39,68	490
Flan de huevo	14,3	6,4	10,2	174,6
Harina de trigo	74	11	1	370
Huevo	100	—	—	394
Leche de vaca	3,7	2,1	3	50,2
Limón	3,1	0,8	0,3	35
Manzana cocida	6,5	—	—	26
Merengue	1	11	—	55
Miel	85	0,3	—	341,2
Nueces	4,7	14,4	52,2	546,2

Almendrados asturianos

Ingredientes:

300 gramos de almendras
300 gramos de azúcar
4 claras de huevo
Ralladura de limón
Canela

Las almendras ya mondadas se machacan en un mortero, agregando un poco de clara de huevo; al volverse la pasta fina se añade, paulatinamente, el azúcar, las ralladuras de limón y la canela, al tiempo que las otras claras de huevo, con el fin de lograr una pasta poco sólida, pero que se sustente. Se trocea la pasta y se moldea con la mano, dándoles forma redondeada. Se les dispone, seguidamente, sobre placas cubiertas de papel engrasado que se introducen en el horno hasta que se empiecen a dorar.

Arroz con leche

Ingredientes

Para 6 personas:

6 pocillos o jícaras de arroz
6 pocillos de agua
Leche
Canela en rama
Raspaduras de limón
Azúcar

La universalidad del arroz con leche, pese a su consistencia documental como postre regional, supera los límites del Principado. No por ello deja de ser un elemento más de nuestra cocina tradicional. La receta que utilizamos tiene grafías del siglo XIX.

Después de lavado el arroz en agua fría, se vierte en un cazo con agua fría y leche cruda también fría, al tiempo que las raspaduras de limón y la canela. Déjese hervir lentamente removiendo de continuo. Al empezar a espesar se le añade leche cocida y fría hasta lograr los granos sueltos y blandos. Se aparta del fuego y se le incorporan seis cucharadas de azúcar; hierve por unos instantes, removiendo para que no se pegue.

Bizcocho asturiano

Ingredientes:

5 huevos
150 gramos de azúcar
250 gramos de harina
Mantequilla

Se bate un cuarto de hora el azúcar con los huevos; se incorpora la harina y se bate 5 minutos. Se enmanteca un molde, sobre el que se dispone la masa, y se lleva a horno regular. Para saber cuándo está en su punto basta introducir en el bizcocho un tenedor, si sale limpio, ya alcanzó su punto.

Bizcocho de maíz

Ingredientes:

1 taza de harina de maíz
1 taza de harina de trigo
1 taza de azúcar
2 tazas de leche
50 gramos de mantequilla
Levadura

Se mezcla todo muy bien con la mantequilla desleída al baño maría; una vez bien amalgamado, se dispone en un molde enmantecado y se introduce en el horno.

Bizcochos de suegra

Ingredientes:

6 huevos
300 gramos de harina
250 gramos de azúcar
1 corteza de limón
Mantequilla

Se baten 6 yemas con el azúcar y las ralladuras del limón; también se baten las 6 claras a punto de nieve y se añaden a las yemas. Muy poco a poco se añade harina, batiendo todo muy suave, hasta que bajen las claras. Se untan con mantequilla unos flaneros; se les vierte la masa, se les espolvorea de azúcar y se introducen en el horno a poco fuego.

Bolla naveta

Ingredientes:

8 huevos
Canela en polvo
460 gramos de harina
450 gramos de azúcar molida
1 corteza de limón
Sal

Mézclense bien los huevos con azúcar, raspaduras de limón, canela en polvo y sal. Todo bien unido, se añade harina y se bate por espacio de 7 o 10 minutos, hasta que la pasta forme borbotones; se le agrega manteca derretida, procurando que no esté muy caliente, y se bate de nuevo hasta que la manteca esté incorporada. Se enmanteca bien el molde, se vierte en él la pasta y se introduce en el horno.

Bollos de Caso

Ingredientes:

3 tazas de harina
1 huevo
2 cucharadas de manteca
1/2 taza de azúcar
2 cucharadas de canela
2 cucharadas de pasas
Levadura
Sal

Se cierne el azúcar con la harina, la sal y la levadura; se le incorpora la manteca, el huevo batido, mezclado con un poco de agua. Se pasa el rodillo sobre la mesa, en

Arroz con leche (página 271)

una tabla harinada, hasta darle un grosor de unos 5 milímetros, y se rocía con manteca, canela y pasas. Se enrollan, luego, en forma de barquillo, se cortan en pedazos de unos 50 milímetros y se disponen en una placa engrasada, rociándolos de nuevo con manteca y canela. Cuecen en el horno, a temperatura media, por 30 o 35 minutos, cuidando, una vez cocidos, de retirarlos inmediatamente de la placa.

Bollos de leche

Ingredientes:

350 gramos de harina
100 gramos de manteca de vaca
50 gramos de azúcar
1/4 litro de leche
3 huevos
5 gramos de levadura prensada
10 gramos de sal molida

Con la cuarta parte de la leche se disuelve la levadura. Tamizada la harina, se separa la cuarta parte y se elabora una masa espesa, empleando la leche en la que hemos disuelto la levadura; se forma con esta masa una bola, se le dan dos cortes cruzados y se la deja espesar. Con la harina que nos sobró, tres cuartas partes, se forma otra masa, para la que se emplean los huevos, la sal, el azúcar y la leche necesaria. La masa ha de quedar tiesa y consistente, con mucho cuerpo y correosa. Se trabaja de la forma anteriormente descrita y cuando está bien amalgamada se le incorpora la manteca, trabajada, pero no derretida. Se mezcla luego la levadura, en el momento preciso en que ésta haya crecido,

aumentando su volumen al doble de cuando se empastó. Todo muy bien mezclado, se introduce la masa en un barreño de doble tamaño del que necesite la masa, toda vez que aumenta mucho su volumen. Se tapa con un paño y se coloca en sitio templado. Pasadas 4 horas, aproximadamente, se le dan unas vueltas a la masa y se trabaja con el fin de mermar lo que haya crecido.

Tras esta operación se deja de nuevo que crezca en un lugar frío. Transcurridas otras 4 horas, se vuelve la masa sobre una tabla enharinada y se forman los bollos, del tamaño de un huevo; se disponen sobre una placa y se dejan al calor hasta esponjarse. Se moja, entonces, con huevo batido y se les hace a los bollos un corte profundo, de extremo a extremo, sobre el corte se introduce un hilo de azúcar molido y se introducen en el horno.

Brazo de gitano

Ingredientes:

3 huevos
4 cucharadas de azúcar
3 cucharadas de fécula de patata o 4 cucharadas de harina
Bicarbonato
1/2 copa de ron
Mantequilla
Almendras

Se baten tres claras de huevo a punto de nieve; otro tanto se hace con las yemas, hasta que suban, y se juntan, incorporando el azúcar y la fécula de patata o harina. Bien incorporado todo, se le echa el bicarbonato y se vierte en un molde untando con mantequilla.

Se introduce en el horno. A media cocción, sin separarlo del molde, se pincha con una aguja y se le vierte un poco de ron y otro poco de almíbar, procurando que se introduzca bien. Se vuelve al horno y una vez cocido y fuera del molde se vuelve a pinchar y regar con ron y almíbar, como la vez anterior. Aparte se hacen unas natillas duras. Igualmente, en un almíbar fuerte se echa almendra y se deshace bien; se junta con las natillas, se extiende sobre el panete y se enrolla. La decoración puede ser muy variada.

Buñuelos de Amandi

Ingredientes:

1/4 litro de leche
125 gramos de harina
50 gramos de azúcar
50 gramos de manteca
2 huevos
1 cucharada de levadura
1 corteza de limón
Aceite
Sal

Con la corteza de limón, la manteca y una pizca de sal se dispone la leche a hervir. Se aparta del fuego al romper a hervir, se extrae la corteza de limón, se vierte la harina y se bate hasta lograr una pasta fina y, al tiempo, espesa. Se coloca sobre el fuego, dejándola hervir unos minutos. Se deja enfriar ligeramente, se echa un huevo y se revuelve hasta que aparezca bien unido. Se vierte el otro, se repite la opera-

ción y se derrama la levadura. Con la ayuda de una cuchara se van tomando porciones de la pasta y se fríen en aceite bien caliente. Ya fritos, se rellenan de crema y se rebozan en azúcar.

Buñuelos de manzana

Ingredientes:

400 gramos de manzanas
200 gramos de harina
2 huevos
25 gramos de azúcar
250 gramos de mermelada
1 decilitro de cerveza
2 copas de ron
Sal

Mondadas las manzanas, a poder ser de reineta, y desprovistas del corazón, se cortan en rodajas de medio centímetro de grosor y se ponen a macerar por un cuarto de hora en una mezcla de ron con azúcar. En una vasija ponemos la harina, 2 yemas de huevo, sal y la cerveza; se mezcla y seguidamente se incorporan las claras de los huevos batidas a punto de nieve. Con esta pasta se rebozan las rodajas de manzana y se fríen en aceite hasta lograr color dorado; se escurren y se sirven espolvoreados de azúcar y canela o cubiertos con alguna mermelada o nata.

Buñuelos fariñones

Ingredientes:

250 gramos de harina
3 huevos
Mantequilla
Azúcar
Canela
Sal

Se deslíen en agua fría con sal los 250 gramos de harina de flor; en una sartén se calienta un poco de manteca, sobre la que se vierte el anterior batido, removiéndolo con cuchara de palo para que no se pegue la masa, que habrá de resultar cerrada.

Ya cocida, se machaca en el almirez hasta que se ponga blanda por la adición paulatina de los huevos, dos de ellos sin clara, para que no esponje en exceso y se logre una masa quebradiza; se hacen los buñuelos, que se fríen en el resto de la mantequilla, y se pasan por azúcar y canela en polvo.

Carajitos de Salas

Ingredientes:

12 cucharadas de avellana molida
4 cucharadas de almendra molida
4 cucharadas de nuez molida
6 cucharadas de azúcar
2 claras de huevo

Avellana, almendra, nuez y azúcar se mezclan en una fuente honda; poco a poco se van agregando las claras hasta conseguir una masa ligeramente espesa. Probablemente no sea necesario añadir la totalidad de las claras. Pequeñas porciones de esta masa se disponen sobre un papel engrasado de mantequilla y se meten a horno fuerte hasta que estén doradas.

Carbayones

Ingredientes:

1/4 kilo de harina
1/4 kilo de azúcar
100 gramos de almendra muy molida
6 huevos
100 gramos de mantequilla
1 copa de licor

Se prepara una masa de hojaldre (ver receta correspondiente), se estira con el rollo y con ella se forran pequeños moldes alargados.

Aparte se prepara el siguiente relleno: se baten por separado yemas y claras. Antes de terminar de batir las yemas se agregan 3 cucharadas de azúcar y se concluye el batido procurando que queden muy espesas. Las claras también se batirán hasta que estén firmes junto con otras 3 cucharadas de azúcar. Se mezclan yemas y claras, se añade la almendra, 6 cucharadas de harina, 100 gramos de mantequilla fundida y la copa de licor. Conviene que todo quede bien mezclado, pero no batido. Con este preparado se rellenan los moldes y se meten a horno moderado hasta que el hojaldre esté a punto. Se dejan enfriar, se sacan de los moldes y se colocan en otros de papel rizado para, finalmente, bañarlos con cobertura blanca o con dulce de yema.

276

Casadielles

Ingredientes:

500 gramos de masa de hojaldre
130 gramos de nuez molida
80 gramos de azúcar
2 cucharadas de anís
Mantequilla

Dispuesta la masa, bien estirada con el rodillo, se corta en rectángulos. En cada uno de éstos se dispone una cucharada de relleno, es decir, la mezcla resultante de nuez (en algunas partes también incluyen avellanas torradas y machacadas), azúcar, anís y mantequilla. Se enrolla la masa, uniendo los bordes con tenedor, y se introducen en el horno o se fríen en aceite caliente hasta que doren; se espolvorean con azúcar.

Colineta de Navia

Ingredientes:

125 gramos de almendras molidas
125 gramos de azúcar
8 yemas de huevo
3 claras
Corteza de medio limón
Mantequilla

Se baten muy bien las yemas hasta formar una crema; se añade el azúcar y la almendra y se sigue batiendo vigorosamente durante una media hora.

Se incorporan después la ralladura de limón y las claras a punto de nieve; prosiguiendo el batido hasta que la masa forme «globos».

Se dispone la masa en un molde engrasado con mantequilla y espolvoreado de harina y se cuece a horno medio.

Ya fría, se desmolda y decora con azúcar glas y frutas confitadas.

Crema asturiana

(Dada la antigüedad de la receta, la copiamos al pie de la letra)

Ingredientes:

12 yemas de huevo
1 cuartillo de leche
1 cuarterón de azúcar molida

«Deshacerse han las yemas con el azúcar; viértese luego la leche poco a poco; pásale por un paño de holanda y póngase a cocer al baño maría, cuidando de revolver con un palo. Al verse que espesa y que agarra al palo, se aparta y se arroja a un platón. Paladares delicados solicitan encima una cucharada de agua de azahar».

POSTRES

Crema de agua

Ingredientes:

80 gramos de harina

30 gramos de manteca

100 gramos de azúcar

3 yemas de huevo

Vainilla

Sal

Se pone al fogón un cazo con la manteca y cuando esté bien caliente se rehoga en ella la harina, agregándole, poco a poco, agua hirviendo hasta darle a la crema el espesor necesario. Cuece durante 20 minutos, sin dejar de revolver. Pasado este tiempo, se adiciona sal y azúcar y se aparta del fuego, incorporando entonces las yemas y la vainilla.

Crema de azúcar requemado

Ingredientes:

1 litro de leche

3 huevos

1 cucharada de harina muy fina

8 cucharadas de azúcar

1 copa de brandy

Se pone el azúcar a requemar; al lograr un color marrón claro, se aparta del fuego y se deja enfriar. Ya frío, se le echan las yemas, harina y leche y se cuece al baño maría durante unos 10 minutos. Al retirarlo del fuego se agrega el brandy y se deja enfriar.

Crema de limón

Ingredientes:

1 vaso grande de zumo de limón

1 vaso grande de azúcar

2 yemas de huevo

1 clara de huevo

1 bote de leche evaporada

En el vaso de una batidora se disponen las yemas y la clara de huevo, el zumo de limón y el azúcar. Se bate suavemente hasta formar una mezcla homogénea.

Lentamente, y sin dejar de batir, se incorpora la leche evaporada. El conjunto se dispone en un bol o en cazuelitas individuales y enfría durante 4 horas en frigorífico.

Crema de vino blanco

Ingredientes:

1/2 litro de vino blanco

8 yemas de huevo

8 cucharadas de azúcar

1 corteza de limón

A la lumbre, en una cacerola, se ponen el vino blanco, el azúcar y la corteza de limón. Cuece lentamente.

Aparte se baten las yemas de huevo, a las que se va incorporando, poco a poco, el vino ya frío, sin dejar de moverlo, hasta que incorpore bien. Se derrama la crema en un molde y se la deja cocer al baño maría.

Casadielles *(página 277)*

Crema para rellenos

Ingredientes:

1/4 litro de leche

2 yemas de huevo

1 cucharada grande de harina fina

40 gramos de azúcar

Limón, canela o vainilla

Se mezclan todos los ingredientes en frío. Se colocan luego, sobre la lumbre, removiendo constantemente con cuchara de madera, hasta que espese. Se utiliza para relleno de toda clase de pasteles.

Dulce de moras

Ingredientes:

2 kilos de zarzamoras

Azúcar

Canela

Zumo de limón

Una vez lavadas las moras, se bañan con zumo de limón y se rocían con un poco de canela y una taza de azúcar. Permanecen así una noche.

Se cuecen después en su propio jugo y se pasan por un pasapurés de agujeros grandes y finalmente por el de agujeros finos.

La pasta obtenida se mezcla con una cantidad igual de azúcar (hay quien prefiere algo menos) y cuece lentamente hasta que una muestra, colocada sobre el mármol, no se pegue a él.

Se dispone el dulce en tarros muy limpios y se hierve al baño maría antes de cerrarlos definitivamente.

Flan

Ingredientes:

1 docena de huevos

460 gramos de azúcar molida

6 pocillos de leche

1 cucharada de harina

Canela en polvo

Se baten un poco las yemas de huevo con el azúcar, se agrega la harina, moviéndolo todo en la misma dirección, y una vez bien deshecha se le vierte muy despacio la leche con el fin de que todo se incorpore muy bien.

De la libra de azúcar (los 460 gramos indicados) se aparta un cuarterón (115 gramos) para preparar el caramelo del molde; una vez dispuesto éste, se vierte la crema, espolvoreando por encima con canela en polvo. Cuece en el horno o al baño maría una media hora, aproximadamente. Hasta bien frío no desmolda.

Flan de avellana

Ingredientes:

5 yemas

4 cucharadas grandes de azúcar

4 cucharadas grandes de avellana molida

1 taza de leche

Corteza de limón

Canela

Bien batidas claras y yemas, se añaden el azúcar y la avellana, removiendo mucho para que mezclen bien. Después, y sin dejar de remover, se incorpora la leche fría, que previamente hirvió con un poco de canela y ralladura de limón.

El conjunto se vierte en un molde acaramelado y cuece al baño maría. Ya frío, se desmolda y sirve adornando la fuente con avellanas enteras tostadas.

Frixuelos

Ingredientes:

4 huevos
1 litro de leche
Harina
Azúcar
Sal

Se baten los huevos con una pizca de sal; se mezcla con la leche; poco a poco se incorpora la harina hasta lograr un batido ralo y muy fino. Sobre la lumbre se dispone una sartén con el aceite necesario para impregnar el fondo y se va derramando sobre ella, con la ayuda de una cuchara, la mezcla, procurando que se extienda bien y resulte muy delgada; al dorar por una cara, se le da la vuelta. Se depositan en un plato y se espolvorean de azúcar.

Galletas aldeanas

Ingredientes:

1/2 kilo de harina
1/4 kilo de azúcar
1/4 kilo de mantequilla
1 pellejo de tocino
2 huevos
1 copa de anís
Canela molida
Sal

Se mezclan muy bien todos los ingredientes, con excepción del pellejo de tocino, hasta formar una pasta muy suave. Se deja la masa por 15 minutos a reposo y luego se moldean unas bolas de tamaño de una nuez. En un molde, untado con un pellejo de tocino, para cuya operación es recomendable que esté bien caliente, se va disponiendo las galletas, se introducen en el horno, a fuego moderado, hasta que alcancen color dorado.

Galletas de las monjas de Santa Clara de Oviedo

Ingredientes:

3 libras de harina
1 libra y media de manteca cocida
1 libra y media de azúcar blanca molida
12 yemas de huevo
Raspas de dos limones
Canela en polvo
Sal

Se coloca la harina en montón sobre una tabla, se le hace un hoyo en el centro y se le derrama azúcar, limón, canela y sal. Con cuchara de palo se baten las yemas en un cuenco junto con una cucharada de agua y se vuelca sobre el hoyo; se revuelve bien.

Ya bastante espesa la masa, se le agrega manteca, se trabaja bien y se estira y con el bocal de un tazón se moldean las galletas, procurándoles un grosor de un dedo. En una lata se introducen en el horno.

(Para una mayor comprensión, nos hemos visto obligados a cambiar la redacción de la receta que, por su caligrafía, podemos situar a finales del siglo XVIII.)

Galletas reales

Ingredientes:

375 gramos de harina
170 gramos de azúcar
30 gramos de mantequilla
30 gramos de manteca de cerdo
4 cucharadas de levadura en polvo
1 huevo
24 almendras
Canela en polvo
Sal

Apartada una taza de harina, se cierne el resto con la levadura y la sal. Se baten la mantequilla y la manteca hasta tenerlas cremosas; se le añade, poco a poco, el azúcar y se sigue batiendo. Se agrega, ahora, el huevo batido con una cucharada de agua y luego la harina que se apartó hasta lograr una masa suave que se pueda extender sobre una tabla enharinada. Se cortan las galletas, espolvoreándolas con azúcar y canela, y se les coloca en el centro media almendra, que se pega con clara de huevo. Cuecen en el horno durante 10 o 15 minutos.

Glorias

Ingredientes:

250 gramos de patata
250 gramos de almendra molida
250 gramos de azúcar
1 huevo

Con la ayuda de un rodillo se unen muy bien las almendras y el azúcar. Se añade un poco de la clara del huevo, se amasa y se le pasa el rodillo. Cuando hayamos alcanzado una pasta fina se forma con ella un rollo y se van cortando ruedas de un mismo tamaño, que se extienden con el rodillo y se les va dando forma de redondel. Por fin, se doblan por la mitad y se les incluye el relleno.

Es el relleno un dulce elaborado con patata deshecha y un almíbar, que hierve unos momentos. Se deja enfriar y se espolvorea con canela molida, introduciéndolo en el medio del redondel y doblando la pasta. En media clara de huevo se echa una cucharada de azúcar, se revuelve fuertemente hasta que espese, con lo que se untan las glorias sirviéndose de un pincel. Se introducen en el horno, se espolvorean de azúcar y se envuelven en un papel fino.

Leche frita

Ingredientes:

3/4 de litro de leche

6 cucharadas de azúcar

8 cucharadas de sémola

1 corteza de limón

Vainilla

Harina

2 huevos

Se hierve la leche con el azúcar, la corteza de limón y un poco de vainilla. Al romper el primer hervor se vierte, muy lentamente, la sémola, sin dejar de revolver, que cueza lentamente. Una vez frío, se parte en pequeños cuadros, que se pasan por harina, huevo batido y otra vez harina; se fríen en manteca o aceite y se espolvorean con azúcar.

Leche merengada

Ingredientes:

3/4 de litro de leche

180 gramos de azúcar

3 huevos

No queremos romper la integridad de la receta, por lo que la copiamos del viejo recetario asturiano al pie de la letra.

Se pone la leche al fuego con 3 yemas de huevo y el azúcar y se agita con la espátula hasta que hierva. Se baten las claras a punto de nieve y se mezclan con la leche una vez fría, helándola en la garrafa o máquina heladora, ya que ha formado una pasta homogénea. Conviene rodear de hielo, con bastante cantidad de sal, el molde. Se puede servir, sin helar, en copas.

Magdalenas asturianas

Ingredientes:

6 huevos

300 gramos de azúcar

230 gramos de manteca cocida

300 gramos de harina

Raspaduras de un limón

Canela en polvo

Después de tener todo bien batido, se untan de mantequilla los moldes, se vierte sobre ellos, hasta la mitad, la pasta y se introducen en el horno durante 10 minutos, aproximadamente.

Magdalenas gijonesas

Ingredientes:

125 gramos de harina

125 gramos de azúcar

125 gramos de mantequilla en polvo

Ralladura de limón

Se baten los huevos con el azúcar hasta ponerlos espumosos; con la ayuda de una cuchara de palo se agrega la harina y la levadura en polvo, primero, y luego la mantequilla a medio derretir y la ralladura de limón. Formada una pasta homogénea, se llenan los moldes, previamente untados de mantequilla y se cuecen a horno caliente durante 10 minutos.

Mantecadas

Ingredientes:

460 gramos de manteca de vaca
460 gramos de harina
460 gramos de azúcar
12 huevos

Se baten primero las claras y después las yemas, juntando ambas con al azúcar; se trabaja todo un buen rato. Aparte se ha batido también la manteca sola hasta hacerla blanca como merengue. Se incorporan los huevos a la manteca, se les une la harina poco a poco, sin dejar de trabajarla, hasta que logremos una pasta fina y elástica. Se echa en moldes de papel y se introducen en horno moderado durante un cuarto de hora. Procúrese que las cajas queden mediadas para que no rebosen.

Marañuelas de Candás

Ingredientes:

250 gramos de azúcar molida
250 gramos de manteca de vaca cocida
3 huevos
1/2 copa de anís
1 limón
Harina
Sal

Durante un buen rato, en una fuente honda se baten la manteca y el azúcar; se agrega, luego, el anís, el zumo de limón, los huevos y la sal. Se continúa batiendo y, al tiempo, se incorpora la harina necesaria. Ya hecha la masa, se coloca sobre una tabla o mármol y se sigue trabajando hasta lograr una pasta suave. Se forman las marañuelas en formas variadas, por más que las antiguas tenían la forma de un ocho. Se cuecen a horno suave.

Concluye la receta con una nota de indudable valor folklórico y gastronómico: «Son los dones por la Pascua de Resurrección de los padrinos a sus ahijados.»

Marañuelas de Luanco

Ingredientes

2 huevos
4 cucharadas colmadas de azúcar
4 cucharadas de mantequilla
1 copa y media de anís o vino blanco
Harina
Sal

Se revuelven los huevos (en vez de los huevos enteros se echan solamente las yemas o un huevo entero por cada 6 yemas) con el azúcar, se añade la mantequilla, anís o vino blanco y sal; se incorpora harina, la precisa para formar una masa consistente que, después de trabajada, se le da forma de marañuela, es decir, de ocho, y se pone a cocer al horno, moderadamente fuerte.

Tarta de manzana *(página 290)*

Merengues

Ingredientes

3 claras de huevo
1 taza y cuarto de azúcar
3 cucharadas pequeñas de levadura en polvo
1/2 cucharada de vainilla

Se baten las claras de huevo hasta lograrlas espesas y secas; se les añade, gradualmente, dos terceras partes del azúcar y se sigue batiendo hasta conseguir una mezcla consistente. Se reboza con el resto del azúcar, que se habrá cocido anteriormente con la levadura, añadiéndole la vainilla. De la masa conseguida se vierten cucharadas grandes sobre un papel blanco y, separadas unas de otras, se cuecen en el horno, a temperatura media, por espacio de media hora; transcurrido este tiempo se aumenta la temperatura del horno y se las deja cocer durante media hora más. Del centro de cada merengue se aparta la pasta blanda, si la hubiera, y se dejan secar dentro del horno apagado.

Pan de leche

Ingredientes

1 kilo de harina
150 gramos de mantequilla
2 vasos de leche
Levadura
Sal

Con medio kilogramo de harina, 20 gramos de buena levadura y medio vaso de leche tibia, sobre la lumbre, se prepara una levadura que se deja subir al doble de su volumen, a temperatura suave. En un barreño, con el resto de la harina, se dispone en medio 150 gramos de manteca, sal y un vaso de leche tibia; se incorpora la harina con leche, con el fin de obtener una pasta algo firme. Una vez tratada, se le añade levadura y se trabaja con violencia por algunos minutos; se cubre con un paño y, por dos horas, a suave temperatura, se le deja en el horno. Una vez que ha logrado el doble de su volumen se dispone sobre una tabla enharinada, se trabaja durante dos minutos y se divide en partes iguales, con las que se forman panes redondos o largos, que se colocan en una plancha, cerca unos de otros. Se dejan sentar a suave temperatura durante media hora y se cuecen y doran al horno.

Panchón

En su libro de notas, datado en 1874, Francisco García asegura que es «uno de tantos bollos pascuales que circulana por Asturias por los días de Resurrección». Y da estas breves instrucciones: «Se amasa harina y levadura, dándole forma de bollo grande; envuelto en hojas se introduce en el lar, donde cuece lentamente. Ya fuera del horno, se desmenuza, se mezcla con manteca cocida y bien ligado se azucara. Se sirve caliente o frío».

POSTRES

Panchón de Aller

Ingredientes:

1 1/2 kilo de harina de escanda (o también una mezcla de 1 kilo de harina de escanda y 1/2 kilo de harina de trigo)

500 gramos de mantequilla

300 gramos de azúcar

Agua

Sal

Se amasa la harina con agua salada y un poco de levadura. Reposa durante unas dos horas y la masa, envuelta en hojas de berza, castaño o plágano, cuece en horno.

Ya cocida, se desmiga y se envuelve las migas con la mantequilla derretida y la miel o el azúcar.

Dice un viejo refrán asturiano: «La casa donde no hay panchón, todos riñen y todos tienen razón».

Pasta de hojaldre

Ingredientes

500 gramos de harina

2 yemas de huevo

Mantequilla

5 gramos de sal

Con unos 375 gramos de harina bien tamizada, que se dispone sobre una tabla en forma de corona; se deja en el centro un hueco, donde se vierten medio vaso de agua, las yemas de huevo y la sal. Mojadas las manos en agua tibia, se mezclan bien los ingredientes; se extiende la masa

con un rodillo, espolvoreándola lo menos posible. Esta masa, recubierta con un paño seco, se deja media hora en lugar fresco. Ya transcurrido este tiempo, se le agrega la manteca de la manera siguiente: espolvoreada la masa con un poco de harina, se extiende golpeándola con la mano; manida vivamente la manteca, se le da forma cuadrada, se coloca en el centro de la masa y se doblan los cuatro lados de ésta sobre la manteca, cruzándola de manera que la cubra bien. Dispuesta en esta forma, se pasa el rodillo de modo que no salga la manteca, dirigiéndola en todos los sentidos con el fin de que quede bien distribuída. Se insiste en la operación hasta que se haya adelgazado la pasta convenientemente. Se deja reposar, otra vez en sitio fresco para dar otras tres vueltas y plegarla de nuevo, poniéndola a reposar un cuarto de hora cada dos vueltas. Con la última vuelta ha de darse a la pasta la forma definitiva, y al cabo de estas 6 vueltas se deja descansar otro cuarto de hora antes de utilizarla. A cada vuelta se espolvoreará la masa con harina, pero sin abusar.

Pasta para roscas

Ingredientes

500 gramos de harina

125 gramos de azúcar

55 gramos de mantequilla

1 huevo

1 taza de leche

Esencia

Levadura

Se bate la manteca, después de ablandarla al fuego, y se añade el azúcar; sin dejar de batir se la va sumando huevo batido, levadura pasada por un tamiz y la harina, alternando con la leche. Se deposita en un molde untado de manteca o aceite y se introduce en el horno, a regular fuego, por un tiempo aproximado de 40 minutos.

Pasta quebrada dulce

Ingredientes

500 gramos de harina
350 gramos de manteca de vaca
150 gramos de azúcar
4 yemas de huevo
2 decilitros de agua
4 gramos de sal

Tamizada la harina, se amontona sobre una tabla y se le forma un hueco en el centro, donde se colocan los ingredientes; se incorporan y amasan. Moldeada la pasta en redondo, se deja reposar durante un cuarto de hora. Transcurrido este tiempo queda ya dispuesta para el preparado que apetezca.

Pastel de avellanas

Ingredientes:

500 gramos de avellanas molidas
200 gramos de azúcar
150 gramos de bizcocho molido
1/2 litro de leche
5 huevos
Mantequilla
Canela

Una vez bien batidos los huevos se incorporan el azúcar, las avellanas, el bizcocho y la leche, mezclando todo muy bien. Se aromatiza con canela y la mezcla se dispone en fuente de horno engrasada con mantequilla.

Cuece después durante un cuarto de hora en horno medio.

Se sirve espolvoreando con azúcar glas.

Pastel de castañas

Ingredientes

750 gramos de castañas
150 gramos de harina fina
150 gramos de leche
3 huevos
1 rama de anís
50 gramos de manteca
Azúcar y chocolate
Sal

Se cuecen las castañas con agua, sal y la rama de anís; se mondan las castañas, se machacan o pasan por el tamiz; se trabajan juntos manteca, leche, harina y huevos; se unen a las castañas, formando una masa lisa. Se vierte en un molde, previamente bañado de manteca y se cuece al horno o al baño maría. Sacado del molde, se puede cubrir con una capa de crema de chocolate, que se espolvorea con galleta molida; también se le puede agregar a la masa, azúcar en proporción suficiente, al igual que la crema de chocolate que cubre el pastel.

Pepito o flan praviano

Ingredientes:

Bizcocho de plantilla (o de soletilla)

Una parte de almendra molida

Otra igual de mantequilla
y otra de azúcar

1 copa de brandy u otro licor al gusto

Preparar una mezcla homogénea con al almendra, azúcar y mantequilla; se incorpora al brandy o licor y se dispone en un molde forrado con el bizcocho. Se introduce en frigorífico y enfría hasta que desmolde fácilmente, ya endurecido.

Se sirve en porciones, como si fuera un helado, que muchas personas gustan de bañar con unas natillas frescas.

Rosquillas borrachas

Ingredientes

460 gramos de harina fina

460 gramos de azúcar

115 gramos de almendra tostada y
picada

1 vaso de vino añejo

1 vaso de aceite

Ralladura de limón

Se amasan muy bien todos los ingredientes, se forman las rosquillas y al horno. Después de frías se empapan en un almíbar espeso y se rebozan con azúcar.

Rosquillas del Obispo don Juan de Llano

Ingredientes

300 gramos de harina

30 gramos de azúcar blanca en polvo

30 gramos de manteca fresca

6 yemas de huevo

1 copa de aguardiente de anís

Dispóngase la harina en la tabla de amasar, hágale un hoyo en el medio y vierta en él yemas, azúcar y manteca y amase bien. Cuando esté bien incorporado se le añade la copa de anís, y se trabaja haciendo rodar la masa sobre la tabla. Se la deja reposar unas cuantas horas, se elaboran las rosquillas, se disponen en una lata y se introducen en el horno. Se prepara un almíbar subido y al sacarlas del horno se van bañando las rosquillas.

Suspiros de Grado

Ingredientes

350 gramos de harina

250 gramos de manteca cocida

230 gramos de azúcar

1 huevo

Se baten bien la manteca y el azúcar; se le añade el huevo y muy poco a poco la harina, para amasarlo todo, finalmente; se elaboran unas bolas del tamaño de una nuez de Indias, que se rebozan en harina y se aplastan un poco; en una hojalata, sobre un papel, se colocan separadas y se introducen en el horno, suave, hasta que doren.

Suspiros de Pajares

Ingredientes

400 gramos de mantequilla
1/2 kilo de harina
200 gramos de azúcar
1 huevo

Antes de preparar los suspiros se cuece la mantequilla y se deja enfríar hasta que esté solidificada. Ya fría, se caliente de nuevo suavemente, se mezcla con el azúcar y, batiendo de continuo, se agregan el huevo y la harina. Debe quedar una masa relativamente blanda. Se toman pequeñas porciones de esta masa y, aplastadas un poco, se disponen sobre una hojalata de horno, donde se cuecen a calor moderado.

Tarta de almendra

Ingredientes

150 gramos de almendra
150 gramos de azúcar
50 gramos de harina de flor
3 huevos
Mantequilla

Bien mondadas y mezcladas las almendras, se unen al azúcar, la harina y las yemas de huevo; se baten las tres claras a punto de nieve hasta que estén bien duras, y se las incorpora. Se vierte todo en un molde bañado de manteca y se introduce en el horno, a fuego lento. Ya hecho, se retira del horno, se desmolda y se espolvorea de azúcar.

Tarta de manzana

Ingredientes:

300 gramos de masa de hojaldre (o brisé)
400 gramos de crema pastelera
3 manzanas asturianas (grandes)
Azúcar en grano
Canela en polvo
Gelatina de manzana

Con el hojaldre (o la pasta brisé) se forra un molde de tarta de unos 20 cm de diámetro aproximadamente, procurando pinchar ese forro con el fin de eliminar el posible aire embolsado.

Se esparce uniformemente la crema pastelera, que se espolvorea con canela y cubre con rodajas finas de manzana.

En lluvia, se añade un poco de azúcar y canela y cuece en horno moderado (unos 200 ºC) durante una media hora escasa.

Ya fría, se desmolda y pinta con gelatina de manzana.

Tarta de nueces

Ingredientes

1 taza de nueces picadas
1/2 taza de azúcar
1/4 de taza de manteca
3 huevos
2 tazas y cuarto de harina fina
2 cucharadas de levadura en polvo
2/3 de taza de leche
1 pizca de sal
1 cucharadita de extracto de vainilla

Se ablanda la mantequilla con una espátula o una cuchara de palo; se agrega, poco a poco, el azúcar batiendo bien; se añaden las yemas de huevo, previamente batidas, y se revuelve todo hasta que mezcle bien. Se añade ahora el extracto de vainilla; se ciernen los ingredientes secos, se mezclan las nueces picadas y se añaden las claras de huevo batidas a punto de nieve. Dispuesto todo en un molde alargado, previamente engrasado, se cuece en horno moderado por más de una hora. Una vez fría, se cubre la tarta con azúcar apropiado.

Teresitas

Ingredientes

250 gramos de harina
100 gramos de mantequilla cruda
25 gramos de manteca cocida
1/2 decilitro de vino blanco
1 decilitro de agua
5 gramos de levadura prensada
1 cucharadita de azúcar
1 pizca de sal

Disponga sobre el fogón una cazuela con agua, vino blanco y manteca. Al romper a hervir, retire del fuego, y cuando esté templado disuelva la levadura y deje enfriar. Coloque la harina sobre tabla o mármol de amasar en forma de círculo y vierta en el centro el líquido anterior, mezclándolo bien; extienda esta masa con el rollo y añádale la mantequilla, cual si fuera hojaldre. Se extiende, seguidamente, la pasta; dejarla muy fina; se elaboran las teresitas rellenándolas de crema y dándoles forma cuadrada. Se fríen en abundante aceite o manteca muy caliente. Ya fritas, se rebozan en azúcar.

Tocinillo de cielo

Ingredientes

12 yemas de huevo
1/2 kilo de azúcar
300 gramos de agua

Con el agua y el azúcar, hirviéndolos durante un cuarto de hora, se hace un almíbar; se retira y se deja enfríar. Se baten las yemas y, poco a poco y revolviendo, se mezclan con el almíbar. Aparte se vierte azúcar acaramelada en un molde con agujero central; ya frío el caramelo, se incorpora el preparado anterior pasándolo por un colador para evitar la presencia de grumos. Se introduce el molde en una tartera con agua y se cuece al baño maría durante unos 20 minutos. Se deja después enfríar y, por último, se mete al frigorífico. Para desmoldar el tocinillo basta calentar suavemente el fondo del molde.

Venera

Ingredientes:

1/2 kilo de almendra molida
1/2 kilo de azúcar
2 huevos
Oblea

Los huevos batidos, el azúcar y la almendra se trabajan suavemente hasta conseguir una pasta homogénea.

Con pequeñas porciones de esta pasta se hacen unos rollitos que se disponen sobre una oblea, colocada como fondo de fuente o molde, logrando dibujos a capricho. Lo más frecuente es hacer una roseta con semicircunferencias envolventes.

Se cuece a horno moderado y se saca cuando tome color. Finalmente se decora con frutas confitadas y azúcar glas.

Tisanas

Lógico complemento a las páginas anteriores, fundado en la más recia tradición asturiana, el presente capítulo trata de comprobar la constancia en nuestro pueblo del uso de unas determinadas plantas para fines medicinales. Aparte de los múltiples consejos que el rico refranero nos aporta, contamos con el inestimable testimonio del primero de los bablistas, Antonio González Reguera (1605-1666), más conocido por Antón de Marirreguera en *El Ensalmador*, composición calificada por Caveda y Nava como «monumento histórico del dialecto asturiano». Sus recetas, con todo el amplio panorama de las plantas medicinales de Asturias, ofrecen contextos como éste:

«*Tomaréis la salmoria y el torbisco,*
sumaque, pulepule y malbarisco,
trementina, xabón, lleche d'obeyes,
erba mora, artemisa, ortigues vieyes,
el queso del reciello y el mastranzo,
el benito campín con el colanzo,
los asenxos y sebo de carnero
y oriégano coido por enero;
y si aquesto bebis por siete viernes,
habeis de quedar sano y facer piernes.»

No es este, aunque el primero, casi aislado dentro de nuestro lírica, Antonio García Oliveros, por ejemplo, recurre con frecuencia al tema de las tisanas en su celebrada Melecina casera. Y es que, en Asturias, por muchas generaciones, el ama de casa hubo de recurrir a estos *fervinchos* como único remedio medicinal. Como vieja herencia, aun permanece en nosotros. Claro que a nadie puede extrañar cuando, en casos, la vieja Asturias contaba con hierbajos que estimulaban las funciones reproductoras:

«*Allí nace un arboledo*
que azucena se llama,
cualquier mujer que la come
luego se siente preñada.»

TISANAS

Ajos y cebollas

(Allium sativum L.
y Allium cepa L.)

La descripción de estas plantas, tan comunes y usadas en Asturias, resulta innecesaria, y aunque todos los asturianos las consideramos como nuestras, la verdad es que ambas son originarias de Asia y se supone que llegaron a Europa hará unos 4000 años.

Hay noticia en la Sagrada Escritura, cuando se refiere al hecho de peregrinación de los israelitas por el desierto en busca de la Tierra Prometida. Como tenían hambre y se cansaron del maná, «los hijos de Israel se pusieron a llorar y a decir: "¡Quién nos diera carne de comer! ¡Cómo nos acordamos de tanto pescado como comíamos de balde en Egipto, de los cohombros, de los melones, de los puerros, de las cebollas, de los ajos!"» (Números 11.4).

Hábitat: Ambas plantas se crían en terrenos de cultivo por no ser plantas originarias de nuestras tierras. Los ajos conviene sembrarlos durante el menguante de los meses comprendidos entre noviembre y febrero. Los semilleros de cebolla («eras») conviene hacerlos en la luna de septiembre, y los cebollinos se trasplantan en la luna menguante de los meses abril-mayo.

Recolección: Los ajos suelen recogerse a finales de junio («Por San Pedro se recoge el ajo y se siembre el puerro»), y las cebollas, a finales de verano.

Sustancias activas:

A) El ajo contiene aceite esencial azufrado (disulfuro de alilo), vitaminas A, B y C, nicotilamida y algunas hormonas.

B) Las cebollas contienen aceite esencial, tiopropionaldehido (que es el responsable de las «lágrimas» que originan al cortarlas), glucósidos flavónicos, vitaminas, agentes cardioactivos. Algún investigador llega a asegurar que el jugo de cebolla es... ¡radiactivo ! (Peyre, 1948).

Virtudes y usos: El ajo estimula la secreción estomacal y biliar, inhibe la putrefacción en el estómago, es vermífugo, antiespasmódico, vasodilatador y vigorizador. La cebolla estimula las secreciones estomacales y biliares, favorece la digestión, es diurética, cicatrizante y excelente remedio contra la gripe, el catarro y la tos. El ajo es eficaz en los procesos fermentativos del intestino, en los trastornos gastrointestinales y es aconsejable para reforzar el tratamiento de la hipertensión, de la debilidad general y de la disminución del rendimiento. Para combatir la bronquitis y la tosferina se emplea el zumo de ajo, preparado según una receta antiquísima que tuvimos la suerte de «rescatar»: Se toman 5 o 6 dientes de ajo (los de la parte externa son mejores) y se machacan muy bien; se mezclan con dos cucharadas de miel o con 3 de azúcar; se agrega agua suficiente, calentando después hasta la ebullición. Se cuela el líquido obtenido, se deja enfriar y de él se tomarán pequeñas cantidades a lo largo del día.

La cebolleta ofrece una acción similar a la del ajo: favorece y estimula los procesos digestivos, es laxante y diurética. Sus virtudes son mucho más acusadas si se toma cruda; pero si alguien no se atreve a ello, se recomienda preparar el siguiente vino: 300 gramos de cebolla cruda muy picada, 150 gramos de miel y 600 gramos de vino blanco. Se machaca la cebolla con la miel hasta formar una masa pastosa homogénea; poco a poco, y revolviendo, se va incorporando el vino. Se deja reposar unas horas y ya está listo para tomarlo. De este vino se tomarán unas 5 cucharadas al día, debiendo agitar el preparado antes de su uso.

Renunciamos a seguir ennumerando las aplicaciones de estas plantas como condimento. Una breve lectura a las recetas de nuestros platos asturianos nos indicará cómo el ajo y la cebolla están presentes en casi todos. También renunciamos a comentar las virtudes «mágicas» de ajos y cebollas que, como es lógico, no «encajan» en el contenido de esta obra.

Árnica

(Arnica montana L.)

Es una especie vivaz, con rizoma horizontal, corto y grueso, que «repta» por el suelo. El tallo no suele ramificarse y surge de una roseta de hojas aplastadas contra el suelo, que recuerdan las de algunas variedades de llantén. Los tallos acaban en flores compuestas, con florecillas radiadas de un vivo color amarillo. Toda la planta despide un olor muy agradable.

Hábitat: Se encuentra en prados montañosos, preferentemente en terrenos descalcificados.

Floración: A partir del mes de junio, hasta agosto.

Recolección: Las flores se recogen cuando estén bien formadas. Deberán secarse rápidamente a la sombra. Las hojas se recolectan durante todo el verano. También han de secarse rápidamente a la sombra. Los rizomas se desentierran en los meses de abril-mayo, o en septiembre-octubre. Se secarán al calor.

Sustancias activas: Contiene aceites esenciales, principios amargos, arnicina, taninos. Virtudes y usos: Es un gran estimulante de los sistemas respiratorio y circulatorio y excelente activador de la absorción de derrames sanguíneos (contusiones, hematomas). La medicina popular usa frecuentemente el árnica en forma de aplicación exterior para aliviar dolores producidos por golpes, magulladuras, caídas, etc. Actualmente se está volviendo al uso interno de esta planta debido a su efecto estimulante sobre el sistema circulatorio.

Té de árnica: Se dejan en maceración durante una semana 100 gramos de flores secas de árnica y 1 litro de alcohol. Al cabo de ese tiempo se cuela todo a través de un lienzo, cuidando de exprimir bien el residuo. Seguidamente se filtra de nuevo y se guarda.

Para aplicar la tintura de árnica debe diluirse la anteriormente preparada en otra cantidad igual de agua. Con esta arnicada se prepara las compresas que se aplican sobre cualquier clase de contusiones, siempre que no presenten heridas abiertas.

Contraindicaciones: Por ser tóxica, el árnica no debe tomarse por vía interna, a no ser por expresa indicación del médico.

Celidonia o cirigüeña

(Chelidonium majus L.)

En la medicina popular asturiana, la celidonia, también llamada cirigüeña en algunos pueblos, ocupa un lugar de honor. El conocido refrán «*la cirigüeña, de todos los males ye dueña*» define por sí solo las muchas aplicaciones de esta planta. Esta hierba brota de su cepa todos los años con un tallo rollizo al pie de la planta y crece hasta alcanzar casi un metro de altura.

Sus hojas, con grandes lóbulos festoneados, tienen un color verde pálido, y sus flores amarillas crecen en ramilletes de varias unidades al extremo de largos tallos.

Hábitat: En lugares sombríos y frescos, arrimada a muros y peñascos. Suele encontrarse en las proximidades de lugares habitados: casas, corralizas, huertos, etc.

Floración: Desde la primavera hasta el otoño.

Recolección: Las partes aéreas se recogen en primavera, mejor antes de florecer. Si se desean las raíces y cepas, es preferible recogerlas en otoño.

Sustancias activas: El látex de esta planta, de color anaranjado y de sabor acre, y su raíz, contienen: alcaloides, quelidonina, diversos ácidos orgánicos (málico, cítrico, sucínico...), saponina...

Virtudes y usos: Es antiespasmódica, analgésica, estimula la secreción biliar y es un eficaz cauterizante de heridas, verrugas, durezas... Muchas gentes asturianas utilizan el jugo segregado de esta planta para eliminar verrugas; otros lo recomiendan para curar la úlcera de estómago (1 cucharadita al día, en ayunas); otros, en fin, aplican directamente el jugo de la celidonia, recién cortados los tallos, a las heridas... Son muchos los que aseguran la eficacia de las gárgaras de jugo de celidonia para combatir la afonía. Es también sedante y antiespasmódica.

Contraindicaciones: Es una planta tóxica. Su uso externo no crea «problemas», pero si se desea utilizar para uso interno, es conveniente consultar antes con un médico.

Centaura

(Centaurium, umbellatum Gilibert)

La centaura es una planta bianual, con un tallo simple, erguido y tieso que alcanza unos 50 centímetros de altura, rematado en grupos de pequeñas flores rojizas. Las hojas y el tallo de esta planta tienen un característico sabor amargo.

Hábitat: Crece en terrenos cretáceos, algo húmedos; en los claros de los bosques, bordes de caminos...

Floración: Durante el verano.

Recolección: Deben recogerse las flores cuando estén a punto de fructificar. Conviene recolectarlas en día tranquilo y soleado. Se secan a la sombra en lugares ventilados.

Sustancias activas: Contiene glucósidos de principios amargos (genciopicrina y eritocentaurina) derivados del ácido nicotínico y ácido oleanóico.

Virtudes y usos: Debido a la presencia de principios amargos, se comporta eficazmente ante la falta de apetito, la debilidad gástrica con poco secreción, la atonía del estómago y del intestino. Es, por tanto, un excelente tónico aperitivo y digestivo. Es frecuente en la medicina popular asturiana preparar la infusión y el vino de centaura.

Damos sus recetas: **Infusión de centaura:** Se echan unos 30 gramos de centaura en un litro de agua hirviendo. Se cuela y se reserva. Debe tomarse una taza antes de comer con objeto de estimular el apetito y tonificar el estómago. Su sabor es un extremo amargo, que no consigue endulzar el azúcar ni la miel; puede disimular un poco con unas gotas de anís.

Vino de centaura: Se echan 60 gramos de centaura, un limón entero cortado en trozos y un poco de menta en un litro de buen vino de Jerez. Se dejan en maceración durante «un novenario» y, por último, se filtra y se guarda en botellas. Deberá tomarse un vasito de este «vino amargo» antes de las comidas.

Cotoya, tojo o árgoma

(Ulex europaeus)

Es un arbusto de largas y fuertes espinas, sin hojas, y muy ramificado, que puede alcanzar alturas de hasta casi 2 metros. Sus flores amarillas, muy vistosas y abundantes, dan una nota alegre en nuestros matorrales y praderas. Es frecuentísima en Asturias.

Hábitat: Esta planta prefiere terrenos silíceos, encontrándose en praderas, brezales, matorrales, terrenos de bravío, claros de bosques, etc.

Floración: De diciembre a mayo.

Recolección: Durante la floración. Las flores se secan en lugares secos y bien ventilados.

Sustancias activas: Las flores, y, sobre todo, las semillas, contienen citisina, un alcaloide relativamente tóxico, pero que es eficaz para elevar el tono cardíaco. Contiene, además, un glucósido.

Virtudes y usos: Desde muy antiguo se toma la infusión de flores de cotoya para elevar el tono cardíaco y para combatir el asma, la tosferina y el dolor de cabeza. Moderadamente se usa para tratar enfermedades del hígado.

Infusión de flores de cotoya: Se vierte una taza de agua hirviendo sobre un puñadito de flores. Déjese reposar unos minutos y después de endulzar con azúcar tómese a sorbos, moderadamente caliente. Puede tomarse una taza en ayunas o tres tazas al día, una después de cada comida.

Contraindicaciones: Debido a la toxicidad de la citisina conviene que sea un médico en que aconseje en caso caso particular la administración de esta infusión.

Eucalipto

(Eucaliptus globulus Labill)

Es el eucalipto un árbol procedente de Australia y Tasmania, pero que en la actualidad está extendido por casi todo el mundo. Los montes asturianos son ideales para su cultivo y en los últimos años creció enormemente su expansión. Las hojas, los tallos y las flores del eucalipto saben a esencia y tienen un olor característico.

Hábitat: Desde que se introdujo en España a finales del siglo XIX, el eucalipto se cultiva en montes y terrenos de baldío, bien soleados y, a la vez, húmedos. Es árbol que teme los fríos intensos, en especial las grandes heladas.

Floración: En otoño e invierno.

TISANAS

Recolección: Exclusivamente las hojas de las ramas adultas, cuando están perfectamente formadas. Deben secarse a la sombra y en lugar ventilado.

Sustancias activas: Aceite esencial que contiene eucaliptol, taninos, principios amargos, resinas, aldehidos valeriánico, butílico y caproico, alcoholes...

Virtudes y usos: Las hojas de eucalipto son anticatarrales, expectorantes y útiles, en general, en todos los procesos bronquíticos y asmáticos. Es frecuente en Asturias echar hojas de eucalipto en el agua que se pone a calentar, durante el invierno, en estufas y radiadores.

Té o infusión de eucalipto: Se vierte una taza de agua hirviendo sobre dos hojas cortadas en pequeños trozos y se endulza con miel o azúcar. Debe tomarse muy caliente una o dos veces al día.

Inhalaciones: Se hacen cociendo en una olla un buen puñado de hojas y, cubierta la cabeza con una toalla, se respira profundamente el vapor que arrastra la esencia.

Hinojo o cenoyu

(Foeniculum vulgare)
Es ésta una planta muy común en Asturias, frecuente en muchas praderas y bordes de caminos, a los que alegra con su perfume característico parecido al anís. Sus semillas, los «anisinos», son muy usuales como condimento, y sus ramas, de hojas finas muy divididas, sirven de alfombra al cortejo de nuestras procesiones.

Hábitat: Se encuentra en praderas pobres, ribazos, bordes de caminos, eriales y barbechos de tierra baja.

Floración: Durante el verano. Sus frutos maduran a finales de verano o en el otoño.

Recolección: Una vez que los frutos estén prácticamente maduros. Debe terminarse su desecación en sitio ventilado y a la sombra.

Sustancias activas: Anetol (el mismo que la esencia de anís), d-fenchona, albúmina, azúcar y aceites grasos.

Usos y virtudes: Es antiespasmódico, expectorante, carminativo y estimulante estomacal. Las infusiones de hinojo son recomendables como expectorantes, contra la tos, para aliviar los dolores gastrointestinales, como calmante y como diurético. A los niños pequeños, cuando tienen problemas intestinales leves, y a los recién nacidos se les da a beber agua con «anisinos» (agua en la que se echaron algunos granos de hinojo).

Infusión de hinojo: Se pone a hervir una taza de agua y cuando alcanza la ebullición se le agrega una cucharadita de frutos secos (mejor aún si están machacados). Se edulcora con azúcar y se toma moderadamente caliente después de cada comida. Cuando se utilice para combatir el catarro, es preciso endulzarla con miel en vez de azúcar.

Laurel o Lloreu

(Laurus nobilis L.)
Es ésta una planta tan conocida y abundante en Asturias que no merece la pena

300

descríbirla. Desde muy antiguo fue el laurel símbolo de honor y victoria; árbol preferido de los dioses, corona de héroes y emperadores; pero hoy donde más se estima es ¡en la cazuela! Toda la planta es muy aromática.

Hábitat: En terrenos sombríos y húmedos, no demasiado extremos en sus temperaturas. En Asturias lo encontramos abundantemente formando cercados en praderas, terrenos de labrantío, bordes de caminos, etc.

Floración: Durante la primavera.

Recolección: Las hojas puede recogerse en cualquier época, pero preferentemente en verano. Los frutos se recolectan en verano. Deben secarse a la sombra y en lugares bien ventilados.

Sustancias activas: La esencia de hojas contiene, fundamentalmente, cincol, pineno, eugenol y diversos ácidos orgánicos.

Virtudes y usos: Es un excelente tónico estomacal que ayuda al estómago a segregar sus jugos y así favorece la digestión. Por otra parte, su excelente aroma hace a los manjares mucho más apetitosos, por lo que las hojas de laurel gozan en la cocina de grandes «prerrogativas».

La tradición astur recomienda tomar la siguiente **tisana** después de las comidas: «Hervir 4 gramos de hojas de laurel y 8 gramos de corteza de naranjas amargas con un cuarto litro de agua. Filtrar y endulzar al gusto de cada uno». Tómese un vasito de este preparado, moderadamente caliente, después de cada comida, sobre todo si ésta fue copiosa.

Llantén menor

(Plantago Lanceolata L.)

El llantén menor es una planta conocidísima por nuestras gentes, tanto por sus usos medicinales como por su aplicación para alimento de «grillos cautivos». Es una especie vivaz con una cepa de casi 2 centímetros de grosor, de grandes hojas lanceoladas dispuestas en una roseta basal. Del centro de la roseta surgen los tallos, normalmente largos, terminados en espigas de color rubio o con ligero tinte moreno.

Hábitat: Prados secos, terrenos de cultivo, ribazos, bordes de caminos.

Floración: Primavera verano.

Recolección: Durante el tiempo de floración. Se recomienda secarla lo más rápidamente posible, al sol o a la sombra, en lugares muy ventilados, toda vez que secada lentamente pierde gran parte de su eficacia.

Sustancias activas: Contiene mucílago, aucubina, ácido silicílico, los enzimas invertina y emulsina y buena cantidad de vitamina C (0,17 por 100).

Virtudes y usos: Es expectorante, astringente y emoliente. De ahí, en primer lugar, su uso como remedio eficaz contra la tos, sobre todo desde que se descubrieron en esta planta propiedades antibióticas. También se la utiliza para curar heridas y picaduras de insectos, colocando sobre la herida hojas frescas lavadas y machacadas.

Cocimiento de llantén: Se hierven 100 gramos de hojas frescas en un litro de agua durante casi un cuarto de hora. Se deja enfriar y se reserva. Para curar los catarros deberán tomarse dos o tres tazas al día de este cocimiento, moderadamente caliente y endulzado con miel.

Manzanilla

(Matricaria chamonilla L.)

Es ésta una planta medicinal con un amplio repertorio de aplicaciones, conocida y usada en muchísimas zonas del mundo desde tiempos antiquísimos. El nombre de matricaria proviene de la palabra latina *matrix* (matriz) y se relaciona con los usos a que más directamente se aplicaba en la antigüedad: malestares relacionados con el embarazo y problemas derivados de la menstruación. La manzanilla es una planta anual, de raíz corta, tallos que pueden alcanzar hasta los 50 centímetros de longitud. Tienen pocas hojas y muy divididas. Las cabezuelas florales, con sus centros amarillos y huecos, crecen en finos y largos pedúnculos en los extremos ramificados de la vegetación.

Hábitat: Es muy frecuente encontrarla en prados de cultivo, bordes de caminos, matorrales, linderos, lugares verdes, camperas...

Floración: Durante el verano.

Recolección: Normalmente sólo se recogen las flores. Esto debe hacerse después del tercer día de haberse abierto, eligiendo un día sereno y con sol. El secado de las cabezuelas se consigue con óptimos resultados colocándolas extendidas sobre papeles, a la sombra y con buena ventilación.

Una vez secas, se las conservará en recipientes y lugares secos.

Sustancias activas: Aceite esencial que contiene camazuleno, aceite de L-bisabol, cumarina, glucósidos, fitosterina, vitamina C.

Virtudes y usos: Es antiespasmódica, carminativa, calmante, antiflogística, antiséptica, estimula la curación de heridas. Tomada en infusión alivia los dolores de estómago, gastritis y úlceras de estómago; favorece la digestión, ayuda enormemente a tranquilizar el sistema nervioso, alivia los malestares propios de la menstruación, etc. Debido a sus propiedades antiinflamatorias se usa externamente para tratar heridas de difícil cicatrización. Es muy eficaz en molestias derivadas de irritaciones anales o vaginales, hemorroides, faringitis, etc. También se usa la infusión concentrada de manzanilla para colorear de rubio el cabello o mantenerlo de ese color.

Té o infusión de manzanilla: Se vierte una taza de agua hirviendo sobre unas 8 o 10 cabezuelas y se cuela al cabo de unos ocho minutos. Ha de tomarse caliente (con o sin azúcar), pero no excesivamente. Se aconseja este procedimiento: «Tomar en ayunas una taza de manzanilla caliente: descansar cinco minutos tumbado sobre la espalda, otros cinco minutos sobre el lado derecho, otros cinco minutos sobre el vientre y, finalmente, otros cinco minutos sobre el izquierdo.» La infusión de manzanilla puede tomarse en cualquier momento, si bien se acostumbra después de las comidas. Hay quien la acompaña con bicarbonato sódico, y algunos con «unes pingarates» de ginebra.

Orégano

(Origanum vulgare L.)

El orégano es una planta de tallos largos que pueden alcanzar alturas de hasta casi un metro. Las flores son pequeñas, sonrosadas y dispuestas en pequeños ramilletes protegidos por hojitas rojizas o verdirrojas. Flores y hojas son muy aromáticas.

Hábitat: Se encuentra fácilmente en ribazos, arboledas poco espesas, entre matas y y linderos de bosques; en general, sobre terrenos silíceos alcalinos orientados al sol, prados pobres bien soleados.

Floración: Durante el verano.

Recolección: Se recolectan tallos y flores durante el verano, procurando escoger un día tranquilo y soleado. Se seca al aire y en lugares a la sombra.

Sustancias activas: Aceite esencial con timol, carvacrol, sesquiterpenos, materias tánicas y principios amargos.

Virtudes y uso: Es astringente, expectorante, estimulante biliar, tónico y digestivo. Tomado en infusión es un remedio excelente para las afecciones de tracto gastrointestinal; resulta eficacísimo para los casos de diarrea y para las dolencias catarrales. Debido a sus propiedades aromáticas, resulta un condimento excepcional en muchísimos preparados, sobre todo para dar sabor y aroma a las carnes.

Té o infusión de orégano: Se vierte un cuarto de litro de agua hirviendo sobre dos ramitos y se cuela al cabo de varios minutos. Se endulza con miel y se bebe muy caliente. También puede endulzarse vertiendo la infusión sobre azúcar «requemado» (caramelo) y calentando hasta disolución.

Baño de orégano: Algunos utilizan el orégano para bañarse. Para ello agregan 100 gramos de la hierba a un litro de agua y los ponen a hervir. Al cabo de diez minutos se cuela y el líquido obtenido se mezcla con el agua del baño.

Contraindicaciones: Debe evitarse tomarlo durante el embarazo.

Poleo, nielda

(Mentha pulegium L.)

Es una planta vivaz cuyos tallos alcanzan unos 50 centímetros de altura. Sus flores se agrupan a modo de bolitas en las axilas de las hojas superiores formando como pequeños ramilletes. Son de color lila pálido, aunque a veces se encuentran de color rosáceo o blanco. Toda la planta desprende un intenso olor a menta cuando se la restrega entre los dedos.

Hábitat: Es planta muy abundante en nuestra región, encontrándose, sobre todo, en sitios sombreados y húmedos.

Floración: Desde comienzos del verano hasta el otoño.

Recolección: Suele tomarse fresca; pero pueden recogerse las flores durante el verano y dejarlas secar en sitio ventilado y a la sombra.

Sustancias activas: La esencia contiene pulegona, acetado de mentilo, mentona, limoneno, dipenteno, etc.

Virtudes y usos: Son muy parecidas a las de la menta. Es un buen tónico estomacal, digestivo y carminativo y muy útil en dolencias de este tipo. Desde muy antiguo se toma en forma de te para combatir los dolores de tripa y contra las lombrices intestinales. También es conocida la antigua costumbre de usar el poleo para ahuyentar las pulgas.

Té de poleo: Se vierte una taza de agua caliente, hervida y apartada de la lumbre, sobre dos o tres brotes frescos. Se deja reposar, se cuela, se endulza con miel y se toma después de las comidas.

Vino de poleo: Se mezclan un litro de un buen vino generoso con varios brotes de poleo. Déjese reposar un novenario, cuélese y resérvese. De este vino se tomará una copita, a modo de postre, después de cada comida.

Romero

(Rosmarinus officinalis L.)

«De las virtudes del romero se puede escribir un libro entero», dice el refrán. Añade otro: «Mala es la llaga que el romero no la sana». Tal es la fama medicinal de esta plata, conocida y usada desde la antigüedad. Es el romero un arbusto vistoso y aromático capaz de alcanzar alturas de hasta casi 2 metros. Sus hojas lineales tienen un color verde intenso en el haz, y por el envés son más bien blanquecinas. Las flores, diminutas, son de color azul pálido. Tanto las hojas como las flores son muy aromáticas y tienen un sabor canforáceo, ligeramente picante.

Hábitat: Es una planta de origen mediterráneo, por lo que en Asturias se encuentra cultivada en jardines, huertos, etc., bien protegida de los vientos del Norte y al resguardo de las heladas.

Floración: Durante casi todo el año, pero preferentemente en primavera.

Recolección: Se recolectan las ramas después de la floración durante el verano, secándolas a la sombra con rapidez y procurando evitar temperaturas superiores a los 35 ºC.

Sustancias activas: El aceite esencial contiene borneol, alcanfor, cineol, además de materias tánicas, saponina y principios amargos.

Virtudes y usos: Es antiespasmódico, estimulante, antiséptico y vulnerario. Se utiliza, por tanto, para estimular y tonificar el sistema nervioso, combatir los estados anémicos, favorecer la circulación sanguínea, tonificar el cuerpo cansado y para lavar llagas y heridas.

Té de romero: Sobre 35 gramos de romero se vierte un litro de agua hirviendo y se deja reposar unos minutos. De esta infusión se tomarán 3 tazas diarias antes de cada comida. Es un remedio indicado para estados de agotamiento (especialmente convalecencias de gripe y catarros), actuando como tónico y aperitivo.

Vino de romero: Mezclar unos 25 hojas de romero con una botella de buen vino blanco. Dejar en maceración durante cinco o seis días y filtrar. Se tomarán una o dos copitas al día.

Espíritu o alcohol de romero: Se mezclan unos 300 gramos de sumidades floridas con un litro de alcohol de 96°; se deja en maceración durante un novenario; se prensa y después se filtra. También puede prepararse disolviendo 10 gramos de esencia de romero (que se vende en las farmacias) en un litro de alcohol de 96°. Este «espíritu» sirve para friccionar las partes doloridas o fatigadas después de mucho andar, trabajar, etc.

Agua para baño de romero: Hervir un litro de agua con unas 50-60 hojas de romero. Dejar reposar durante un rato largo (más de media hora) y filtrar. El filtrado obtenido se agrega al agua de la bañera. El baño de romero no debe «tomarse» por la noche, pues puede provocar alteraciones del sueño.

Ruda

(Ruta Graveolens L.)

Es la ruda una planta vivaz, de color verdigris y aroma muy intenso más bien desagradable. Los tallos terminan en falsas umbelas de florecillas verdiamarillas.

Hábitat: Únicamente la encontramos cultivada en huertas, jardines, etc. Es una especie propia de la región mediterránea y que fue «exportada» a otras regiones.

Floración: Durante el verano.

Recolección: En cualquier época, pero es preferible cuando esté en floración. Puede utilizarse verde o seca.

Sustancias activas: El aceite esencial contiene: metil-nonil cetona, glucósido flovánico (rutina), furano-metoxicumarina, alcaloides y algo de taninos.

Virtudes y usos: Es antiespasmódica, ligeramente sedante, aumenta la resistencia de los capilares sanguíneos, provoca la menstruación, aumenta el apetito y es diurética. La medicina casera utiliza la ruda contra la falta de apetito, los mareos, los dolores de estómago, los dolores de la menstruación, los trastornos nerviosos y como... ¡antiafrodisíaco!, por lo que antiguamente se cultivaba mucho en los claustros; así, Hieronymus Bock, en 1551, recomendaba «a los monjes y religiosos que quisieran guardar castidad y conservar su pureza que fueren constantes en tomar ruda en sus alimentos y bebidas».

Té de ruda: Se vierte un cuarto de litro de agua hirviendo sobre una cucharadita llena de hierba. Se deja reposar cinco minutos y se toma moderadamente caliente. Pueden tomarse, como máximo, dos tazas al día. Para provocar la menstruación se recomienda la infusión de ruda preparada con un gramo de hojas tiernas por cada taza de agua hirviendo. Las embarazadas no deben tomar ruda, ni en comidas ni en infusión, pues pueden ocasionar un aborto.

Contraindicaciones: Es una planta tóxica, por lo que su uso debe efectuarse con mucha cautela. Nunca se tomarán más de dos tazas al día.

Saúco, sabugu o benitu

(Sambucus nigra L.)

Muy común en Asturias, el saúco o benitu, nombre que alude a su bendición el día de San Juan, es un arbusto de 2 a 4

TISANAS

metros de altura y cuyas flores, formando grandes ramilletes blancos, destacan sobradamente en nuestra primavera. Es general la creencia de atribuir virtudes excepcionales a las flores de saúco recogidas la noche de San Juan. Así, en la zona de Boal recomiendan recoger la flor del benitu la víspera de San Juan, dejarla al sereno toda la noche para ser bendecida por el Santo.

Hábitat: Preferentemente en las orillas de arroyos, riachuelos, lugares húmedos, bordes de caminos y prados; también en las proximidades de viviendas y establos.

Floración: En los meses de abril, mayo y junio.

Recolección: Se recogen las flores de saúco en primavera; otros recomiendan recolectar las bayas maduras en septiembre. Secar a la sombra en lugares bien ventilados.

Sustancias activas: Contiene compuestos flavónicos, ácidos (málico, valeriánico, tartárico...); glucósidos.

Virtudes y usos: Es un excelente sudorífico y un eficaz calmante de la tos; extraordinario depurativo de la sangre y un remedio buenísimo para lavar los ojos boca, etc. En las zonas de Galicia con las flores «fain melecía pra os oyos e pra muitas mais cousas». En Asturias se toma la infusión de flores de saúco para estimular la sudoración en los procesos catarrales y gripales. Se emplea también en gargarismos, contra las anginas, en enjuagues para curar las infecciones de la boca y para hacer lavados de ojos.

306

Té de flores de saúco: Se vierte una taza de agua hirviendo sobre dos cucharadas de flores de saúco; déjese reposar unos diez minutos, filtrese y tómese muy caliente. Puede endulzarse con miel o azúcar.

Aguardiente de saúco: Esta receta, debida a una anciana residente en el Asilo de Colunga, resulta un remedio eficaz en las afecciones gastrointestinales. «En una botella *de les de a litro* se pone flor de benitu, dos nueces con *muergu y tou* partidas por la mitad, unas ramas y flores de hierba luisa y un poquitín de azúcar. Se llena con aguardiente y se deja reposar». Todos estos ingredientes deben recogerse la noche de San Juan y dejarlos al sereno esa noche. Resulta excelente para dolores «de barriga», diarreas, cólicos intestinales, etc.

Té del puertu

(Sideritis hyssopifolia L.)

Es una pequeña mata de escasa altura, aunque a veces llega a alcanzar los 50 centímetros, de ramitas tan pronto tiesas como echadas contra el suelo, de hojas verdiamarillas y con flores muy amarillas, apretadas unas contra otras a modo de espiga. En Asturias suele encontrarse otra variedad de sideritis, la llamada *Siderites brachycalyx Pau*, de propiedades análogas a la S. hyssopifolia.

Hábitat: Suele encontrarse en zonas de montaña bien soleadas.

Floración: Durante el verano.

Recolección: Durante el verano. Se eligen siempre las ramitas floridas, debiendo recogerse en un día tranquilo y con sol. El secado se hará en lugar ventilado y a la sombra.

Sustancias activas: Nos son desconocidas. Nos consta que diversos investigadores están en la actualidad realizando estudios sobre las labiadas españolas y sus trabajos se vienen publicando en la revista *«Anales de química»*, publicación de la Real Sociedad Española de Química.

Virtudes y usos: Desde muy antiguo se usó como vulneraria, para lavar y curar heridas. Para ello se prepara una infusión con 30 gramos de flores secas y 1 litro de agua hirviendo. Con esta infusión, a ser posible recién hecha, se lavan las heridas y se preparan compresas. Posteriormente, y nosotros así la conocemos, se empezó a utilizar en uso interno como digestiva; gozando también de cierta fama como antirreumática.

Preparación del té: Se vierte una taza de agua hirviendo sobre 4 o 5 sumidades floridas; se deja reposar unos minutos y se toma moderadamente caliente después de las comidas. Puede endulzarse, a gusto, con azúcar. En algunos lugares y pueblos se nos aconsejó agregar «unes pingarates» de ginebra.

Tila

(Tilia Platyphyllos Scopoli)
El tilo es un árbol de gran porte y de tupido follaje. Sus hojas son acorazonadas, de bordes dentados y sus flores nacen al lado del pezón de la hoja, sostenidas por un largo cabilo que asemeja una hoja. Las flores del tilo despiden suave aroma, por lo que son muy apreciadas por las abejas.

Es árbol frecuente en Asturias y muy estimado tanto por sus cualidades ornamentales como medicinales.

Hábitat: Se encuentra formando parte con otros árboles en bosques de alturas no superiores a los 1500 metros.

Floración: Durante los meses de junio y julio.

Recolección: Es conveniente recoger las flores del tilo inmediatamente después de que abran las flores (entre los cinco primeros días). La recolección deberá efectuarse un día tranquilo y soleado; el secado se hará en lugares secos, ventilados y a la sombra.

Sustancias activas: El aceite esencial de tila contiene farnesol, flavonoides, pequeñas cantidades de mucílago, sustancias tánicas y azúcar.

Virtudes y usos: Es un remedio eficaz contra los resfriados, catarros y gripes, sobre todo si van acompañadas de fiebre. Se ha comprobado médicamente que la asociación de tila y aspirina hace innecesario el uso de sulfamidas o de antibióticos en procesos broncopulmonares. Otra virtud muy importante de la tila, quizá por la que es más conocida, se refiere a su capacidad de calmar la excitación nerviosa; actúa, por tanto, como un sedante ligero y apaciguador. La infusión de tila aminora la acidez estomacal, por lo que resulta recomendable para las personas que padezcan esta dolencia el tomar una taza después de las comidas.

Infusión de tila: Sobre dos cucharadas llenas de flor de tila se vierte una taza de agua hirviendo. Se deja reposar unos ochos minutos, se cuela y después de endulzarla con azúcar o con miel se toma moderadamente caliente. Si se desea realzar la acción sedante de la tila, puede añadirse a esta infusión un cucharadita de agua de azahar.

Tomillo

(Thymus vulgaris L.)

El tomillo se presenta formando matas de poca altura muy pobladas de hojas, con tallos leñosos casi siempre tumbados en el suelo. Sus flores son de color rosa pálido, que en algunos casos llega a ser blanquecino. En Asturias existen diversas especies de tomillo. Además del citado *T. vulgaris*, se encuentra el *T. praecox*, muy frecuente en el litoral asturiano. Toda la planta despide un agradable olor a miel, que es el típico aroma del tomillo.

Hábitat: Se cría en praderas, collados y laderas expuestas al sol, prefiriendo los suelos calcáreos o arcillosos a los silíceos. Con frecuencia forman tomillares, fácilmente localizables por el buen aroma que desprenden.

Floración: Desde finales de primavera hasta bien entrado el verano.

Recolección: Se recogen las ramas con flor, procurando elegir un día soleado y nunca antes del mediodía. La desecación se hará a la sombra y en lugares bien ventilados.

Sustancias activas: El aceite esencial contiene fundamentalmente timol o su isómero carvacol. Tiene además broncol,

cimol, pineno, flavonas, principios amargos y materias tánicas.

Virtudes y usos: Es espasmolítico y desinfectante, por lo que resulta muy útil en el tratamiento de afecciones broncopulmonares. El té de tomillo calma las tos convulsiva y remedia eficazmente las bronquitis y los ataques de asma. Es también estimulante del apetito, favorece los procesos de digestión y elimina lombrices intestinales.

Té de tomillo: Se vierte una taza de agua hirviendo sobre tres gramos de sumidades floridas. Se deja reposar, se cuela, se endulza con miel y se toma moderadamente caliente. Conviene tomar unas 3 tazas al día.

Caldo de tomillo para estimular el apetito: En una cacerola se escaldan unas rabanaditas (sopas) de pan, se rocía con un buen aceite de oliva y se sazona con sal y tomillo. Se deja reposar unos minutos y se sirve.

Aguardiente de tomillo: Son precisos: 15 gramos de salvia, 15 gramos de tomillo, 5 gramos de comino y 1 litro de aguardiente.

Se ponen estos ingredientes a macerar durante 40 días, a sol y sereno, con la botella invertida y agitando todos los días suavemente. Pasado este tiempo, se filtra, se añade bastante azúcar y ya puede tomarse.

Bibliografía
e
Índice

BIBLIOGRAFÍA

Dentro del ancho panorama de la bibliografía asturiana, rica entre todas las regiones de España, no es el capítulo gastronómico de los más representativos, bien que en los últimos tiempos se le hayan incorporado obras de importancia y autores de nombradía. La más notable aportación, sin duda, corresponde a la parcela periodística, donde encontramos plumas señeras como las de Antón Rubín, Antonio
García Miñor, Juan Santana, José Manuel Vilabella y José Ignacio Gracia Noriega. Al lado de estas obras, incluímos otras que, sin ser asturianas, constituyen bases en gastronomía; también alargamos el paso, en servicio de nuestros lectores, hasta las tisanas o plantas medicinales. Son, pues, éstos los apartados: a) Bibliografía asturiana; b) Obras Generales, y c) Plantas medicinales.

I. GASTRONOMÍA ASTURIANA

1. ALPERI, M. *Gastronomía de Asturias. Viaje por las cocinas del Principado*, Oviedo 1978.
2. ALPERI, *Guía de la cocina asturiana*, Gijón 1981.
3. Anónimo, *Platos típicos asturianos*, Oviedo 1986.
4. Anónimo, *La cocina tradicional de Asturias*, edición preparada por Evaristo Arce, Gijón 1981.
5. ALVARGONZÁLEZ, C., *Caldereta y limonada*, Gijón 1908.
6. BERTRAND, H.H., *libro de cocina de las...*, Gijón 1909.
7. CAMINO RODRÍGUEZ, P., *Platos de Asturias*, Gijón 1975.
8. CARMEN, *Cocina selecta*, Oviedo 1970.
9. *Ensayo de comidas económicas a la Rumford*, Oviedo, 1803.
10. GARCÍA, M. L., *Platos típicos de Asturias*, Gijón 1981.
11. GARCÍA MIÑOR, A. *Asturias. Andar y ver y bien comer*, Oviedo 1968.
12. MÉNDEZ RIESTRA, E., *Comer en Asturias*, Madrid 1980.
13. MÉNDEZ RIESTRA, E., *Comer en carretera*, Madrid 1981; obra dirigida por Eugenio Domingo y cuya parte asturiana corresponde a Méndez Riestra.
4. SANTANA, J., *De gastronomía asturiana*, Oviedo 1970.
15. SANTANA, J., *De gastronomía asturiana (II)*, Oviedo 1981.
16. TAIBO, J., *Breviario de la fabada*, Madrid 1981.
17. TREVIS, I., *Cocina regional gallega y asturiana,* Barcelona 1959.
18. VILABELLA, J. M., *Guía gastronómica de Asturias*, Salinas 1976.

II. OBRAS GENERALES

1. ALTIMIRAS, J., *Nuevo arte de cocina,* Madrid 1791.
2. BACZA, M., *Arte de confitería*, Alcalá 1592.
3. BRILLAT, S., *Fisiología del gusto*, México 1852.
4. CAMBA, J., *La casa de Lúculo*, Madrid 1979.
5. ENTRAMBASAGUAS, J., Gastronomía española, Madrid 1975.
6. GRANADO, D., *Artes de cocina*, Madrid 1599
7. J. L., *Tratado del arte de trinchar*, Madrid 1854.
8. *La mesa moderna*, Madrid 1888.

BIBLIOGRAFÍA

9. *Lecciones de cocina regional*, publicación de la Sección Femenina, Madrid 1958.

10. MARTÍNEZ MONTIÑO, F., *Arte de cocina, pastelería, bizcochería y conservería*, Madrid 1611.

11. MATA, J., *Arte de repostería*, Madrid 1791.

12. MESTAGUER de ECHAGUE, M., *Historia de la gastronomía*, Madrid 1943.

13. MURO, A., *El Practicón*, Madrid 1894.

14. MURO, A., *Conferencias culinarias*, 32 folletos, Madrid 1890-1895.

15. NOLA., R., *Libro de guisados, manjares y potajes...*, Logroño 1529.

16. PARDO BAZÁN, E., *La cocina española antigua*, Madrid (S.A.) 1912.

17. PARDO BAZÁN, E., *La cocina española moderna*, Madrid (S.A.)

18. POST THEBUSSEM, *Guía del buen comer español*, Madrid 1929.

19. POST THEBUSSEM, *España gastronómica...* Madrid.

20. SEFAYA, F., *El restorán en casa*, Barcelona 1924.

21. SORDO, E., *Arte español de la comida*, Barcelona 1960.

22. VEGA, L. A., *Guía gastronómica de España*, Madrid 1957.

23. VEGA, L. A., *Viaje por las cocinas de España*, Madrid 1960.

III. PLANTAS MEDICINALES

1. ALONSO, E., *Manual de curación naturista*, Barcelona 1970.

2. AUDY, J., y Fondin, J., *Las plantas, fuente de salud y belleza*. Barcelona 1974.

3. ARGUMOSA VALDÉS, J., *Plantas medicinales de Asturias*, Oviedo 1951.

4. BOEU, W., *Las plantas medicinales*, Barcelona 1974.

5. FONT QUER, P., *Diccionario de Botánica*, Barcelona 1977.

6. FONT QUER, P., *Plantas medicinales. El Dioscórides renovado*, Barcelona 1961.

7. GÁLVEZ FENOLI, A., *El universo de las planta medicinales*, Zaragoza 1978.

8. MARTÍNEZ, C., *Contribución al estudio de la flora asturiana*, Madrid 1935.

9. MAYOR, M., y Díaz, T. E., *La flora asturiana*, Salinas 1977.

10. MAYOR, M., y ÁLVAREZ, A. J., *Plantas medicinales y venenosas de Asturias, Cantabria, Galicia, León y País Vasco*, Salinas 1980.

11. PAHLOW, M., *El gran libro de las plantas medicinales*, Everest, León 1981.

12. ROLIAT, A., *Guía de medicinas paralelas*, Barcelona 1974.

13. THOMSON, W. A. R., *Guía práctica ilustrada de las plantas medicinales*, Barcelona 1980.

IV. QUESOS ASTURIANOS

1. ARROYO GONZÁLEZ, M. y FERNÁNDEZ de ARROYO, C., *Fabricación y estudio del queso de Cabrales*, Santander 1983.

2. MARTÍN, A., *Los quesos artesanales asturianos*, Oviedo 1985.

3. PALACIOS, J. M., *Asturias lechera y mantequera*, Gijón 1929.

ENTREMESES Y SOPAS

Barquitos de patata 19
Brazo gitano de ensaladilla (I) 19
Brazo gitano de ensaladilla (II) 20
Buñuelos de bacalao con miel 20
Croquetas de bacalao 20
Croquetas de gallina 21
Croquetas de patata, gallina y tocino 21
Croquetas de sobras de arroz 21
Croquetas quirosanas de patata 22
Croquetas valdesianas de patata 22
Empanadillas 22
Entremeses de huevas de pescado 24
Entremés de hígado de raya 24
Fariñes 24
Flamenquinos 25
Fritos de bacalao 26
Fritos de pan y tocino 26
Fritos de patata a la allandesa 26
Fritos de patata a la antigua 26
Palinos de queso 27
Pastelillos de patata 27
Sobras de pescado en concha 27
Sopa canguesa 28
Sopa colunguesa de pescado 28
Sopa de ajo 28
Sopa de ajo a la aldeana 29
Sopa de almejas 29
Sopa de almendras 30
Sopa de almendras con caldo de cocido 30
Sopa de arbeyos 30
Sopa de cabeza de merluza 32
Sopa de cabeza de merluza pixueta 32
Sopa de cangrejos 33
Sopa de cebollas 33
Sopa de fabes de color 33
Sopa de fabes de color con orejas
   de cerdo 34
Sopa de hígado 34
Sopa de leche 35
Sopa de llámpares 35
Sopa de ortigas 36

Sopa de pixín del vixulu 36
Sopa de pixín luarquesa 36
Sopa de puerros 37
Sopa de vegetales al gusto marinero 37
Sopa gijonesa de pixín 38
Sopa llanisca 38
Teresitas de pescado 39

MARISCOS

Almejas a la marinera 45
Almejas en vinagre 45
Almejas guisadas 45
Bígaros 46
Bogavante 46
Calamares en salsa verde 46
Calamares en su tinta 46
Calamares fritos 47
Cangrejos de mar 47
Cangrejos de río cocidos 47
Centollo al modo de Cimadevilla 47
Centollo cocido 48
Centollo relleno 48
Cigalas 50
Frisuelos rellenos de oricios 50
Fritura asturiana de calamares 50
Gambas a la plancha 50
Gambas cocidas 51
Gambas rebozadas 51
Langosta a la gijonesa 51
Langosta al gusto del rey Silo 52
Langosta con jamón 52
Langostinos cocidos 52
Llámpares en salsa 53
Mejillones a la asturiana 53
Mejillones en escabeche 53
Nécora 54
Oricios 54
Ostras 54
Pastel de oricios 54
Percebes 55
Pimientos rellenos de centollo 55

ÍNDICE

313

Pulpo al modo de Cudillero 55
Revuelto de angulas y oricios 56

PESCADOS

Anguilas al uso de Oviedo 61
Anguilas con arroz 61
Anguilas en estuche 62
Anguilas fritas 62
Angulas 62
Bacalao a la ovetense 62
Bacalao a la riosellana 63
Bacalao al uso de Gijón 63
Bacalao al uso de Llanes 63
Bacalao con espinacas 64
Bacalao con pasas 64
Bacalao de pesoz 65
Bacalao en salsa verde 65
Bacalao frito 66
Besugo a la espalda 66
Besugo al horno 66
Besugo al uso de Cimadevilla 67
Besugo con salsa canguesa 67
Besugo en cazuela a la sidra 68
Bocarte a la avilesina 68
Bonito a la antigua usanza de Candás 70
Bonito a la asturiana 70
Bonito a la cazuela 70
Bonito al horno 71
Brazo de gitano de merluza o pescadilla 71
Cabeza de merluza con patatas 72
Cabeza de merluza en salsa 72
Caldereta 73
Carrileras de merluza al uso de Gijón 74
Cazuela de merluza 74
Congrio a la costera 75
Corcón frito al uso de Gijón 75
Chicharros al horno 76
Curadillo en salsa 76
Dorada a la marinera 77
Estofado a la trinidad 77
Fiambre de merluza 78

Lamprea piloñesa 78
Lenguado a la luarquesa 80
Lenguado frito 80
Lubina a la asturiana 81
Lubina de huerta 81
Marmita de Cimadevilla 82
Merluza a la antigua usanza 82
Merluza al horno 83
Merluza gratinada 83
Merluza rellena al antiguo uso
    de Luanco 84
Merluza rellena al uso de Colunga 84
Mero a la plancha 85
Mero asado 85
Nidos de pescado del tío Ramón 85
Pastel de bacalao 86
Pastel de merluza 86
Pastelón de bonito 87
Pejerrey asado 87
Pejerrey en escabeche 87
Pescadilla a la gijonesa 88
Pescadilla ahogada 88
Pescadilla con guisantes 90
Pescado al horno 90
Pescado asado 90
Pescado con patatas 91
Pescado con patatas al uso de Luanco 91
Pescado con patatas y bechamel 91
Pescado estofado 92
Pescado estofado al uso de Ribadesella 92
Pescado frito 92
Pescado frito con patatas 93
Queso de pescado 93
Rape al uso de Avilés 93
Rape alangostado 94
Raya 94
Raya al ajo al arrieru 94
Raya al uso de Lastres 94
Rodaballo gijonés 95
Rollo de bonito 95
Salmón al horno 96
Salmonetes asados 96
Salmonetes fritos 97

ÍNDICE

Sardinas al horno 97
Sardinas al horno sin aceite 97
Sardinas en escabeche 97
Sardinas en rosca 98
Sardinas enroscadas 98
Sardinas presumidas 99
Sardinas reales 99
Sardinas saladas 99
Truchas a la asturiana 100
Truchas de convento 100
Truchas fritas 100
Xardes en salsa 101

HUEVOS Y TORTILLAS

Huevos a la espuma 107
Huevos a la mimosa 107
Huevos al estilo del Puente Aguera 107
Huevos al medio duelo 107
Huevos al paisanín 108
Huevos con legumbres 108
Huevos con riñones 108
Huevos de la tía Rufa 109
Huevos escalfados con patatas rellenas 109
Huevos escalfados con productos
   de la huerta 109
Huevos fritos a la marinera 110
Huevos fritos al nido 110
Huevos fritos con tortos de maíz 111
Huevos moldeados 111
Huevos rellenos a la allandesa 111
Huevos rellenos a la casina 112
Huevos revueltos con leche y perejil 112
Monaguillos 112
Tortilla a la cabaña del mar 113
Tortilla a la francesa 113
Tortilla a la paisana 113
Tortilla arco iris 114
Tortilla borracha 114
Tortilla de garbanzos 114
Tortilla de huerta 116
Tortilla de judías verdes y cebolla 116
Tortilla de manzana 116
Tortilla de miga de pan 117
Tortilla de patata 117
Tortilla de patata (especial) 117
Tortilla de pescado 118
Tortilla de repollo 118
Tortilla de sardinas arenques 118
Tortilla de sesos 119
Tortilla de sobras (sin aceite ni huevos) 119
Tortilla dulce de San Juan de Duz 119
Tortilla «mata fame» 119
Tortilla piloñesa 120
Tortilla soplada 120
Tortillas rellenas 120

POTES

Acelgas cocidas 128
Alcachofas a lo pobre 128
Alcachofas con almejas 128
Alcachofas estofadas de vigilia 129
Arroz blanco 129
Arroz con congrio a la llanisca 129
Arroz con pollo 130
Arroz con pollo y mariscos 130
Arroz verde con almejas 132
Berzas aldeanas 132
Castañas con chorizo a la usanza
   de Cangas de Tineo 132
Cebollas rellenas (I) 133
Cebollas rellenas (II) 133
Cocido asturiano de garbanzos 134
Coliflor de vigilia 134
Fabada asturiana 134
Fabes a la ponguesa 135
Fabes con almejas 135
Fabes con manteca 136
Fabes con rau 136
Fabes con uñes de gochu 137
Fabes estofaes 137
Fabes de mayo y patatas 137
Fabes y patatas 138

Fréjoles con chorizo o jamón 138
Fréjoles estofados 138
Fréjoles fritos 140
Garbanzos con bacalao y espinacas 140
Menestra de verduras 141
Paella de carne, pescado y hortalizas 141
Patatas con arbejos 142
Patatas con arroz 142
Patatas con carne 142
Patatas con sardinas arenques 143
Patatas de fraile 143
Patatas den salsa verde 143
Patatas guisadas 144
Patatas marineras 144
Pisto asturiano 144
Potaje de castañas al modo de
    Tineo 145
Potaje de garbanzos 145
Potaje de nabos con chorizo 146
Pote asturiano 146
Repollo con patatas 147
Repollo relleno 147
Repollos con lacón 147
Setas con almejas 148

CARNES

Cabrito asado 153
Cachopo 153
Carne al uso de Caravia 153
Carne almendrada 154
Carne asada 154
Carne con aguardiente 155
Carne con salchichas 155
Carne de pecho estofada 156
Carne de ternera al horno 156
Carne en salsa de vino 157
Carne estofada 157
Carne guisada 157
Carne mechada 158
Carne minera 158
Carne rellena 159

Cochinillo asado 159
Cordero asado al horno 159
Chuletas de cerdo 160
Chuletón de ternera a la parilla 160
Filetes de ternera al uso de
    Cornellana 162
Filetes de ternera al uso de Tineo 162
Filetes empanados tradicionales 162
Lacón relleno 163
Lechazo asado a la brasa 163
Lomo de cerdo a la crema 163
Lomo de cerdo a lo probe 164
Lomo de cerdo adobado 164
Lomo de cerdo con castañas 165
Lomo de cerdo con leche 165
Medallones de ternera a la asturiana 166
Pecho de carnero con nabos 166
Rollo de carne 167
Rollo de carne a la importancia 167
Rollos de carne a la moderna 168

AVES Y CAZA

Arceas al gusto de Doña Elvira 174
Capón con berza 174
Capón guisado 174
Capón relleno asado 175
Codornices asadas 175
Conejo asado 176
Conejo con nueces o avellanas 176
Conejo de monte 176
Conejo guisado 178
Gallina a la tía Tuca 178
Gallina con arroz 179
Gallina con fabes 179
Gallina en pepitoria a la ovetense 180
Jabalí al horno 180
Liebre con fabes 180
Liebre con verdura 181
Liebre en salsa de vino tinto 181
Liebre guisada 182
Pájaros a la asturiana 182

Palomas torcaces al uso de
  Cabrales 183
Pato asado al horno 184
Pato con nabos 184
Pavo asado con castañas 184
Pechugas de gallina de la tía Generosa 185
Pechugas de pollo 185
Perdices con castañas 186
Perdices estofadas 186
Perdiz con verdura 186
Perdiz montañesa con chocolate 187
Pichones con guisantes y escarola 187
Pollo al ajillo 187
Pollo al gusto de Libardón 188
Pollo asado 188
Pollo con jamón y verduras 189
Pollo en salsa 189
Pollo rebozado 189

DESPOJOS

Callos asturianos 195
Callos en salsa de tomate y setas 196
Filetes de hígado empanados 196
Fituras de sesos 196
Hígado al ajillo 197
Hígado con patatas fritas 197
Hígado de cerdo al modo de Tarna 197
Hígado encebollado 198
Lengua de ternera o vaca en salsa 198
Lengua en salsa verde 199
Lengua escarlata 199
Lengua rebozada 199
Lengua rellena 200
Manos de cerdo estofadas 200
Manos de cerdo guisadas 201
Manos de cerdo rebozadas 201
Manos de cordero con fabes 202
Manos de ternera a la aldeana 202
Manos de ternera estofadas 204
Manos de ternera rebozadas 204
Menudillos de cordero 205

Mollejas con arroz 205
Mollejas de ternera al modo de
  Noreña 205
Morros guisados 206
Orejas de cerdo 206
Pimientos rellenos con manos de
  cerdo 207
Rabo de buey con patatas 207
Rabos de cerdo 208
Riñones al jerez 208
Riñones caseros 208
Ropa vieja de Santillán 209
Salpicón de sesos 209
Sesos con tomate 210

PASTAS

Boroña 215
Boroña preñada 215
Empanada 216
Empanada de anguila 217
Empanada de bonito 219
Empanada de carne 219
Empanada de lomo y jamón 219
Empanada de manos de cerdo 220
Empanada de picadillo 220
Empanada de pichones 220
Empanada de pollo 221
Empanada de sardinas 221
Empanadillas 222
Torta de maíz 222

SALSAS

Chimichurri para asados de cordero 227
Salsa asturiana 227
Salsa bechamel 227
Salsa bechamel de nata y caldo 228
Salsa de avellanas para merluza 228
Salsa de crema 228
Salsa de huevo para pescado 228

ÍNDICE

Salsa de mantequilla 229
Salsa de manzana 229
Salsa de menudillos 229
Salsa de pan para aves de caza
    asadas 229
Salsa de perejil 230
Salsa de pimiento 230
Salsa de tomate 230
Salsa de vinagre 230
Salsa del pobre 231
Salsa espesa 231
Salsa mayonesa 231
Salsa para anguilas 231
Salsa para carne 232
Salsa para pescado 232
Salsa polesa 232
Salsa rosa 232
Salsa rubia 233
Salsa verde 233
Salsa vinagreta 233

LA SIDRA ASTURIANA

Adobo de cerdo en salsa de sidra 239
Besugo en cazuela a la sidra (I) 239
Besugo en cazuela a la sidra (II) 239
Bonito a la plancha regado con
    sidra 240
Caballa a la aldeana 240
Cabeza de merluza a la sidra 242
Cazuela de pixín (rape) 242
Combinado de frutas y sidra 243
Chicharros a la espalda 243
Chicharros del cantil a la sidra 243
Chopa a la sidra 244
Chopa con oricios y sidra 244
Ensalada de langosta 244
Lenguado a la sidra 245
Lubina a la sidra 245
Llampares (lapas) en salsa verde 246
Merluza importante 246
Sabadiegos de Noreña 247

Salsa de manzanas y sidra 247
Sardinas en salsa 247

LOS QUESOS

Cachopo de venado en salsa de
    Gamonedo 254
Canapés de Cabrales 254
Entrecot al Cabrales 254
Escalopes en salsa de Afuega'l pitu 256
Frisuelos (fayueles) rellenos de crema de
    queso 256
Fritos de queso de Cabrales 257
Gratinado de oricios y queso de Rozagas
    257
Gratinado de setas, oricios y queso rojo
    del Aramo 258
Huevos casinos 258
Huevos rellenos de requesón 258
Noca al Gamonedo 259
Pastel de queso con frutas 259
Pastel de setas y Cabrales 260
Patatas a la importancia 260
Postre a la antigua 262
Sardinas con queso 262
Setas a la crema de La Peral 262
Solomillo al queso Gamonedo 263
Solomillo de ternera con queso de Pría
    263
Sorpresas de queso Valdesano 264
Tabla de quesos asturianos 264
Tarta de queso 265
Tarta de queso y café 265
Tarta de queso y nuez 265
Tortilla de queso 266

POSTRES

Almendrados asturianos 271
Arroz con leche 271
Bizcocho asturiano 271

Bizcocho de maíz 272
Bizcochos de suegra 272
Bolla naveta 272
Bollos de Caso 272
Bollos de leche 274
Brazo de gitano 274
Buñuelos de Amandi 275
Buñuelos de manzana 275
Buñuelos fariñones 276
Carajitos de Salas 276
Carbayones 276
Casadielles 277
Colineta de Navia 277
Crema asturiana 277
Crema de agua 278
Crema de azúcar requemado 278
Crema de limón 278
Crema de vino blanco 278
Crema para rellenos 280
Dulce de moras 280
Flan 280
Flan de avellana 280
Frixuelos 281
Galletas aldeanas 281
Galletas de las monjas de Santa Clara
    de Oviedo 281
Galletas reales 282
Glorias 282
Leche frita 283
Leche merengada 283
Magdalenas asturianas 283
Magdalenas gijonesas 283
Mantecadas 284
Marañuelas de Candás 284
Marañuelas de Luanco 284
Merengues 286
Pan de leche 286
Panchón 286
Panchón de Aller 287
Pasta de hojaldre 287
Pasta para roscas 287
Pasta quebrada dulce 288
Pastel de avellanas 288

Pastel de castañas 288
Pepito o flan praviano 289
Rosquillas borrachas 289
Rosquillas del obispo don Juan
    de Llano 289
Suspiros de Grado 289
Suspiros de Pajares 290
Tarta de almendra 290
Tarta de manzana 290
Tarta de nueces 291
Teresitas 291
Tocinillo de cielo 291
Venera 292

TISANAS

Ajos y cebollas 296
Árnica 297
Celidonia o cirigüeña 297
Centaura 298
Cotoya, tojo o árgoma 299
Eucalipto 299
Hinojo o cenoyu 300
Laurel o Lloreu 300
Llantén menor 301
Manzanilla 302
Orégano 303
Poleo, nielda 303
Romero 304
Ruda 305
Saúco, sabugo o benitu 305
Té del puertu 306
Tila 307
Tomillo 308

BIBLIOGRAFÍA 312

ÍNDICE